"法律法规简明实用版系列"丛书

中华人民共和国公司法

简明实用版

法律出版社法规中心 编

法律出版社
LAW PRESS·CHINA
北京

图书在版编目（CIP）数据

中华人民共和国公司法：简明实用版／法律出版社法规中心编. -- 北京：法律出版社，2025. -- （法律法规简明实用版系列）. -- ISBN 978-7-5244-0297-8

Ⅰ. D922.291.91

中国国家版本馆 CIP 数据核字第 20257JP793 号

中华人民共和国公司法（简明实用版）
ZHONGHUA RENMIN GONGHEGUO
GONGSIFA (JIANMING SHIYONGBAN)

法律出版社 编
法规中心

责任编辑 冯高琼 聂 颖
装帧设计 苏 慰

出版发行	法律出版社	开本	A5
编辑统筹	法规出版分社	印张 11.125	字数 399 千
责任校对	张红蕊	版本	2025 年 7 月第 1 版
责任印制	耿润瑜	印次	2025 年 7 月第 1 次印刷
经　　销	新华书店	印刷	天津嘉恒印务有限公司

地址：北京市丰台区莲花池西里 7 号（100073）
网址：www.lawpress.com.cn　　　　　销售电话：010-83938349
投稿邮箱：info@lawpress.com.cn　　　客服电话：010-83938350
举报盗版邮箱：jbwq@lawpress.com.cn　咨询电话：010-63939796
版权所有·侵权必究

书号：ISBN 978-7-5244-0297-8　　　　定价：28.00 元
凡购买本社图书，如有印装错误，我社负责退换。电话:010-83938349

编辑出版说明

法治社会是构筑法治国家的基础,法治社会建设是实现国家治理体系和治理能力现代化的重要组成部分。法治社会建设以人民群众的切身利益为中心,需通过法律保障公民的权利义务,强调多元主体协同参与,形成共建共治共享的社会治理格局,推动政府、社会组织、市场主体、广大人民群众共同参与法治社会建设,使法律成为解决社会问题的基本工具。

为帮助广大读者便捷、高效、准确地理解和运用法律法规,我们精心策划并组织专业力量编写了"法律法规简明实用版系列"丛书。现将本丛书的编辑理念、主要特色介绍如下:

一、编辑宗旨与目标

1. 立足实用:本丛书的核心宗旨是服务于法律实践和应用。我们摒弃繁琐的理论阐述和冗长的历史沿革,聚焦法律条文本身的核心内容及其在现实生活中的直接应用。

2. 力求简明:针对法律文本专业性强、条文众多的特点,本丛书致力于通过精炼的提炼、清晰的编排和通俗的解读,化繁为简,使读者能够迅速把握法规的核心要义和关键条款。

3. 文本准确:收录的法律、行政法规、部门规章及重要的司法解释均现行有效,与国家正式颁布的版本一致,确保法律文本的权威性和准确性。

4. 突出便捷:在编排体例和内容呈现上,充分考虑读者查阅的便利性,力求让读者"找得快、看得懂、用得上"。

二、主要特色

1. 精选核心法规：每册围绕一个特定法律领域，精选收录最常用、最核心的法律法规文本。

2. 条文精要解读：在保持法律条文完整性的基础上，以【理解适用】的形式对重点法条进行简明扼要的解读，以【实用问答】的形式对疑难问题进行解答，旨在提示适用要点、阐明核心概念、提示常见实务问题，不做过度的学理探讨。

3. 实用参见索引：设置【条文参见】模块，帮助读者高效地查找相关内容和理解法条之间的关联。

4. 典型案例指引：特设【案例指引】模块，精选与条文密切相关的经典案例，在书中呈现要旨。

5. 附录实用信息：根据需要，附录包含配套核心法规或实用流程图等实用信息，提升书籍的实用价值。

6. 版本及时更新：密切关注立法动态，及时推出修订版或增补版，确保读者掌握最新有效的法律信息。

我们深知法律的生命在于实施。编辑出版"法律法规简明实用版系列"，正是期望能在浩繁的法律条文与具体的实践需求之间架设一座便捷、实用的桥梁。我们力求精益求精，但也深知法律解读与应用之复杂。我们诚挚欢迎广大读者在使用过程中提出宝贵的意见和建议，以便我们不断改进，更好地服务于法治实践。

法律出版社法规中心

2025 年 7 月

《中华人民共和国公司法》[①] 适用提要

一、2023 年《公司法》的主要内容

公司是最重要的市场主体,公司法是社会主义市场经济制度的基础性法律。《公司法》于 1993 年由第八届全国人民代表大会常务委员会第五次会议通过,自 1994 年 7 月 1 日起施行。后 1999 年、2004 年、2005 年、2013 年、2018 年、2023 年《公司法》历经六次修改。《公司法》的制定和修改,与我国社会主义市场经济体制的建立和完善密切相关,颁布实施近 30 年来,对于建立健全现代企业制度,促进社会主义市场经济持续健康发展,发挥了重要作用。现行《公司法》为 2023 年修订后的文本,共 15 章 266 条,各章主要内容如下:

第一章是总则。本章主要内容包括:明确公司法人独立地位与股东有限责任;规范公司设立、名称、住所等基本要素;要求公司履行职工权益保障、社会责任及党组织建设;允许电子表决,细化股东会决议效力规则,引入法人人格否认制度。构建了涵盖公司设立、治理、运营、责任的全生命周期法律规范体系。

第二章是公司登记。本章是 2023 年修订时的新设章节,规范了公司登记流程:明确设立登记需提交真实材料;规定名称、住所等 6 项法定登记事项及电子营业执照效力;要求公示股东出资、股权变更等 4 类信息;明确以虚报注册资本等违法手段骗取公司登记的予以撤销;创新设置分公司单独登记制度;要求登记机关优化流程推行电子化服务;强调登记公示公信效力等。

第三章是有限责任公司的设立和组织机构。本章共两节,主要内容为:(1)设立。确立 1~50 人股东制,实行注册资本认缴制,创设失权通知机制:股东未实缴出资可经不少于 60 日催缴后启动失权程序,未缴纳股权需 6 个月内转让或注销,保障交易安全。强化出资责任:设立股东对未实缴出资承

[①] 以下简称《公司法》。为便于阅读,本书中的法律文件名称均省略"中华人民共和国"字样。——编者注

担连带补足责任,董事失职致公司损失承担赔偿责任,严格禁止抽逃出资等。(2)组织结构。有限责任公司组织机构由股东会、董事会、监事会三部分构成:股东会作为最高权力机构行使重大决策权,董事会负责经营决策,监事会履行监督职能。特殊情况下,一人公司采用书面决策机制等。

第四章是有限责任公司的股权转让。本章主要规定了股东内部可以相互转让股权,对外转让需书面通知并保障优先购买权,强制执行转让需司法程序保障优先购买权。规定了股权变更登记及救济,未实缴出资股权转让的连带责任。明确异议股东回购请求权,涵盖"五年不分红""重大经营变更""修改章程使公司存续"三大情形。允许公司章程限制自然人股东继承等。

第五章是股份有限公司的设立和组织机构。本章共五节,主要内容分别为:(1)设立,股份有限公司的设立制度;(2)股东会,股份有限公司股东会是公司权力机构,明确了股东会组成、职权、召开要求等;(3)董事会、经理,股份有限公司董事会是核心决策机构,负责召集股东会、制定经营计划及重大事项决策,审计委员会可替代监事会行使监督权以及关于经理的规定等;(4)监事会,股份有限公司监事会为法定监督机构,每6个月至少召开一次会议,决议须监事过半数通过,小规模股份有限公司可设审计委员会替代监事会等;(5)上市公司组织机构的特别规定。

第六章是股份有限公司的股份发行和转让。本章共分两节:主要内容分别为:(1)股份发行。股份有限公司股份发行实行公平、公正原则,可发行面额股或无面额股,股票需记名并载明公司名称、成立日期、股类及金额等核心信息。类别股可差异化权利(如优先分红、表决权差异),但公开发行不得设置差异表决权或转让限制。新股发行需股东会决议相关事项,公开募集须经国务院证券监管机构注册,并公告招股说明书及签订承销、代收股款协议等。(2)股份转让。股份有限公司股份转让实行自由转让与限制转让并存:股东转让股权需在合法场所背书或依法定方式办理登记;设1年上市锁定期、董事、监事、高级管理人员(下称董监高)年转25%限制;异议股东对重大决议持反对意见可请求回购其股份;禁止收购本公司股份,但6种情形除外(如减资、员工激励等);股票灭失可公示催告补发;股东资格原则上可继承等。

第七章是国家出资公司组织机构的特别规定。本章规定了国家出资公司治理架构:(1)不设股东会,由履行出资人职责的机构行使股东会职权;(2)董事会强制配置过半数外部董事,经理与董事交叉任职需经履行出资人职责的机构批准;(3)允许以审计委员会替代监事会。还规定了董监高不得在外兼职等。

第八章是公司董监高的资格和义务。本章规定了董监高的忠实与勤勉义务，以及违反忠实与勤勉义务的法律责任；同时，对控股股东、实际控制人进行规范。

第九章是公司债券。本章主要内容包括：明确公司债券定义与发行分类，建立记名债券制度；规范募集文件须载明的十项核心内容及转让登记程序；要求公开发行设立债券持有人会议和受托管理人制度，赋予持有人集体决策权及受托管理人变更权等。

第十章是公司财务、会计。本章主要内容包括：要求编制年度审计报告并规范披露，建立"法定公积金＋任意公积金"机制，明确利润分配顺序，严格限制公积金用途，禁止账外账与个人账户存储资金等。

第十一章是公司合并、分立、增资、减资。公司合并、分立、增资、减资都属于公司的重大事项，为保护中小股东及债权人利益，该章对这些重大事项规定了严格的程序以及法律责任。

第十二章是公司解散和清算。本章主要内容包括：公司解散事由包括章程到期、股东决议、合并分立、吊销执照及司法解散；清算义务人须15日内启动清算，逾期不成立清算组，利害关系人可申请法院强制清算；明确清算组的7项职权、债务清偿顺序，剩余财产按股权分配，资不抵债则破产清算；规定公司可简易注销，公司被吊销执照满3年未注销可强制注销，以及股东责任承担等。

第十三章是外国公司的分支机构。本章对外国公司分支机构的设立和经营等作了规范。

第十四章是法律责任。本章规定了公司、相关管理人员及其他相关人员的法律责任。本章的规定主要以行政责任为主。民事责任主要为损害赔偿的责任。本章规定的行政责任主要是责令改正和罚款。关于刑事责任，适用《刑法》的规定。

第十五章是附则。该章规定了《公司法》中几个重要术语的法定解释及实施时间。

二、适用《公司法》应当注意的问题

《公司法》是我国民商法律制度的重要组成部分，是规定各种公司的设立、活动、解散以及其他对内对外关系的法律规范的总称。在法律性质上，《公司法》属于私法、商事法和商事主体法。设立公司，利用公司投资兴业，需要首先学习、领会《公司法》的基本内容。在这个过程中，有以下几个问题值得注意：

第一,坚持系统性观点。《公司法》规则的构建既精妙又繁复,在学习、理解《公司法》相关制度时,要坚持系统性的观点,善于从整体上进行把握。比如,理解公司资本制度,不仅要理解股东出资等资本进入制度,还要注意与资本流转、利润分配等资本流出制度相衔接,从而实现对公司资本制度的系统性把握。

第二,正确处理《公司法》与《民法典》的适用关系。《公司法》相对于《民法典》,前者属于特别法,后者属于一般法。按照特别法优先一般法适用的原则,《公司法》有相关规定的,应当优先适用这些规定。比如,针对股权转让,《公司法》有专章规定,因此,当股权转让发生纠纷时,应优先适用《公司法》中的相关规定。当《公司法》中没有相关规定时,才适用《民法典》总则编、物权编及合同编中的相关规定。

第三,坚持内外有别,保护善意相对人的信赖利益。《公司法》既规定公司设立、运作、退出等主体法律制度,又规范公司经营等行为,因此,《公司法》既是主体法,又是行为法。针对这一特点,在适用《公司法》时,应坚持内外有别,保护善意相对人的信赖利益。比如,对于公司行为而言,公司决议可能因召集程序问题而被撤销,但公司依据该决议与善意相对人形成的交易行为不受影响。

第四,尊重公司自治,司法慎重介入公司纠纷。传统意义上,《公司法》属于私法,因此,《公司法》中许多条文属于任意性规范,只有少部分条文属于强制性规范。针对这一特点,适用《公司法》裁决公司纠纷时,首先应尊重公司自治,除非确实出现公司自治失灵或损害公共利益的情况,否则,司法不宜介入。比如,股东提起利润分配之诉,如果股东会没有作出利润分配决议,除非存在滥用股东权利的情形,否则应尊重公司自治,驳回股东诉讼请求。

学习《公司法》,还应当了解《证券法》《企业破产法》等相关法律的规定。

目　　录

中华人民共和国公司法

第一章　总则 002
　第一条　立法目的 002
　第二条　调整范围 002
　　[有限责任公司] 002
　　[股份有限公司] 003
　第三条　公司法律地位及权益保护 003
　　[公司以其全部财产对公司的债务承担责任] 003
　第四条　股东责任形式和股东权利 004
　第五条　公司章程 005
　　[公司章程] 005
　第六条　公司名称权 005
　第七条　公司名称的规范要求 006
　第八条　公司住所 006
　　[住所] 006
　第九条　公司经营范围 007
　　[公司经营范围] 007
　第十条　公司法定代表人 008
　　[法定代表人] 008
　第十一条　法定代表人行为效力 009
　　[善意相对人] 009
　第十二条　公司形式变更及其债权债务承继 009
　第十三条　子公司、分公司 010
　第十四条　公司转投资及其限制 011

[公司转投资] 011
　　第十五条　公司转投资及对外担保 012
　　　[实际控制人] 012
　　第十六条　职工权益保护与职业教育 013
　　第十七条　公司工会与民主管理 013
　　第十八条　公司设立党组织 014
　　第十九条　公司经营活动基本原则 015
　　第二十条　公司社会责任 015
　　第二十一条　股东不得滥用权利 016
　　第二十二条　不得利用关联关系损害公司利益 017
　　　[控股股东] 017
　　　[关联关系] 017
　　第二十三条　公司法人人格否认 018
　　第二十四条　采用电子通信方式召开会议和表决 018
　　第二十五条　无效决议 019
　　第二十六条　公司股东会、董事会决议撤销及裁量驳回 019
　　第二十七条　公司股东会、董事会决议不成立的情形 020
　　第二十八条　公司股东会、董事会决议无效、撤销或者不成立的后果 021

第二章　公司登记 021
　　第二十九条　公司设立登记 021
　　第三十条　公司设立登记申请 021
　　第三十一条　公司设立的准则主义 022
　　第三十二条　公司登记事项及公示 022
　　　[公司注册资本] 022
　　　[公司经营范围] 023
　　第三十三条　公司营业执照 023
　　　[公司营业执照] 023
　　第三十四条　公司登记事项变更及效力 024
　　　[变更登记] 024
　　第三十五条　公司登记事项变更 025
　　第三十六条　公司营业执照记载事项变更 026
　　第三十七条　因解散、被宣告破产等注销登记 026

第三十八条　设立分公司	027
第三十九条　撤销登记	027
第四十条　企业信用信息公示系统公示事项	028
第四十一条　优化公司登记服务	028

第三章　有限责任公司的设立和组织机构　029
第一节　设立　029

第四十二条　有限责任公司股东人数	029
第四十三条　有限责任公司设立协议	029
［设立协议］	029
第四十四条　有限责任公司设立行为的法律后果	030
第四十五条　有限责任公司章程制定	031
第四十六条　有限责任公司章程法定记载事项	032
［注册资本］	032
［股东的出资额］	032
［股东出资方式］	032
［出资日期］	032
第四十七条　有限责任公司注册资本	033
第四十八条　股东出资方式	034
第四十九条　股东的出资义务及赔偿责任	034
第五十条　股东未按期出资、出资不足或出资不实的责任	035
第五十一条　董事会的核查义务及责任	036
第五十二条　股东失权制度	037
第五十三条　禁止股东抽逃出资	037
［股东抽逃出资］	037
第五十四条　出资加速到期	038
［股东出资加速到期］	038
第五十五条　出资证明书	038
［出资证明书］	039
第五十六条　股东名册	039
第五十七条　有限责任公司股东知情权	039
［公司财务会计报告］	040
［会计账簿］	040
［会计凭证］	040

第二节　组织机构　041
  第五十八条　有限责任公司股东会的组成及地位　041
    [股东会]　041
  第五十九条　有限责任公司股东会职权　042
  第六十条　一人有限责任公司股东行使职权的要求　043
  第六十一条　首次股东会会议的召集和主持　043
  第六十二条　股东会的会议制度　043
    [股东会的定期会议]　043
    [临时会议]　043
  第六十三条　股东会会议的召集和主持　044
  第六十四条　召开股东会会议通知期限和会议记录　044
  第六十五条　股东表决权　045
  第六十六条　股东会议事方式和表决程序　045
    [议事方式]　045
    [表决程序]　045
  第六十七条　董事会职权　046
  第六十八条　有限责任公司董事会的组成　046
  第六十九条　有限责任公司审计委员会　047
  第七十条　董事的任期与辞任　047
  第七十一条　董事无因解任　048
  第七十二条　董事会会议的召集和主持　048
  第七十三条　董事会议事方式和表决程序　048
  第七十四条　有限责任公司经理的产生和职权　049
  第七十五条　董事会设置例外　049
  第七十六条　有限责任公司监事会的设立与组成　050
  第七十七条　监事的任期　050
  第七十八条　监事会职权　051
  第七十九条　监事的质询建议权与调查权　052
  第八十条　董事、高级管理人员协助监事工作　053
  第八十一条　监事会会议及监事会的议事方式和表决程序　053
  第八十二条　监督费用负担　054
  第八十三条　监事会设置例外　054

第四章　有限责任公司的股权转让 054
　　第八十四条　股权转让的一般规定 054
　　　　［股权转让］ 055
　　第八十五条　强制执行程序中的股权转让 056
　　第八十六条　股权转让变更登记及救济 057
　　第八十七条　转让股权后应当履行的手续 058
　　第八十八条　股权转让中的出资责任 058
　　第八十九条　有限责任公司股东股份回购请求 059
　　第九十条　有限责任公司自然人股东的股东资格继承 060

第五章　股份有限公司的设立和组织机构 061
　第一节　设立 061
　　第九十一条　股份有限公司的设立方式 061
　　第九十二条　发起人的人数及其资格 062
　　第九十三条　发起人承担公司筹办事务和签订发起人协议 062
　　　　［发起人协议］ 062
　　第九十四条　股份有限公司章程制订 063
　　第九十五条　股份有限公司章程法定记载事项 063
　　第九十六条　股份有限公司注册资本 063
　　第九十七条　发起人认购股份 064
　　第九十八条　发起人的出资义务 064
　　第九十九条　发起人的违约责任 065
　　第一百条　公开募集股份的招股说明书及认股书 065
　　　　［招股说明书］ 065
　　第一百零一条　股款缴足后的验资及证明 066
　　　　［法定的验资机构］ 066
　　第一百零二条　股东名册 067
　　　　［股东名册］ 067
　　第一百零三条　公司成立大会的举行、决议程序 068
　　　　［成立大会］ 068
　　第一百零四条　公司成立大会的职权及其决议程序 068
　　第一百零五条　返还股款及抽回股本的情形 068
　　第一百零六条　申请设立登记 069
　　第一百零七条　股份有限公司资本制度的参照适用 069

第一百零八条　有限责任公司变更为股份有限公司的要求　　069
　　第一百零九条　股份有限公司有关文件的置备　　070
　　第一百一十条　股份有限公司股东知情权　　070
　第二节　股东会　　071
　　第一百一十一条　股份有限公司股东会的组成及地位　　071
　　　［股东会］　　071
　　第一百一十二条　股份有限公司股东会职权　　071
　　第一百一十三条　股份有限公司股东会年会与临时会　　071
　　　［股东年会］　　072
　　　［临时股东会会议］　　072
　　第一百一十四条　股东会会议的召集和主持　　072
　　第一百一十五条　召开股东会的通知、公告以及临时提案　　073
　　第一百一十六条　股份有限公司股东表决权行使规则　　073
　　　［表决权］　　074
　　第一百一十七条　股份有限公司累积投票制　　074
　　　［累积投票制］　　074
　　第一百一十八条　股东表决权的代理行使　　075
　　第一百一十九条　股东会会议记录要求　　075
　第三节　董事会、经理　　076
　　第一百二十条　股份有限公司董事会设置、职权以及董事任职　　076
　　　［董事会］　　076
　　第一百二十一条　股份有限公司审计委员会　　076
　　第一百二十二条　董事长和副董事长的产生及职责　　077
　　第一百二十三条　董事会的召开　　077
　　第一百二十四条　董事会的议事规则　　078
　　第一百二十五条　董事的出席和责任承担　　078
　　第一百二十六条　股份有限公司经理的产生及其职权　　079
　　第一百二十七条　董事会成员兼任经理　　079
　　第一百二十八条　股份有限公司董事会设置例外　　079
　　第一百二十九条　董事、监事、高级管理人员报酬披露制度　　079
　第四节　监事会　　080
　　第一百三十条　股份有限公司监事会设立、组成以及监事任期　　080
　　第一百三十一条　股份有限公司监事会职权以及费用承担　　080

第一百三十二条　监事会议事规则	081
第一百三十三条　监事会设置例外	081

第五节　上市公司组织机构的特别规定　081

第一百三十四条　上市公司的定义	081
第一百三十五条　上市公司重大资产交易与重要担保的议事规则	082
第一百三十六条　上市公司独立董事及公司章程载明事项	082
[独立董事]	083
第一百二十七条　须经审计委员会通过的事项	084
[财务会计报告]	084
第一百三十八条　上市公司董事会秘书职责	085
[董事会秘书]	085
第一百三十九条　上市公司董事关联交易书面报告及回避制度	085
第一百四十条　上市公司信息披露及禁止股票代持	086
第一百四十一条　禁止交叉持股	086
[交叉持股]	086

第六章　股份有限公司的股份发行和转让　086

第一节　股份发行　086

第一百四十二条　面额股和无面额股	086
第一百四十三条　股份发行原则	087
第一百四十四条　类别股发行规则	088
第一百四十五条　发行类别股的公司章程应记载的事项	089
第一百四十六条　类别股股东会决议事项	089
第一百四十七条　股票	089
[记名股票]	089
第一百四十八条　股票发行价格要求	089
[面额股股票]	090
第一百四十九条　股票的形式以及纸面股票记载事项	090
第一百五十条　股票交付	091
第一百五十一条　公司发行新股决议事项及确定作价方案	091
第一百五十二条　授权资本制	091
[授权资本制]	092
第一百五十三条　授权资本表决比例	092
第一百五十四条　公开募集股份规则	092

第一百五十五条　公开募集股份的方式	093
第一百五十六条　公开募集股份时收取股款的方式	093
第二节　股份转让	094
第一百五十七条　股份有限公司股份转让	094
第一百五十八条　股份转让场所和方式	094
第一百五十九条　股票转让方式	094
第一百六十条　股份转让限制	095
第一百六十一条　异议股东可以请求公司回购其股份的情形	096
第一百六十二条　公司股份回购	096
第一百六十三条　禁止财务资助	097
[财务资助]	097
第一百六十四条　股票被盗、遗失或者灭失的救济途径	098
[公示催告程序]	098
第一百六十五条　上市公司股票交易	099
第一百六十六条　上市公司信息披露	100
第一百六十七条　股份有限公司自然人股东的股东资格继承	101
第七章　国家出资公司组织机构的特别规定	101
第一百六十八条　国家出资公司	101
第一百六十九条　履行国家出资公司出资人职责的主体	102
第一百七十条　国家出资公司党组织的领导作用	103
第一百七十一条　国有独资公司章程制定	103
第一百七十二条　国有独资公司重大事项的决定	103
第一百七十三条　国有独资公司董事会	104
第一百七十四条　国有独资公司经理聘任、解聘和兼任	104
第一百七十五条　国有独资公司董事、高级管理人员禁止兼职	105
第一百七十六条　国有独资公司监事会设置例外	105
第一百七十七条　国家出资公司合规管理	105
[合规]	106
[合规管理]	106
[合规风险]	106
第八章　公司董事、监事、高级管理人员的资格和义务	106
第一百七十八条　董事、监事、高级管理人员消极资格	106
[剥夺政治权利]	107

第一百七十九条　董事、监事、高级管理人员守法义务　107
第一百八十条　董事、监事、高级管理人员忠实和勤勉义务　107
　　[忠实义务]　107
　　[勤勉义务]　108
第一百八十一条　董事、监事、高级管理人员的禁止行为　108
第一百八十二条　董事、监事、高级管理人员及其关联人关联交易报告　109
第一百八十三条　董事、监事、高级管理人员合法谋取商业机会　109
　　[公司商业机会]　110
第一百八十四条　董事、监事、高级管理人员的竞业禁止义务　110
　　[竞业禁止义务]　111
第一百八十五条　董事关联交易回避制度　111
第一百八十六条　公司归入权　112
第一百八十七条　董事、监事、高级管理人员列席股东会并接受股东质询　112
第一百八十八条　董事、监事、高级管理人员对公司的赔偿责任　112
第一百八十九条　股东代表诉讼　113
第一百九十条　股东直接诉讼　114
第一百九十一条　董事、高级管理人员致人损害的赔偿责任　114
第一百九十二条　控股股东、实际控制人的连带责任　115
第一百九十三条　董事责任保险　115
　　[董事责任保险]　115

第九章　公司债券　116
第一百九十四条　公司债券　116
第一百九十五条　公司债券募集办法的公告及应载明事项　116
第一百九十六条　实物债券票面法定载明事项　117
　　[债券票面金额]　117
第一百九十七条　记名债券　117
　　[记名债券]　118
第一百九十八条　债券持有人名册的置备及应载明事项　118
第一百九十九条　公司债券登记结算机构的制度要求　118
第二百条　公司债券转让　118
第二百零一条　公司债券转让方式　119

第二百零二条　可转换债券的发行及载明事项　　120
　　[可转换债券]　　120
第二百零三条　债券持有人对可转换债券享有选择权　　120
第二百零四条　债券持有人会议　　121
　　[债券持有人会议]　　121
第二百零五条　债券受托管理人的聘请和管理职权　　122
第二百零六条　债券受托管理人义务、变更及损害赔偿责任　　122

第十章　公司财务、会计　　123

第二百零七条　公司建立财务、会计制度的依据　　123
　　[公司财务制度]　　123
　　[公司会计制度]　　123
第二百零八条　财务会计报告编制要求　　123
　　[公司财务会计报告]　　123
第二百零九条　财务会计报告送交股东及公告　　124
第二百一十条　公司税后利润分配　　125
　　[公司利润]　　125
　　[营业利润]　　125
　　[投资收益]　　125
　　[营业外收支净额]　　125
　　[公积金]　　125
第二百一十一条　违法分配利润的处理　　126
第二百一十二条　公司利润分配时间　　127
第二百一十三条　公司资本公积金构成　　127
第二百一十四条　公积金用途　　127
第二百一十五条　公司聘用、解聘会计师事务所　　128
第二百一十六条　公司对会计师事务所的诚实义务　　128
第二百一十七条　会计账簿和开立账户的禁止性规定　　129

第十一章　公司合并、分立、增资、减资　　129

第二百一十八条　公司合并形式　　129
第二百一十九条　公司合并无须股东会决议的情形　　130
第二百二十条　公司合并程序和债权人异议权　　130
　　[公司合并协议]　　131
　　[资产负债表]　　131

[合并登记]　131
　　第二百二十一条　公司合并时各方的债权、债务承继　131
　　第二百二十二条　公司分立时财产分割和分立程序　132
　　第二百二十三条　公司分立前的债务承担　132
　　第二百二十四条　普通减资程序　133
　　第二百二十五条　简易减资程序　134
　　第二百二十六条　违法减少注册资本的法律责任　134
　　第二百二十七条　股东优先认购权　135
　　第二百二十八条　公司增加注册资本　136

第十一章　公司解散和清算　137

　　第二百二十九条　公司解散原因及事由公示　137
　　第二百三十条　使公司存续的表决规则　138
　　第二百三十一条　强制解散　138
　　第二百三十二条　清算义务人及其责任　139
　　第二百三十三条　向法院申请指定清算组　140
　　第二百三十四条　清算组的职权　140
　　第二百三十五条　清算期间的债权申报　142
　　第二百三十六条　制订清算方案及处分公司财产　142
　　[清算方案]　143
　　第二百三十七条　解散清算转化为破产清算的情形　143
　　第二百三十八条　清算组成员的义务和责任　144
　　第二百三十九条　清算报告和注销公司登记　145
　　第二百四十条　公司简易注销　146
　　第二百四十一条　因被吊销营业执照、责令关闭或者被撤销、注销登记　146
　　第二百四十二条　破产清算的法律依据　147

第十三章　外国公司的分支机构　147

　　第二百四十三条　外国公司　147
　　第二百四十四条　外国公司在中国境内设立分支机构的程序　148
　　第二百四十五条　外国公司在中国境内设立分支机构的条件　148
　　第二百四十六条　外国公司分支机构的名称和章程置备　148
　　第二百四十七条　外国公司分支机构的法律地位　148
　　第二百四十八条　外国公司分支机构在中国境内的活动原则　149

第二百四十九条　在中国境内的外国公司分支机构撤销清算　149

第十四章　法律责任　150

　　第二百五十条　欺诈取得公司登记违法行为的法律责任　150

　　第二百五十一条　未按规定公示信息或不如实公示信息的法律责任　151

　　第二百五十二条　虚假出资的行政处罚　151

　　第二百五十三条　公司发起人、股东抽逃出资的行政处罚　152

　　第二百五十四条　公司财务违法行为的法律责任　152

　　第二百五十五条　公司合并、分立、减少注册资本或清算时违反通知、公告义务的法律责任　152

　　第二百五十六条　公司进行清算时的违法行为及法律责任　153

　　第二百五十七条　承担资产评估、验资或者验证的机构违法行为的法律责任　153

　　第二百五十八条　公司登记机关未履职或履职不当的法律责任　154

　　第二百五十九条　假冒公司的违法行为及其法律责任　155

　　第二百六十条　公司逾期开业、不当停业及不依法办理变更登记的法律责任　155

　　第二百六十一条　外国公司擅自在中国境内设立分支机构的法律责任　156

　　第二百六十二条　危害国家安全、社会公共利益的法律责任　156

　　第二百六十三条　民事赔偿优先原则　156

　　第二百六十四条　刑事责任　156

第十五章　附则　157

　　第二百六十五条　用语含义　157

　　第二百六十六条　施行日期、出资期限及出资额的调整　158

配套核心法规　159

最高人民法院关于适用《中华人民共和国公司法》若干问题的规定（一）（2014.2.20修正）　159

　　第一条　公司法实施前发生的民事行为或事件的法律适用　159

　　第二条　参照适用　159

　　第三条　超过法定期限的诉讼不予受理　159

　　第四条　股东代表诉讼中股东的持股期间和比例　159

第五条　再审案件的法律适用	160
第六条　实施日期	160

最高人民法院关于适用《中华人民共和国公司法》若干问题的规定（二）(2020.12.29修正) 160

第一条　股东提起解散公司诉讼案件的受理	160
第二条　股东提起解散公司诉讼和公司清算案件的处理	161
第三条　股东提起解散公司诉讼中的保全	161
第四条　股东提起解散公司诉讼的当事人	161
第五条　股东提起解散公司诉讼的调解	161
第六条　人民法院就是否解散公司作出的判决的约束力	161
第七条　解散公司的自行清算和指定清算	162
第八条　强制清算清算组成员的产生	162
第九条　强制清算清算组成员的更换	162
第十条　公司清算结束前的应诉及代表人	162
第十一条　清算组通知和公告解散清算事宜义务	162
第十二条　核定债权的异议	163
第十三条　债权人补充申报债权的登记	163
第十四条　债权人补充申报债权的清偿	163
第十五条　清算方案的确认	163
第十六条　强制清算期限及延长	163
第十七条　债务清偿方案	163
第十八条　清算义务人怠于履行义务的民事责任	164
第十九条　清算义务人恶意处置公司财产或骗取注销登记的民事责任	164
第二十条　未经清算即注销的责任承担	164
第二十一条　清算义务人内部责任分担	164
第二十二条　未缴纳出资应作为清算财产	164
第二十三条　清算组成员违法从事清算事务的民事责任	164
第二十四条　解散公司诉讼案件和公司清算案件的管辖	165

最高人民法院关于适用《中华人民共和国公司法》若干问题的规定（三）(2020.12.29修正) 165

第一条　公司发起人界定	166
第二条　发起人为设立公司以自己名义对外签订合同的责任承担	166

第三条	发起人为设立公司以设立中公司名义对外签订合同的责任承担	166
第四条	公司未成立时发起人对设立公司行为产生的费用和债务承担	166
第五条	发起人因设立公司而发生职务侵权行为的责任承担	166
第六条	股份公司认股人股款缴纳义务及发起人另行募集权	166
第七条	出资人以无处分权的财产及犯罪所得货币出资的效力及处理	167
第八条	以划拨和设定权利负担的土地使用权出资的效力	167
第九条	非货币财产出资的评估及出资义务认定	167
第十条	以需要办理权属变更登记的财产出资有出资瑕疵时的处理	167
第十一条	出资人以其他公司股权出资效力的认定	167
第十二条	股东抽逃出资的情形	168
第十三条	股东未履行或者未全面履行出资义务的责任	168
第十四条	股东抽逃出资的责任	168
第十五条	已出资的非货币财产因客观因素贬值时出资人的责任	169
第十六条	未尽出资义务股东的股东权利的限制	169
第十七条	股东除名行为效力	169
第十八条	瑕疵出资股权转让后出资责任的承担	169
第十九条	股东出资责任之诉不适用诉讼时效	169
第二十条	出资义务举证责任分配	169
第二十一条	股东资格确认之诉当事人的确定	170
第二十二条	股权归属争议待证事实	170
第二十三条	公司违反股权登记义务时对股东的救济	170
第二十四条	实际出资人权益保障及限制	170
第二十五条	名义股东处分股权的处理	170
第二十六条	未履行出资义务时名义股东的责任承担	170
第二十七条	股权转让后原股东再次处分股权	171
第二十八条	冒名登记为股东的责任承担	171

最高人民法院关于适用《中华人民共和国公司法》若干问题的规定（四）(2020.12.29修正) 171

第一条	决议不成立之诉	172

第二条	决议撤销之诉原告的资格	172
第三条	决议瑕疵之诉的当事人	172
第四条	违法或违反章程的决议的撤销	172
第五条	决议不成立的情形	172
第六条	决议无效或被撤销不影响善意相对人	172
第七条	行使知情权的股东身份	172
第八条	"不正当目的"的认定	173
第九条	公司不得以章程、股东间协议剥夺股东知情权	173
第十条	判决支持查阅、复制材料的执行	173
第十一条	股东及辅助查询人员泄密的责任承担	173
第十二条	未依法制作保存文件材料的责任承担	173
第十三条	分配利润案件的当事人	173
第十四条	股东提交利润分配方案案件的处理	174
第十五条	股东未提交利润分配方案案件的处理	174
第十六条	因继承发生股权变化时的优先购买权的行使	174
第十七条	向股东以外的人转让股权的程序	174
第十八条	"同等条件"的判定	174
第十九条	优先购买权的行使	174
第二十条	股东优先购买权的行使边界和损害救济	174
第二十一条	损害股东优先购买权的股权转让合同效力	175
第二十二条	拍卖转让或在产交所转让股权时,相关法律用语的适用规则	175
第二十三条	监事或执行董事代表公司起诉时当事人的确定	175
第二十四条	股东代表诉讼的当事人	175
第二十五条	股东代表诉讼胜诉利益的归属	176
第二十六条	股东代表诉讼费用负担	176
第二十七条	实施日期	176

最高人民法院关于适用《中华人民共和国公司法》若干问题的规定
（五）（2020.12.29 修正） 176

第一条	履行法定程序不能豁免关联交易赔偿责任	176
第二条	关联交易损害公司利益时股东的救济措施	177
第三条	董事职务的无因解除与相对应的离职补偿	177
第四条	公司作出分配利润的决议后完成利润分配的时限	177

第五条　有限责任公司股东重大分歧解决机制　177
第六条　施行日期　177
最高人民法院关于适用《中华人民共和国公司法》时间效力的若干规定(2024.6.29)　178
中华人民共和国证券法(2019.12.28 修订)　181
中华人民共和国市场主体登记管理条例(2021.7.27)　223
中华人民共和国市场主体登记管理条例实施细则(2022.3.1)　231
国务院关于实施《中华人民共和国公司法》注册资本登记管理制度的规定(2024.7.1)　245
上市公司章程指引(2025.3.28)　247
证券发行与承销管理办法(2025.3.27 修正)　286
上市公司股东减持股份管理暂行办法(2025.3.27 修正)　299
公司债券发行与交易管理办法(2023.10.20)　304
上市公司股东会规则(2025.3.28)　319

电子增补法规[①]

首次公开发行股票注册管理办法(2023.2.17)
上市公司证券发行注册管理办法(2025.3.27 修正)
上市公司股权激励管理办法(2025.3.27 修正)
上市公司治理准则(2025.3.27 修正)
上市公司投资者关系管理工作指引(2025.3.27 修正)
上市公司现场检查规则(2025.3.27 修正)
上市公司募集资金监管规则(2025.5.9)
上市公司独立董事管理办法(2025.3.27 修正)
上市公司信息披露管理办法(2025.3.26 修订)
上市公司股份回购规则(2025.3.27 修正)
上市公司收购管理办法(2025.3.27 修正)
上市公司重大资产重组管理办法(2025.5.16 修正)
上市公司国有股权监督管理办法(2018.5.16)
非上市公众公司监督管理办法(2025.3.27 修正)

---

①　因篇幅所限，此部分文件请扫描封底二维码，在线阅读。

非上市公众公司收购管理办法(2025.3.27修正)
非上市公众公司重大资产重组管理办法(2025.3.27修正)
企业财务通则(2006.12.4)
企业资产损失财务处理暂行办法(2003.9.3)
企业财务会计报告条例(2000.6.21)
企业会计准则——基本准则(2014.7.23修改)
中华人民共和国企业破产法(2006.8.27)
最高人民法院关于适用《中华人民共和国企业破产法》若干问题的规定(一)(2011.9.9)
最高人民法院关于适用《中华人民共和国企业破产法》若干问题的规定(二)(2020.12.29修正)
最高人民法院关于适用《中华人民共和国企业破产法》若干问题的规定(三)(2020.12.29修正)
最高人民法院关于审理与企业改制相关的民事纠纷案件若干问题的规定(2020.12.29修正)

《中华人民共和国公司法》新旧条文对照表[①]

---

① 因篇幅所限,《中华人民共和国公司法》新旧条文对照表收录在二维码中,请扫描本页的二维码下载阅读。

中华人民共和国公司法

（1993年12月29日第八届全国人民代表大会常务委员会第五次会议通过　根据1999年12月25日第九届全国人民代表大会常务委员会第十三次会议《关于修改〈中华人民共和国公司法〉的决定》第一次修正　根据2004年8月28日第十届全国人民代表大会常务委员会第十一次会议《关于修改〈中华人民共和国公司法〉的决定》第二次修正　2005年10月27日第十届全国人民代表大会常务委员会第十八次会议第一次修订　根据2013年12月28日第十二届全国人民代表大会常务委员会第六次会议《关于修改〈中华人民共和国海洋环境保护法〉等七部法律的决定》第三次修正　根据2018年10月26日第十三届全国人民代表大会常务委员会第六次会议《关于修改〈中华人民共和国公司法〉的决定》第四次修正　2023年12月29日第十四届全国人民代表大会常务委员会第七次会议第二次修订）

目　录

第一章　总　　则
第二章　公司登记
第三章　有限责任公司的设立和组织机构
　第一节　设　　立
　第二节　组织机构
第四章　有限责任公司的股权转让
第五章　股份有限公司的设立和组织机构
　第一节　设　　立
　第二节　股　东　会
　第三节　董事会、经理
　第四节　监　事　会
　第五节　上市公司组织机构的特别规定

第六章　股份有限公司的股份发行和转让
　第一节　股份发行
　第二节　股份转让
第七章　国家出资公司组织机构的特别规定
第八章　公司董事、监事、高级管理人员的资格和义务
第九章　公司债券
第十章　公司财务、会计
第十一章　公司合并、分立、增资、减资
第十二章　公司解散和清算
第十三章　外国公司的分支机构
第十四章　法律责任
第十五章　附　　则

第一章　总　　则

第一条　【立法目的】①

　　为了规范公司的组织和行为,保护公司、股东、职工和债权人的合法权益,完善中国特色现代企业制度,弘扬企业家精神,维护社会经济秩序,促进社会主义市场经济的发展,根据宪法,制定本法。

第二条　【调整范围】

　　本法所称公司,是指依照本法在中华人民共和国境内设立的有限责任公司和股份有限公司。

理解适用

［有限责任公司］

　　有限责任公司,是指公司的股东对公司以其认缴的出资额为限承担责任的公司。其特点是:(1)有限责任公司具有较强的人合性,股东人数不多

---

① 条文主旨为编者所加,下同。

(1人以上50人以下),相互间的合作关系建立在股东之间信任的基础上。也正是因为有限责任公司的人合性,其股东所持股权的转让会受到法律和公司章程的限制,不像股份有限公司股东所持股份那样可以自由转让。(2)各股东的出资共同组成公司的资本,但这些资本无须划分为等额股份。一般来说,股东各自以出资额为限承担责任,享受股东权益。(3)设立程序相对简单,设立成本较低,不对外公开发行股票。(4)治理结构相对简单且灵活,规模较小或股东人数较少的公司可以不设立董事会或者监事会,只设董事和监事,甚至经全体股东同意,也可以不设监事。按照公司章程的规定在董事会中设置审计委员会的,不设监事会或者监事。

[股份有限公司]

股份有限公司,是指公司的资本划分为等额股份,公司股东以其认购的股份为限对公司承担责任的公司。其特点是:(1)股份有限公司是典型的资合公司,公司通过发行股票筹集资金,其资本划分为等额股份。股东通常较多,股东之间可能不熟悉,且不参与公司的经营活动,通过股东会对公司产生影响。(2)设立需履行相对严格的程序,如应有一定数量的发起人,发起人应签订发起协议,从事公司的筹备工作,募集设立的公司还应当遵守《证券法》等相关法律规定。(3)股份有限公司一般须有健全的内部治理机构。公司必须设股东会和董事会。按照公司章程的规定在董事会中设置审计委员会的,不设监事会或者监事。法律对公司各机构的职权、议事规则均有较明确的规定。针对我国的上市公司,还有独立董事的规定。(4)如果章程不予限制,公司的股份一般可以自由转让。股份的转让无须其他股东同意。当然,法律对特定主体如董事、监事、高级管理人员等所持股票转让有限制的,应当遵守法律的规定。

第三条 【公司法律地位及权益保护】

公司是企业法人,有独立的法人财产,享有法人财产权。公司以其全部财产对公司的债务承担责任。

公司的合法权益受法律保护,不受侵犯。

理解适用

[公司以其全部财产对公司的债务承担责任]

关于公司以其全部财产对公司的债务承担责任:一是,公司承担民事责任的范围以公司的全部财产为限,不追及股东个人的财产。公司财产不足以清偿公司债务时,将面临破产,公司的债权人不能要求股东以其个人财产进行清偿。二是,公司的全部财产是公司债务的责任财产,股东的债权人不能要求以公司的财产清偿股东个人的债务。

条文参见

《民法典》第 3 条、第 57~60 条、第 76 条

案例指引

许某宏诉泉州南明置业有限公司、林某哲与公司有关的纠纷案(《最高人民法院公报》2019 年第 7 期)

裁判要旨:1. 人民法院应当根据《公司法》、《公司法解释四》①以及《民事诉讼法》的规定审查提起确认公司决议无效之诉的当事人是否为适格原告。对于在起诉时已经不具有公司股东资格和董事、监事职务的当事人提起的确认公司决议无效之诉,人民法院应当依据《民事诉讼法》相关规定审查其是否符合与案件有直接利害关系等起诉条件。

2.《公司法》意义上的董事会决议,是董事会根据法律或者公司章程规定的权限和表决程序,就审议事项经表决形成的反映董事会商业判断和独立意志的决议文件。中外合资经营企业的董事会对于合营一方根据法律规定委派和撤换董事之事项所作的记录性文件,不构成《公司法》意义上的董事会决议,亦不能成为确认公司决议无效之诉的对象。

第四条 【股东责任形式和股东权利】

有限责任公司的股东以其认缴的出资额为限对公司承担责任;股份有限公司的股东以其认购的股份为限对公司承担责任。

---

① 为便于阅读,以下司法解释使用简称:《最高人民法院关于适用〈中华人民共和国公司法〉若干问题的规定(一)》,简称《公司法解释一》;《最高人民法院关于适用〈中华人民共和国公司法〉若干问题的规定(二)》,简称《公司法解释二》;《最高人民法院关于适用〈中华人民共和国公司法〉若干问题的规定(三)》,简称《公司法解释三》;《最高人民法院关于适用〈中华人民共和国公司法〉若干问题的规定(四)》,简称《公司法解释四》;《最高人民法院关于适用〈中华人民共和国公司法〉若干问题的规定(五)》,简称《公司法解释五》。——编者注

公司股东对公司依法享有资产收益、参与重大决策和选择管理者等权利。

条文参见

《民法典》第60条;《公司法解释四》第13~15条;《公司法解释五》第3条、第4条

第五条 【公司章程】

设立公司应当依法制定公司章程。公司章程对公司、股东、董事、监事、高级管理人员具有约束力。

理解适用

[公司章程]

公司章程,是有关公司组织和行为的基本规则,是设立公司的法定必备文件,也是公司设立后据以运行的重要规则。设立公司,首先就要制定公司章程,以便明确公司的名称、住所、经营范围、注册资本、组织机构设置及其运行规则等重要事项。依照法律规定,有限责任公司的公司章程由全体股东共同制定,并由股东在公司章程上签名或者盖章。股份有限公司的公司章程应当由发起人共同制订,并经成立大会通过。

条文参见

《民法典》第79条

第六条 【公司名称权】

公司应当有自己的名称。公司名称应当符合国家有关规定。
公司的名称权受法律保护。

实用问答

公司的名称应符合哪些规定?

答:公司的名称应符合以下要求:(1)公司的名称需要经登记。本法第32条规定了公司登记事项;《市场主体登记管理条例》第10条也作了相应规

定。公司的名称经过登记后,就成为公司的法定名称。公司可以此名称开展经营活动,依法享有权利和履行义务,从而在商业往来中与其他主体相区分。公司名称的变更也需要进行登记。(2)一个公司只能有一个名称。《市场主体登记管理条例》第 10 条第 1 款规定,市场主体只能登记一个名称。(3)公司名称应当规范使用文字。《企业名称登记管理规定》第 5 条规定,企业名称应当使用规范汉字,民族自治地方的企业名称可以同时使用本民族自治地方通用的民族文字。(4)公司的名称应当符合一定的命名规则。《企业名称登记管理规定》第 6 条中规定,企业名称由行政区划名称、字号、行业或者经营特点、组织形式组成。《企业名称登记管理规定》相关条款还对企业名称命名的其他要求作了规定。

条文参见

《民法典》第 58 条第 2 款、第 1013 条、第 1014 条;《企业名称登记管理规定》第 4 条、第 6 条;《企业名称登记管理规定实施办法》第 7~20 条;《企业名称禁限用规则》第 4~29 条

第七条 【公司名称的规范要求】

依照本法设立的有限责任公司,应当在公司名称中标明有限责任公司或者有限公司字样。

依照本法设立的股份有限公司,应当在公司名称中标明股份有限公司或者股份公司字样。

第八条 【公司住所】

公司以其主要办事机构所在地为住所。

理解适用

[住所]

住所,是民事主体进行民事活动的中心场所或者主要场所。《民法典》第 63 条规定,法人以其主要办事机构所在地为住所。依法需要办理法人登记的,应当将主要办事机构所在地登记为住所。《市场主体登记管理条例》第 11 条第 1 款规定,市场主体只能登记一个住所或者主要经营场所。

实用问答

确定公司的住所,有哪些实际法律意义?

答:确定公司住所的实际法律意义主要有以下几个方面:

(1)有利于确定公司的登记机关。公司设立、变更、注销均须进行登记。住所是确定公司登记管辖的重要依据。《市场主体登记管理条例实施细则》第10条规定,申请人应当根据市场主体类型依法向其住所(主要经营场所、经营场所)所在地具有登记管辖权的登记机关办理登记。

(2)有利于确定公司的诉讼管辖。例如,《民事诉讼法》第22条第2款规定,对法人或者其他组织提起的民事诉讼,由被告住所地人民法院管辖。第27条规定,因公司设立、确认股东资格、分配利润、解散等纠纷提起的诉讼,由公司住所地人民法院管辖。《企业破产法》第3条规定,破产案件由债务人住所地人民法院管辖。此外,还有一些关于地域管辖的特别规定。因此,住所是确定公司诉讼管辖的重要连接点。

(3)有利于确定债务的履行地。《民法典》第511条第3项规定:履行地点不明确,给付货币的,在接受货币一方所在地履行;交付不动产的,在不动产所在地履行;其他标的,在履行义务一方所在地履行。在合同双方就履行地点约定不明确或者没有达成协议的情况下,以所在地来确定履行地点。对公司来说,住所地一般被视为其所在地。因此,住所地对确定合同履行地也有一定影响。

此外,住所对确定涉外民事法律关系准据法以及行政监督管理也具有一定的重要意义。

第九条 【公司经营范围】

公司的经营范围由公司章程规定。公司可以修改公司章程,变更经营范围。

公司的经营范围中属于法律、行政法规规定须经批准的项目,应当依法经过批准。

理解适用

[公司经营范围]

公司经营范围,也称公司目的,是公司经营的主要业务范围或者领域,也是公司的登记事项、营业执照和章程应当载明的事项。

> 实用问答

当事人超越经营范围订立的合同是否无效?

答: 根据《民法典》第 505 条的规定,当事人超越经营范围订立的合同的效力,应当依照《民法典》第 1 编第 6 章第 3 节和合同编的有关规定确定,不得仅以超越经营范围确认合同无效。

> 条文参见

《民法典》第 79 条;《市场主体登记管理条例实施细则》第 12 条

第十条 【公司法定代表人】

公司的法定代表人按照公司章程的规定,由代表公司执行公司事务的董事或者经理担任。

担任法定代表人的董事或者经理辞任的,视为同时辞去法定代表人。

法定代表人辞任的,公司应当在法定代表人辞任之日起三十日内确定新的法定代表人。

> 理解适用

[法定代表人]

根据《民法典》第 61 条第 1 款、第 2 款的规定,依照法律或者法人章程的规定,代表法人从事民事活动的负责人,为法人的法定代表人。法定代表人以法人名义从事的民事活动,其法律后果由法人承受。《民事诉讼法》第 51 条第 2 款中规定,法人由其法定代表人进行诉讼。公司的法定代表人对外代表公司,他以公司名义对外实施的行为,就是公司的行为,该行为的法律后果直接由公司承受。

> 条文参见

《民法典》第 61 条第 1 款;《市场主体登记管理条例》第 12 条

第十一条 【法定代表人行为效力】

法定代表人以公司名义从事的民事活动,其法律后果由公司承受。

公司章程或者股东会对法定代表人职权的限制,不得对抗善意相对人。

法定代表人因执行职务造成他人损害的,由公司承担民事责任。公司承担民事责任后,依照法律或者公司章程的规定,可以向有过错的法定代表人追偿。

理解适用

[善意相对人]

善意相对人,是指不知道也不应当知道公司章程或者股东会决议对法定代表人代表权的限制,与公司进行交易的相对人。如何判断不应当知道,需要结合具体案件中的情形和商业惯例来考量,由人民法院在具体案件中进行判断。如果相对人在与公司进行交易时,其已经知道或者应当知道公司章程或者股东会决议对法定代表人代表权的限制,则其已经不再是善意相对人,对法定代表人超越权限的事实及其可能产生的后果,相对人已经知道或者应该有所预见,对相对人也就没有保护的必要。因此,已经知道或者应当知道公司章程或者股东会决议对法定代表人代表权的限制的相对人,不得主张公司章程或者股东会对法定代表人职权的限制不能对抗自己。

条文参见

《民法典》第61条第2款、第3款,第62条,第1191条;《最高人民法院关于适用〈中华人民共和国民法典〉合同编通则若干问题的解释》第20条

第十二条 【公司形式变更及其债权债务承继】

有限责任公司变更为股份有限公司,应当符合本法规定的股份有限公司的条件。股份有限公司变更为有限责任公司,应当符合本法规定的有限责任公司的条件。

有限责任公司变更为股份有限公司的,或者股份有限公司变更为有限责任公司的,公司变更前的债权、债务由变更后的公司承继。

条文参见

《市场主体登记管理条例实施细则》第 37 条

第十三条 【子公司、分公司】

公司可以设立子公司。子公司具有法人资格，依法独立承担民事责任。

公司可以设立分公司。分公司不具有法人资格，其民事责任由公司承担。

理解适用

公司根据生产经营的需要，除了可以设立分公司外，还可以设立子公司。子公司是相对于母公司而言的，是独立于向其投资的母公司而存在的法律主体。

子公司具有如下特征：(1)其一定比例以上的资本被另一公司持有或通过协议方式受到另一公司实际控制。对子公司有控制权的公司是母公司。子公司的重大事务都由母公司实际决定。(2)子公司是独立的法人。子公司在财务上受母公司的支配与控制，但在法律上，子公司具有独立的法人资格。子公司的独立性主要表现为：拥有独立的公司名称和公司章程；具有独立的组织机构；拥有独立的财产，能够自负盈亏，独立核算；以自己的名义开展生产经营，从事各类民事活动；独立承担公司行为所带来的一切后果和责任。根据子公司的特征，本条明确规定了子公司的法律地位，即子公司具有企业法人资格，依法独立承担民事责任。

条文参见

《民法典》第 74 条；《民事诉讼法》第 51 条；《最高人民法院关于适用〈中华人民共和国民事诉讼法〉的解释》第 52 条、第 53 条；《最高人民法院关于适用〈中华人民共和国民法典〉有关担保制度的解释》第 11 条；《最高人民法院关于民事执行中变更、追加当事人若干问题的规定》第 15 条、第 16 条

案例指引

1. 李某国与孟某生、长春圣祥建筑工程有限公司等案外人执行异议之诉案(《最高人民法院公报》2017 年第 2 期)

裁判要旨：1.法律规则是立法机关综合衡量取舍之后确立的价值评判标

准,应当成为司法实践中具有普遍适用效力的规则,除非法律有特别规定,否则在适用时不应受到某些特殊情况或者既定事实的影响。

2. 分公司的财产即为公司财产,分公司的民事责任由公司承担,这是《公司法》确立的基本规则。以分公司名义依法注册登记的,即应受到该规则调整。至于分公司与公司之间有关权利义务及责任划分的内部约定,因不足以对抗其依法注册登记的公示效力,进而不足以对抗第三人。

3. 遵法守法依法行事者,其合法权益必将受到法律保护;不遵法守法甚至违反法律者,因其漠视甚至无视法律规则,就应当承担不受法律保护或者受到法律追究的风险。

2. 韦某兵与新疆宝塔房地产开发有限公司等请求变更公司登记纠纷案
(《最高人民法院公报》2022 年第 12 期)

裁判要旨: 法定代表人是对外代表公司从事民事活动的公司负责人,法定代表人登记依法具有公示效力。就公司内部而言,公司与法定代表人之间为委托法律关系,法定代表人代表权的基础是公司的授权,自公司任命时取得至免除任命时终止。公司权力机关依公司章程规定免去法定代表人的职务后,法定代表人的代表权即为终止。

有限责任公司股东会依据章程规定免除公司法定代表人职务的,公司执行机关应当执行公司决议,依法办理公司法定代表人工商变更登记。

第十四条 【公司转投资及其限制】

公司可以向其他企业投资。

法律规定公司不得成为对所投资企业的债务承担连带责任的出资人的,从其规定。

理解适用

[公司转投资]

公司转投资,是指公司作为投资主体,以一定的公司法人财产作为对另一企业的出资,从而使公司成为另一企业成员的行为。

条文参见

《合伙企业法》第 3 条

第十五条 【公司转投资及对外担保】

公司向其他企业投资或者为他人提供担保,按照公司章程的规定,由董事会或者股东会决议;公司章程对投资或者担保的总额及单项投资或者担保的数额有限额规定的,不得超过规定的限额。

公司为公司股东或者实际控制人提供担保的,应当经股东会决议。

前款规定的股东或者受前款规定的实际控制人支配的股东,不得参加前款规定事项的表决。该项表决由出席会议的其他股东所持表决权的过半数通过。

理解适用

[实际控制人]

实际控制人,是通过投资关系、协议或者其他安排,能够实际支配公司行为的人。

条文参见

《民法典》第61条、第504条;《最高人民法院关于适用〈中华人民共和国民法典〉有关担保制度的解释》第7~12条、第17条;《最高人民法院关于适用〈中华人民共和国民法典〉合同编通则若干问题的解释》第20条

案例指引

上海浦东发展银行股份有限公司深圳分行与梅州地中海酒店有限公司等借款合同纠纷案(《最高人民法院公报》2020年第4期)

裁判要旨:委托贷款已纳入国家金融监管范围,由金融机构作为贷款人并履行相应职责,又因其资金来源等特性与民间借贷存在相通之处,在不同方面体现出金融借款和民间借贷的特点。在现行法律及司法解释未明确规定的情况下,可通过分析委托贷款更近似金融借款还是民间借贷的特点,进而确定可参照的规则。鉴于委托贷款系根据委托人的意志确定贷款对象、金额、期限、利率等合同主要条款,且委托人享有贷款利息收益等合同主要权利,同时考虑委托贷款与民间借贷在资金来源相同的基础上亦可推定其资金成本大致等同,人民法院确定委托贷款合同的利率上限时应当参照民间借贷的相关规则。

第十六条 【职工权益保护与职业教育】

公司应当保护职工的合法权益,依法与职工签订劳动合同,参加社会保险,加强劳动保护,实现安全生产。

公司应当采用多种形式,加强公司职工的职业教育和岗位培训,提高职工素质。

理解适用

根据本条第1款的规定,公司保护职工的合法权益主要体现在:(1)依法与职工签订劳动合同。劳动合同是劳动者与用人单位建立劳动关系、明确双方权利和义务的协议。公司与职工建立劳动关系,应当订立劳动合同。劳动合同应当以书面形式订立。公司与职工订立和变更劳动合同,应当遵循平等自愿、协商一致的原则,不得违反法律、行政法规的规定。(2)要依法参加社会保险,缴纳社会保险费。根据《劳动法》的规定,国家发展社会保险事业,建立社会保险制度,设立社会保险基金,使职工在年老、患病、工伤、失业、生育等情况下获得帮助和补偿。用人单位和劳动者必须依法参加社会保险,缴纳社会保险费。(3)要加强劳动保护,实现安全生产。劳动保护的基本要求是,为劳动者提供安全、卫生的劳动条件,并不断加以改善,要消除和预防生产经营过程中可能发生的伤亡、职业病和其他伤害劳动者的事故,保障劳动者能以健康的体力参加生产经营活动。公司必须遵守与安全生产相关的法律、法规,加强安全生产管理,建立、健全安全生产责任制度,完善安全生产条件,采取必要的安全保护措施,确保生产安全。

条文参见

《劳动法》第17条;《劳动合同法》第4条、第7条;《社会保险法》第2条、第10条、第23条、第33条、第44条、第53条

第十七条 【公司工会与民主管理】

公司职工依照《中华人民共和国工会法》组织工会,开展工会活动,维护职工合法权益。公司应当为本公司工会提供必要的活动条件。公司工会代表职工就职工的劳动报酬、工作时间、休息休假、劳动安全卫生

和保险福利等事项依法与公司签订集体合同。

公司依照宪法和有关法律的规定,建立健全以职工代表大会为基本形式的民主管理制度,通过职工代表大会或者其他形式,实行民主管理。

公司研究决定改制、解散、申请破产以及经营方面的重大问题、制定重要的规章制度时,应当听取公司工会的意见,并通过职工代表大会或者其他形式听取职工的意见和建议。

理解适用

根据《工会法》的规定,在中国境内的企业、事业单位、机关、社会组织中以工资收入为主要生活来源的体力劳动者和脑力劳动者,不分民族、种族、性别、职业、宗教信仰、教育程度,都有依法参加和组织工会的权利。所以,公司职工依法组织工会应当受到司法保护。公司职工依法开展工会活动,参与管理法律规定的事务,可以更好地代表和维护职工的合法利益,并为调动职工的积极性,促进公司的发展提供支持和帮助。为此,公司应当提供必要的活动条件。

条文参见

《工会法》第3条、第6条、第10条、第11条、第21条;《劳动合同法》第4条;《企业民主管理规定》;《中华全国总工会关于加强公司制企业民主管理工作的意见》

第十八条 【公司设立党组织】

在公司中,根据中国共产党章程的规定,设立中国共产党的组织,开展党的活动。公司应当为党组织的活动提供必要条件。

理解适用

根据《中国共产党章程》的规定,企业、农村、机关、学校、医院、科研院所、街道社区、社会组织、人民解放军连队和其他基层单位,凡是有正式党员3人以上的,都应当成立党的基层组织。公司是企业的一种,公司中有正式党员3人以上的,应当成立党的基层组织。党的基层组织应当按照《中国共产党章程》的规定开展活动。另外,公司要为公司中党组织开展活动提供支持,如提供必需的活动场所等。

第十九条 【公司经营活动基本原则】

公司从事经营活动,应当遵守法律法规,遵守社会公德、商业道德,诚实守信,接受政府和社会公众的监督。

条文参见

《民法典》第7条、第8条

案例指引

北京市朝阳区自然之友环境研究所、中华环保联合会与中国石油天然气股份有限公司、中国石油天然气股份有限公司吉林油田分公司环境污染公益诉讼案(《最高人民法院公报》2019年第4期)

裁判要旨:环境民事公益诉讼案件中,社会组织将实施环境污染行为的法人分支机构以及设立该分支机构的法人一并列为被告提起诉讼,应当确认该法人系适格被告。在数个法院对案件有管辖权时,应当遵循环境公益诉讼的特殊规律,将案件交由污染行为实施地、损害结果地人民法院管辖,以便准确查明事实,依法确定责任,保障受损生态环境得到及时有效修复。

第二十条 【公司社会责任】

公司从事经营活动,应当充分考虑公司职工、消费者等利益相关者的利益以及生态环境保护等社会公共利益,承担社会责任。

国家鼓励公司参与社会公益活动,公布社会责任报告。

实用问答

对于公司损害社会公共利益的行为,怎样追究公司的社会责任?

答:根据《民事诉讼法》第58条的规定:"对污染环境、侵害众多消费者合法权益等损害社会公共利益的行为,法律规定的机关和有关组织可以向人民法院提起诉讼。人民检察院在履行职责中发现破坏生态环境和资源保护、食品药品安全领域侵害众多消费者合法权益等损害社会公共利益的行为,在没有前款规定的机关和组织或者前款规定的机关和组织不提起诉讼的情况下,可以向人民法院提起诉讼。前款规定的机关或者组织提起诉讼的,人民检察院可以支持起诉。"由此可见，对于公司损害社会公共利益的行为，符合公益诉讼相关条件的，可由有关机关、组织或人民检察院提起公益诉讼，追究公司的社会责任。

条文参见

《民法典》第9条

案例指引

山东省济南市人民检察院诉济南某肿瘤医院有限公司等环境污染民事公益诉讼案(最高人民法院指导案例258号)

裁判要旨：1.生态环境主管部门在履行职责中发现具有损害社会公共利益重大风险的污染环境、破坏生态行为，将相关线索移送人民检察院提起环境民事公益诉讼，符合《民事诉讼法》关于公益诉讼等规定的，人民法院依法予以受理。

2.因两个以上依法负有消除环境污染风险义务的民事主体均未履行相应义务造成损害社会公共利益重大风险，国家规定的机关或者法律规定的组织根据《民法典》第1171条的规定，请求各民事主体就消除危险的费用承担连带责任的，人民法院依法予以支持。

3.为避免生态环境损害的发生或者扩大，人民法院可以根据案件情况采取禁止令、先予执行等措施，及时消除环境污染风险。

第二十一条 【股东不得滥用权利】

公司股东应当遵守法律、行政法规和公司章程，依法行使股东权利，不得滥用股东权利损害公司或者其他股东的利益。

公司股东滥用股东权利给公司或者其他股东造成损失的，应当承担赔偿责任。

条文参见

《民法典》第83条第1款

> **案例指引**
>
> 海南碧桂园房地产开发有限公司与三亚凯利投资有限公司、张某男等确认合同效力纠纷案(《最高人民法院公报》2021年第2期)
>
> **裁判要旨**:公司股东仅存在单笔转移公司资金的行为,尚不足以否认公司独立人格的,不应依据《公司法》相关规定判决公司股东对公司的债务承担连带责任。但该行为客观上转移并减少了公司资产,降低了公司的偿债能力,根据"举重以明轻"的原则参照《公司法解释三》关于股东抽逃出资情况下的责任形态之规定,可判决公司股东对公司债务不能清偿的部分在其转移资金的金额及相应利息范围内承担补充赔偿责任。

第二十二条 【不得利用关联关系损害公司利益】

> 公司的控股股东、实际控制人、董事、监事、高级管理人员不得利用关联关系损害公司利益。
>
> 违反前款规定,给公司造成损失的,应当承担赔偿责任。

> **理解适用**
>
> [控股股东]
>
> 控股股东,是指其出资额占有限责任公司资本总额超过50%或者其持有的股份占股份有限公司股本总额超过50%的股东;出资额或者持有股份的比例虽然低于50%,但依其出资额或者持有的股份所享有的表决权已足以对股东会的决议产生重大影响的股东。
>
> [关联关系]
>
> 关联关系,是指公司控股股东、实际控制人、董事、监事、高级管理人员与其直接或者间接控制的企业之间的关系,以及可能导致公司利益转移的其他关系。

> **条文参见**
>
> 《民法典》第84条;《公司法解释五》第1~2条

第二十三条 【公司法人人格否认】

公司股东滥用公司法人独立地位和股东有限责任,逃避债务,严重损害公司债权人利益的,应当对公司债务承担连带责任。

股东利用其控制的两个以上公司实施前款规定行为的,各公司应当对任一公司的债务承担连带责任。

只有一个股东的公司,股东不能证明公司财产独立于股东自己的财产的,应当对公司债务承担连带责任。

理解适用

公司人格否认纠纷本质上属于侵权责任纠纷,依据《最高人民法院关于适用〈中华人民共和国民事诉讼法〉的解释》第 90 条、第 91 条的规定,原告应对侵权主体、侵权行为、侵权结果与因果关系等构成要件承担举证责任。当然,本条第 3 款规定的一人公司举证责任倒置情形除外。

条文参见

《民法典》第 83 条第 2 款;《全国法院民商事审判工作会议纪要》第 10 ~ 13 条

案例指引

徐工集团工程机械股份有限公司诉成都川交工贸有限责任公司等买卖合同纠纷案(最高人民法院指导案例 15 号)

裁判要旨:1. 关联公司的人员、业务、财务等方面交叉或混同,导致各自财产无法区分,丧失独立人格的,构成人格混同。

2. 关联公司人格混同,严重损害债权人利益的,关联公司相互之间对外部债务承担连带责任。

第二十四条 【采用电子通信方式召开会议和表决】

公司股东会、董事会、监事会召开会议和表决可以采用电子通信方式,公司章程另有规定的除外。

理解适用

根据本条规定,公司股东会、董事会、监事会召开会议和表决可以采用电子通信方式。以电子通信方式形成的公司股东会、董事会、监事会决议,在性质上属于电子数据证据。应依据《民事诉讼法》《最高人民法院关于适用〈中华人民共和国民事诉讼法〉的解释》《最高人民法院关于民事诉讼证据的若干规定》中的相关规定,对其进行真实性、合法性及关联性审查。

(1)真实性。电子数据证据必须由电子设备正常运行而自动产生,不得经过人为篡改或加工;应完整提取和精确复制电子数据证据的内容;确保原始载体及其中的电子数据证据至提交法庭时不发生实质性变化。

(2)合法性。自行存证的证据,获得手段要合法合规,不能通过破坏加密措施或以其他方式非法侵入计算机系统;公证存证的证据,不得侵犯他人通信秘密、个人隐私,公证的方式不得违反法律、法规的禁止性规定;委托第三方存证平台固定的证据,要注意相关软件的合法合规,不能使用非法软件获取电子数据证据。

(3)关联性。电子数据证据要在案件待证事实发生时形成;电子数据证据能够确定(网络用户)真实、唯一的身份;收集、保管的记录要构成完整的证据保管链,能够相互印证。

条文参见

《上市公司章程指引》第50条、第122条

第二十五条 【无效决议】

公司股东会、董事会的决议内容违反法律、行政法规的无效。

条文参见

《民法典》第153条、第154条;《公司法解释四》第1条、第3条

第二十六条 【公司股东会、董事会决议撤销及裁量驳回】

公司股东会、董事会的会议召集程序、表决方式违反法律、行政法规或者公司章程,或者决议内容违反公司章程的,股东自决议作出之日起

六十日内,可以请求人民法院撤销。但是,股东会、董事会的会议召集程序或者表决方式仅有轻微瑕疵,对决议未产生实质影响的除外。

未被通知参加股东会会议的股东自知道或者应当知道股东会决议作出之日起六十日内,可以请求人民法院撤销;自决议作出之日起一年内没有行使撤销权的,撤销权消灭。

条文参见

《民法典》第 85 条、第 152 条第 2 款;《公司法解释四》第 4 条

案例指引

李某军诉上海佳动力环保科技有限公司公司决议撤销纠纷案(最高人民法院指导案例 10 号)

裁判要点:人民法院在审理公司决议撤销纠纷案件中应当审查:会议召集程序、表决方式是否违反法律、行政法规或者公司章程,以及决议内容是否违反公司章程。在未违反上述规定的前提下,解聘总经理职务的决议所依据的事实是否属实,理由是否成立,不属于司法审查范围。

第二十七条 【公司股东会、董事会决议不成立的情形】

有下列情形之一的,公司股东会、董事会的决议不成立:

(一)未召开股东会、董事会会议作出决议;

(二)股东会、董事会会议未对决议事项进行表决;

(三)出席会议的人数或者所持表决权数未达到本法或者公司章程规定的人数或者所持表决权数;

(四)同意决议事项的人数或者所持表决权数未达到本法或者公司章程规定的人数或者所持表决权数。

条文参见

《公司法解释四》第 5 条

第二十八条 【公司股东会、董事会决议无效、撤销或者不成立的后果】

公司股东会、董事会决议被人民法院宣告无效、撤销或者确认不成立的,公司应当向公司登记机关申请撤销根据该决议已办理的登记。

股东会、董事会决议被人民法院宣告无效、撤销或者确认不成立的,公司根据该决议与善意相对人形成的民事法律关系不受影响。

条文参见

《民法典》第 85 条;《公司法解释四》第 6 条

第二章 公 司 登 记

第二十九条 【公司设立登记】

设立公司,应当依法向公司登记机关申请设立登记。

法律、行政法规规定设立公司必须报经批准的,应当在公司登记前依法办理批准手续。

条文参见

《民法典》第 58 条;《行政许可法》第 12 条;《市场主体登记管理条例》第 21 条;《市场主体登记管理条例实施细则》

第三十条 【公司设立登记申请】

申请设立公司,应当提交设立登记申请书、公司章程等文件,提交的相关材料应当真实、合法和有效。

申请材料不齐全或者不符合法定形式的,公司登记机关应当一次性告知需要补正的材料。

理解适用

关于公司登记机关应当一次性告知相关义务。不管是《行政许可法》,还是《市场主体登记管理条例》,对申请材料不齐全、不完备或者不符合法定的格式、要求的补正告知,作出了一个较为严格的要求。申请材料不齐全或者不符合法定形式的,登记机关应当一次性告知申请人需要补正的材料,不能反复要求申请人补正,以避免浪费申请人的精力和时间。

条文参见

《行政许可法》第32条;《市场主体登记管理条例》第19条;《市场主体登记管理条例实施细则》第18条

第三十一条 【公司设立的准则主义】

申请设立公司,符合本法规定的设立条件的,由公司登记机关分别登记为有限责任公司或者股份有限公司;不符合本法规定的设立条件的,不得登记为有限责任公司或者股份有限公司。

条文参见

《民法典》第77条;《市场主体登记管理条例》第19条、第20条

第三十二条 【公司登记事项及公示】

公司登记事项包括:
(一)名称;
(二)住所;
(三)注册资本;
(四)经营范围;
(五)法定代表人的姓名;
(六)有限责任公司股东、股份有限公司发起人的姓名或者名称。
公司登记机关应当将前款规定的公司登记事项通过国家企业信用信息公示系统向社会公示。

理解适用

[公司注册资本]

公司注册资本,是指以货币表示的有限责任公司各股东认缴的出资额的总和或者股份有限公司已发行股份的股本总额。法律、行政法规以及国务院决定对公司注册资本数额有最低限额规定的,公司的注册资本数额,应当符合相关要求。

[公司经营范围]

公司经营范围,是指公司从事经营活动中的明确行业、经营项目的种类,并需要依法进行登记,有些还需要依法经过批准。登记公司经营范围,有利于公司依法开展业务活动,有利于交易相对人了解公司生产经营情况,有利于行政机关依法实施监督管理。

条文参见

《民法典》第63条、第65条;《市场主体登记管理条例》第8~10条

第三十三条 【公司营业执照】

依法设立的公司,由公司登记机关发给公司营业执照。公司营业执照签发日期为公司成立日期。

公司营业执照应当载明公司的名称、住所、注册资本、经营范围、法定代表人姓名等事项。

公司登记机关可以发给电子营业执照。电子营业执照与纸质营业执照具有同等法律效力。

理解适用

[公司营业执照]

公司营业执照,既是公司成立的法律依据,又是对外证明公司是企业法人、有资格从事经营活动的资格证书。公司在其经营场所应当悬挂公司营业执照。

实用问答

营业执照的签发具有哪些法律效力?

答:营业执照的签发,具有下列法律效力:

(1)取得从事经营活动的合法身份,即取得法人资格。依照本法、《民法典》、《市场主体登记管理条例》等规定,公司经设立登记并取得营业执照时,始成立为法人,为权利义务之主体。

(2)取得公司名称专用权。经公司登记机关核准登记的公司法人名称受法律保护。在登记主管机关辖区内,同类业务之企业法人,不得使用相同或近似的名称,但法律、法规有特殊规定者除外。由此,企业取得名称专用权。

(3)取得公司经营权。我国《市场主体登记管理条例》第3条第1款规定:"市场主体应当依照本条例办理登记。未经登记,不得以市场主体名义从事经营活动。法律、行政法规规定无需办理登记的除外。"因此,公司在设立登记后,取得经营权,对外可以公司名义进行活动。

条文参见

《民法典》第58条、第78条;《市场主体登记管理条例》第21条、第22条、第37条;《市场主体登记管理条例实施细则》第63条;《公司登记管理实施办法》第4条

第三十四条 【公司登记事项变更及效力】

公司登记事项发生变更的,应当依法办理变更登记。

公司登记事项未经登记或者未经变更登记,不得对抗善意相对人。

理解适用

[变更登记]

变更登记,是指法人因其存续中出现法定的变更事项而进行的登记。公司存续期间发生与其基本存在条件存有重大关系的事项如名称、住所、注册资本、经营范围、法定代表人、发起人等事项的变更,应依照法定内容和法定程序向法定的主管机关办理变更登记。已变更的事项未予登记的,其变更对善意相对人不发生效力。例如,公司的法定代表人变更后未向登记机关登记,若该法定代表人继续以公司名义实施法律行为,在相对人不知道也不应当知道该变更事项时,该法定代表人实施的行为仍然有效,其后果应由公司承担。

条文参见

《民法典》第64~66条;《市场主体登记管理条例》第24条

案例指引

黑龙江闽成投资集团有限公司与西林钢铁集团有限公司、第三人刘某平民间借贷纠纷案(《最高人民法院公报》2020年第1期)

裁判要旨:民间借贷合同是否已成立、生效并全面实际履行,应从签约到

履约两方面来判断,出借人应举示借款合同、银行交易记录、对账记录等证据证明,且相关证据应能相互印证。

当事人以签订股权转让协议方式为民间借贷债权进行担保,此种非典型担保方式为让与担保。在不违反法律、行政法规效力性强制性规定的情况下,相关股权转让协议有效。签订股权让与担保协议并依约完成股权登记变更后,因借款人未能按期还款,当事人又约定对目标公司的股权及资产进行评估、抵销相应数额债权、确认此前的股权变更有效,并实际转移目标公司控制权的,应认定此时当事人就真实转让股权达成合意并已实际履行。以此为起算点一年以后借款人才进入重整程序,借款人主张依《企业破产法》相关规定撤销该以股抵债行为的,不应支持。

对于股权让与担保是否具有物权效力,应以是否已按照物权公示原则进行公示作为核心判断标准。在股权质押中,质权人可就已办理出质登记的股权优先受偿。在已将作为担保财产的股权变更登记到担保权人名下的股权让与担保中,担保权人形式上已经是作为担保标的物的股权的持有者,其就作为担保的股权所享有的优先受偿权利,更应受到保护,原则上享有对抗第三人的物权效力。当借款人进入重整程序时,确认股权让与担保权人享有优先受偿的权利,不构成《企业破产法》第16条规定所指的个别清偿行为。

以股权设定让与担保并办理变更登记后,让与担保权人又同意以该股权为第三人对债务人的债权设定质押并办理质押登记的,第三人对该股权应优于让与担保权人受偿。

第三十五条 【公司登记事项变更】

公司申请变更登记,应当向公司登记机关提交公司法定代表人签署的变更登记申请书、依法作出的变更决议或者决定等文件。

公司变更登记事项涉及修改公司章程的,应当提交修改后的公司章程。

公司变更法定代表人的,变更登记申请书由变更后的法定代表人签署。

条文参见

《市场主体登记管理条例》第18~20条、第24条;《市场主体登记管理条例实施细则》第16条、第17条、第33条

第三十六条 【公司营业执照记载事项变更】

公司营业执照记载的事项发生变更的,公司办理变更登记后,由公司登记机关换发营业执照。

条文参见

《市场主体登记管理条例》第21条、第22条、第28条;《市场主体登记管理条例实施细则》第23条

第三十七条 【因解散、被宣告破产等注销登记】

公司因解散、被宣告破产或者其他法定事由需要终止的,应当依法向公司登记机关申请注销登记,由公司登记机关公告公司终止。

理解适用

公司的终止,也就是公司的消灭。公司终止后,其民事权利能力和行为能力随之消灭。终止后的公司不能再以公司的名义对外从事民事活动。根据本条规定,公司终止的事由包括解散、被宣告破产或者法律规定的其他原因。公司经清算、注销登记程序后终止。

需要注意的是,公司被吊销营业执照是引起公司解散从而导致公司终止的原因。根据《最高人民法院关于企业法人营业执照被吊销后,其民事诉讼地位如何确定的复函》的规定,吊销企业法人营业执照,是市场监督管理部门依据国家工商行政法规对违法的企业法人作出的一种行政处罚。企业法人被吊销营业执照后,应当依法进行清算,清算程序结束并办理工商注销登记后,该企业法人才归于消灭。因此,企业法人被吊销营业执照后至被注销登记前,该企业法人仍应视为存续,可以自己的名义进行诉讼活动。

实用问答

向公司登记机关申请注销登记时需要提交哪些材料？

答：按照《市场主体登记管理条例实施细则》的要求，申请注销登记应当提交下列材料：(1)申请书；(2)依法作出解散、注销的决议或者决定，或者被行政机关吊销营业执照、责令关闭、撤销的文件；(3)清算报告；(4)税务部门出具的清税证明。对于人民法院指定清算人、破产管理人进行清算的，还应当提交人民法院指定证明。公司因合并、分立而申请注销登记的，无须提交第3项要求的材料。申请办理简易注销登记，应当提交申请书和全体股东承诺书，并履行《公司法》第240条规定的公告程序。

条文参见

《民法典》第68条；《企业破产法》第2条；《市场主体登记管理条例》第31条；《市场主体登记管理条例实施细则》第44～49条

第三十八条 【设立分公司】

公司设立分公司，应当向公司登记机关申请登记，领取营业执照。

条文参见

《民法典》第74条；《市场主体登记管理条例》第23条；《市场主体登记管理条例实施细则》第30条

第三十九条 【撤销登记】

虚报注册资本、提交虚假材料或者采取其他欺诈手段隐瞒重要事实取得公司设立登记的，公司登记机关应当依照法律、行政法规的规定予以撤销。

理解适用

关于撤销公司登记的事由，关注的重点在于设立申请人在申请设立公司的过程中是否具有欺诈的意思表示和行为。欺诈取得公司登记，是指当事人在办理公司登记时，故意隐瞒有关的重要事实、制造假象、掩盖真相，使公司登记机关受蒙骗、发生错误认识而取得了公司登记。公司登记包括设立登记、变更登记、注销登记。本条规定了欺诈手段取得公司登记的三种情形，即虚报注册资本、提交虚假材料、采取其他欺诈手段隐瞒重要事实。

【条文参见】

《市场主体登记管理条例》第 40～45 条;《市场主体登记管理条例实施细则》第 50～58 条;《刑法》第 158 条

第四十条 【企业信用信息公示系统公示事项】

公司应当按照规定通过国家企业信用信息公示系统公示下列事项：

(一)有限责任公司股东认缴和实缴的出资额、出资方式和出资日期，股份有限公司发起人认购的股份数；

(二)有限责任公司股东、股份有限公司发起人的股权、股份变更信息；

(三)行政许可取得、变更、注销等信息；

(四)法律、行政法规规定的其他信息。

公司应当确保前款公示信息真实、准确、完整。

【条文参见】

《企业信息公示暂行条例》第 10 条、第 17 条

第四十一条 【优化公司登记服务】

公司登记机关应当优化公司登记办理流程，提高公司登记效率，加强信息化建设，推行网上办理等便捷方式，提升公司登记便利化水平。

国务院市场监督管理部门根据本法和有关法律、行政法规的规定，制定公司登记注册的具体办法。

【条文参见】

《市场主体登记管理条例》第 6 条;《优化营商环境条例》第 19 条

第三章 有限责任公司的设立和组织机构

第一节 设 立

第四十二条 【有限责任公司股东人数】

有限责任公司由一个以上五十个以下股东出资设立。

理解适用

设立时的股东既可以是自然人,也可以是法人,还可以是非法人组织。设立时的股东为自然人的,应当具有民事行为能力。无民事行为能力人或者限制民事行为能力人,不应当作为有限责任公司设立时的股东。

第四十三条 【有限责任公司设立协议】

有限责任公司设立时的股东可以签订设立协议,明确各自在公司设立过程中的权利和义务。

理解适用

[设立协议]

设立协议,即发起人协议,是指在公司设立过程中,由发起人订立的关于明确公司设立过程中的权利和义务的协议。如果发起人是一个,则不需要发起人签订设立协议,当发起人是二个及二个以上时,发起人之间就需要达成协议以明确内部关系。

实用问答

公司设立协议一般包括哪些内容?

答: 签订设立协议的主要目的在于明确各自在公司设立过程中的权利和义务,一般情况下公司设立协议主要包括以下内容:

(1)约定设立公司的公共事务。设立股东期待的设立协议的目的是共同的,即成功设立公司并在设立公司中享有股东权利等。设立股东在公司设立过程中的分工可能有所不同,但是其权利义务的最终目标是一致的,因此设立公司公共事务的安排一般是设立协议的重要内容。

(2)设立股东在设立公司过程中的权利义务等。设立公司有一个过程,在此过程中,除公共事务外,还涉及设立股东的个人权利和义务的约定。设立股东还可以就违反法定义务或者约定义务的违约责任进行约定。

条文参见

《公司法解释三》第1条

第四十四条 【有限责任公司设立行为的法律后果】

有限责任公司设立时的股东为设立公司从事的民事活动,其法律后果由公司承受。

公司未成立的,其法律后果由公司设立时的股东承受;设立时的股东为二人以上的,享有连带债权,承担连带债务。

设立时的股东为设立公司以自己的名义从事民事活动产生的民事责任,第三人有权选择请求公司或者公司设立时的股东承担。

设立时的股东因履行公司设立职责造成他人损害的,公司或者无过错的股东承担赔偿责任后,可以向有过错的股东追偿。

理解适用

关于本条第4款规定,设立时的股东因履行公司设立职责造成他人损害的,公司或者无过错的股东承担赔偿责任后,可以向有过错的股东追偿。设立股东职务侵权行为的认定,一般需要满足以下几个构成要件:

(1)侵权行为由设立中公司的设立股东实施。设立股东是设立中公司的代表机关,设立中公司代表机关的行为视为设立中公司自身的行为。设立中公司代表机关施加损害于第三人,该行为后果自应归属于设立中公司。据此,设立中公司中其他工作人员的行为不包括在内。

(2)侵权行为是设立股东职责范围内的行为,即必须是为公司设立所为的行为,以此区别发起人个人的侵权行为。该行为可以是作为,也可以是不作为,如设立股东违反信息公开义务,致使债权人、认股人利益遭受损害。设立中公司具有自己的意思机关和执行机关,设立中公司的意志通过意思机关形成,通过执行机关实现,而设立股东同时是设立中公司的意思机关和执行机关,故设立股东在职责范围内实施的行为才体现设立中公司的意志,设立股东的行为方可视为设立中公司的行为,因此,设立股东职务行为的后果应归属设立中公司。

(3)存在损害事实。设立股东职务行为只有造成他人客观的损害后果,该不利后果才可归属于设立中公司,对该损害事实的举证责任由受害人负担。

(4)职务行为与损害事实之间有因果关系。设立股东是设立中公司的意思机关,设立股东行为之过错视为设立中公司之过错,根据过错归责原则,侵权行为的后果应归属于设立中公司。同时,全体设立股东内部属于合伙关系,故对设立公司期间产生的债务应承担连带责任;公司或者无过错的股东可能因此承担赔偿责任,因此,本款规定公司或者无过错的股东承担赔偿责任后,可以向有过错的股东追偿。

条文参见

《民法典》第75条;《公司法解释三》第2条、第4条、第5条;《公司法解释四》第13~15条

第四十五条 【有限责任公司章程制定】

设立有限责任公司,应当由股东共同制定公司章程。

理解适用

股东共同制定公司章程,这里的"共同制定",是指在制定公司章程时,应由全体股东取得协商一致,体现全体股东的意志,其表现形式是全体股东在公司章程上签名、盖章。

股东共同制定公司章程是公司成立的必备要件,公司章程对公司、股东、董事、监事、高级管理人员都具有约束力,包括设立后新加入的股东。公司章程是公司治理的重要依据,涉及公司内部人员的权利义务和责任承担,以及公司的治理结构、规则等。公司章程应当符合法律法规的规定。

条文参见

《民法典》第79条

第四十六条 【有限责任公司章程法定记载事项】

有限责任公司章程应当载明下列事项：
(一)公司名称和住所；
(二)公司经营范围；
(三)公司注册资本；
(四)股东的姓名或者名称；
(五)股东的出资额、出资方式和出资日期；
(六)公司的机构及其产生办法、职权、议事规则；
(七)公司法定代表人的产生、变更办法；
(八)股东会认为需要规定的其他事项。
股东应当在公司章程上签名或者盖章。

理解适用

[注册资本]

注册资本，是以货币表示的各股东认缴的出资额的总和，公司章程应当载明公司注册资本的具体数额。在资本认缴制下，公司注册资本只是股东承诺将向公司投入的资本总额，法律并不要求股东在公司成立时全额缴足。

[股东的出资额]

股东的出资额，是指股东用以出资的各类资产所对应的货币价值金额。

[股东出资方式]

股东出资方式，是指出资的种类，根据本法第48条的规定，包括货币以及实物、知识产权、土地使用权、股权、债权等可以用货币估价并可以依法转让的非货币财产。无论是以何种形式的财产出资，均应当在公司章程中记载。

[出资日期]

出资日期，是指股东出资的具体时间，应当具体到年月日，包括股东首次出资的时间以及公司成立以后股东认缴并分期缴足的出资时间。

条文参见

《市场主体登记管理条例实施细则》第37条

第四十七条 【有限责任公司注册资本】

有限责任公司的注册资本为在公司登记机关登记的全体股东认缴的出资额。全体股东认缴的出资额由股东按照公司章程的规定自公司成立之日起五年内缴足。

法律、行政法规以及国务院决定对有限责任公司注册资本实缴、注册资本最低限额、股东出资期限另有规定的,从其规定。

实用问答

本条第 2 款中规定,"法律、行政法规以及国务院决定对有限责任公司注册资本实缴、注册资本最低限额、股东出资期限另有规定的,从其规定",具体有哪些规定?

答:法律、行政法规以及国务院决定对有限责任公司注册资本实缴、注册资本最低限额、股东出资期限另有的规定,主要包括:《国务院关于印发注册资本登记制度改革方案的通知》附件的规定,暂不实行注册资本认缴登记制的行业包括:商业银行、外资银行、金融资产管理公司、信托公司、财务公司、金融租赁公司、汽车金融公司、消费金融公司、货币经纪公司、村镇银行、贷款公司、农村信用合作联社、农村资金互助社、证券公司、期货公司、基金管理公司、保险公司、保险专业代理机构和保险经纪人、外资保险公司、直销企业、对外劳务合作企业、融资性担保公司、劳务派遣企业、典当行、保险资产管理公司、小额贷款公司。对于最低注册资本,《商业银行法》《保险法》《证券法》《证券投资基金法》《期货和衍生品法》《邮政法》《劳动合同法》等法律,以及《征信业管理条例》《直销管理条例》《融资担保公司监督管理条例》《对外劳务合作管理条例》《旅行社条例》等行政法规对特定行业的公司的最低注册资本都有特别规定。

条文参见

《证券法》第 120 条、第 121 条;《市场主体登记管理条例》第 13 条;《国务院关于印发注册资本登记制度改革方案的通知》

第四十八条 【股东出资方式】

股东可以用货币出资,也可以用实物、知识产权、土地使用权、股权、债权等可以用货币估价并可以依法转让的非货币财产作价出资;但是,法律、行政法规规定不得作为出资的财产除外。

对作为出资的非货币财产应当评估作价,核实财产,不得高估或者低估作价。法律、行政法规对评估作价有规定的,从其规定。

实用问答

在公司设立阶段,股东以股权出资应当符合哪些条件?

答:在公司设立阶段,股东以股权出资一般是指以其持有的其他公司股权出资。《公司法解释三》第11条第1款规定:"出资人以其他公司股权出资,符合下列条件的,人民法院应当认定出资人已履行出资义务:(一)出资的股权由出资人合法持有并依法可以转让;(二)出资的股权无权利瑕疵或者权利负担;(三)出资人已履行关于股权转让的法定手续;(四)出资的股权已依法进行了价值评估。"

条文参见

《市场主体登记管理条例》第13条;《市场主体登记管理条例实施细则》第13条;《公司法解释三》第7~11条;《公司登记管理实施办法》第6条

第四十九条 【股东的出资义务及赔偿责任】

股东应当按期足额缴纳公司章程规定的各自所认缴的出资额。

股东以货币出资的,应当将货币出资足额存入有限责任公司在银行开设的账户;以非货币财产出资的,应当依法办理其财产权的转移手续。

股东未按期足额缴纳出资的,除应当向公司足额缴纳外,还应当对给公司造成的损失承担赔偿责任。

理解适用

股东应当严格按照公司章程的规定,按期足额缴纳自己所认缴的出资额。具体要求是:

(1)股东以货币出资的,应当按照公司章程规定的时间和金额,将货币出资存入有限责任公司在银行开设的账户。公司章程规定为一次性缴纳货币出资的，股东必须一次性足额将货币出资存入公司的账户；公司章程规定为分期缴纳货币出资的，股东必须按期足额将货币出资存入公司账户。

（2）股东以实物、知识产权、土地使用权、股权、债权等非货币财产出资的，必须进行作价评估，并依法办理转移财产权的手续，将原来属于股东所有的财产，转移为公司所有。股东以房产出资的，必须到房屋登记管理部门办理房屋所有权转移的手续，将房屋所有权人由股东改为公司；股东以知识产权如专利权、商标专用权出资的，必须到专利管理机关、商标注册机关办理权属变更手续，将权利人由股东变更为公司；以土地使用权出资的，必须到自然资源主管部门办理土地使用权转让登记，将土地使用权人变更为公司。股东以非专利技术出资的，则应当向公司提交该非专利技术的相关文件资料。以股权和债权出资的，也应当将股权或者债权转让给公司。

条文参见

《公司法解释三》第13条

第五十条 【股东未按期出资、出资不足或出资不实的责任】

有限责任公司设立时，股东未按照公司章程规定实际缴纳出资，或者实际出资的非货币财产的实际价额显著低于所认缴的出资额的，设立时的其他股东与该股东在出资不足的范围内承担连带责任。

实用问答

以非货币财产出资，纯因客观因素导致出资贬值，可以要求出资人补足出资额吗？

答：关于非货币财产出资纯因客观因素导致出资贬值的处理，《公司法解释（三）》第15条规定："出资人以符合法定条件的非货币财产出资后，因市场变化或者其他客观因素导致出资财产贬值，公司、其他股东或者公司债权人请求该出资人承担补足出资责任的，人民法院不予支持。但是，当事人另有约定的除外。"即在出资时该非货币财产与章程所定价额没有差别，后来由于市场风险或者其他客观因素贬值，主要是指出资人在履行出资义务时，依据当时现有的资料、信息无法预见的客观事实和风险，包括不可抗力、意外事故、因市场经济规律产生的价格下跌、出资财产自身属性引起的价值损失等贬值情形,属于公司应承担的正常商业风险,与出资股东无关,出资股东也没有过错,由此类事实导致的非货币出资财产贬值不得归咎于出资人,一般情况下出资股东不应再承担责任。如果当事人之间约定,非货币财产无论因何种原因贬值时,出资股东皆负有补足出资的义务,则从尊重当事人意思自治出发,该种约定应为有效。

条文参见

《公司法解释三》第13条、第15条

第五十一条 【董事会的核查义务及责任】

有限责任公司成立后,董事会应当对股东的出资情况进行核查,发现股东未按期足额缴纳公司章程规定的出资的,应当由公司向该股东发出书面催缴书,催缴出资。

未及时履行前款规定的义务,给公司造成损失的,负有责任的董事应当承担赔偿责任。

理解适用

公司成立以后,公司设立过程中的法律后果由公司承受。董事会应当对股东出资情况进行核查,以确保公司资本充实。董事会的核查义务包括:股东是否按照公司章程规定的时间和出资方式缴纳出资,非货币财产的估值作价是否恰当。董事会经核查发现股东未按照公司章程规定的时间或者方式缴纳出资,或者作为出资的非货币财产的实际价额显著低于所认缴的出资额的,应当向该股东发出书面催缴书,催缴出资。

董事如果没有履行核查或者催缴义务,则构成对勤勉义务的违反,需要对公司的损失承担赔偿责任。该责任是一种违反注意义务的侵权责任,应当按照其过错承担赔偿责任。例如,董事会没有核查或发现股东未按期足额缴纳公司章程规定的出资,也不向其发出书面催缴书;或者发现股东进入破产程序后,不按照规定向破产管理人申报债权等。董事仅代表公司向股东催缴出资,董事并不是缴纳出资的实际行为人,因此,董事只要积极实施了客观上可以实施的催缴行为,即使最终股东仍然没有按照章程约定缴纳出资,此时也应认定董事履行了勤勉义务,不对公司的损失承担赔偿责任。

第五十二条 【股东失权制度】

股东未按照公司章程规定的出资日期缴纳出资,公司依照前条第一款规定发出书面催缴书催缴出资的,可以载明缴纳出资的宽限期;宽限期自公司发出催缴书之日起,不得少于六十日。宽限期届满,股东仍未履行出资义务的,公司经董事会决议可以向该股东发出失权通知,通知应当以书面形式发出。自通知发出之日起,该股东丧失其未缴纳出资的股权。

依照前款规定丧失的股权应当依法转让,或者相应减少注册资本并注销该股权;六个月内未转让或者注销的,由公司其他股东按照其出资比例足额缴纳相应出资。

股东对失权有异议的,应当自接到失权通知之日起三十日内,向人民法院提起诉讼。

理解适用

需要注意的是,股东失权并不等同于丧失股东资格。股东丧失的是其未缴纳出资的股权,股东已缴纳出资的股权不受影响。只有在股东完全没有履行出资义务的情形下,股东因其丧失全部股权,才可能丧失股东资格。

条文参见

《公司法解释三》第 17 条

第五十三条 【禁止股东抽逃出资】

公司成立后,股东不得抽逃出资。

违反前款规定的,股东应当返还抽逃的出资;给公司造成损失的,负有责任的董事、监事、高级管理人员应当与该股东承担连带赔偿责任。

理解适用

[股东抽逃出资]

股东抽逃出资,是指股东向公司履行了出资义务后,通过制作虚假财务会计报告虚增利润进行分配、虚构债权债务关系将出资转出等方式,未经法定程序而将出资抽回,损害公司权益的行为。

条文参见

《公司法解释三》第12条、第14条、第16~17条、第20条

第五十四条 【出资加速到期】

公司不能清偿到期债务的,公司或者已到期债权的债权人有权要求已认缴出资但未届出资期限的股东提前缴纳出资。

理解适用

[股东出资加速到期]

股东出资加速到期,是指在公司资产不足以偿还公司到期债务时,不考虑股东认缴出资期限是否届满,从而要求股东提前履行出资义务的一种情形,属于股东出资期限利益的例外情形。当公司产生债务时,尤其是当公司资产不足以清偿债务时,甚至在出资期限即将届满之前又决定推迟出资时间,债权人的债权将难以实现。本条规定更好地保护了公司和债权人的利益。

条文参见

《企业破产法》第35条;《公司法解释二》第22条第1款;《全国法院民商事审判工作会议纪要》第6条

第五十五条 【出资证明书】

有限责任公司成立后,应当向股东签发出资证明书,记载下列事项:

(一)公司名称;
(二)公司成立日期;
(三)公司注册资本;
(四)股东的姓名或者名称、认缴和实缴的出资额、出资方式和出资日期;
(五)出资证明书的编号和核发日期。

出资证明书由法定代表人签名,并由公司盖章。

理解适用

[出资证明书]

出资证明书，是有限责任公司向股东签发的证明其已经履行出资义务的法律文件，公司成立后向股东签发出资证明书是公司的一项法定义务。股东分期缴纳出资的，公司应当在股东每一次缴纳出资后向其签发出资证明书；新的出资证明书签发后，公司应当收回并注销原出资证明书。

条文参见

《公司法解释三》第 23 条

第五十六条 【股东名册】

有限责任公司应当置备股东名册，记载下列事项：
（一）股东的姓名或者名称及住所；
（二）股东认缴和实缴的出资额、出资方式和出资日期；
（三）出资证明书编号；
（四）取得和丧失股东资格的日期。
记载于股东名册的股东，可以依股东名册主张行使股东权利。

条文参见

《公司法解释三》第 23 条、第 24 条；《全国法院民商事审判工作会议纪要》第 8 条、第 28 条

第五十七条 【有限责任公司股东知情权】

股东有权查阅、复制公司章程、股东名册、股东会会议记录、董事会会议决议、监事会会议决议和财务会计报告。

股东可以要求查阅公司会计账簿、会计凭证。股东要求查阅公司会计账簿、会计凭证的，应当向公司提出书面请求，说明目的。公司有合理根据认为股东查阅会计账簿、会计凭证有不正当目的，可能损害公司合法利益的，可以拒绝提供查阅，并应当自股东提出书面请求之日起十五日内书面答复股东并说明理由。公司拒绝提供查阅的，股东可以向人民法院提起诉讼。

股东查阅前款规定的材料，可以委托会计师事务所、律师事务所等中介机构进行。

　　股东及其委托的会计师事务所、律师事务所等中介机构查阅、复制有关材料，应当遵守有关保护国家秘密、商业秘密、个人隐私、个人信息等法律、行政法规的规定。

　　股东要求查阅、复制公司全资子公司相关材料的，适用前四款的规定。

理解适用

[公司财务会计报告]

　　公司财务会计报告，是综合反映公司财务状况和经营成果的书面文件，按照《会计法》及相关规定，有限责任公司应当于每一会计年度终了时依法编制财务会计报告。财务会计报告由会计报表及财务情况说明书及会计报表附注等有关文件组成，具体包括资产负债表、损益表、现金流量表等。公司应当按照公司章程规定的期限将财务会计报告送交各股东。公司财务会计报告，是股东了解公司财产使用情况、监督管理公司经营活动的必要前提，所以股东有权查阅和复制。

[会计账簿]

　　会计账簿，包括总账、明细账、日记账和其他辅助性账簿。根据《会计法》的规定，各单位发生的各项经济业务事项应当在依法设置的会计账簿上统一登记、核算，不得违反法律和国家统一的会计制度的规定私设会计账簿登记、核算。各单位应当定期将会计账簿记录与实物、款项及有关资料相互核对，保证会计账簿记录与实物及款项的实有数额相符、会计账簿记录与会计凭证的有关内容相符、会计账簿之间相对应的记录相符、会计账簿记录与会计报表的有关内容相符。会计账簿是公司日常经济活动的直接记载，是编制公司财务会计报告的基础资料，是股东知情权的重要内容。

[会计凭证]

　　会计凭证又称单据，是在经济业务发生或完成时取得或填制的，用以记录或证明经济业务的发生或完成情况的文字凭据。它不仅能用来记录经济业务发生或完成情况，还可以明确经济责任，是进行会计核算工作的原始资料和重要依据，是会计资料中最具有法律效力的一种文件。会计凭证包括原始凭证和记账凭证。

> **条文参见**

《公司法解释四》第 7~12 条;《会计法》第 14 条、第 15 条

> **案例指引**

李某君、吴某、孙某、王某兴诉江苏佳德置业发展有限公司股东知情权纠纷案(《最高人民法院公报》2011 年第 8 期)

裁判要旨:股东知情权是指股东享有了解和掌握公司经营管理等重要信息的权利,是股东依法行使资产收益、参与重大决策和选择管理者等权利的重要基础。账簿查阅权是股东知情权的重要内容。股东要求查阅公司会计账簿,但公司怀疑股东查阅会计账簿的目的是为公司涉及的其他案件的对方当事人收集证据,并以此为由拒绝提供查阅的,不属于上述规定中股东具有不正当目的、可能损害公司合法利益的情形。

第二节 组织机构

> **第五十八条 【有限责任公司股东会的组成及地位】**

有限责任公司股东会由全体股东组成。股东会是公司的权力机构,依照本法行使职权。

> **理解适用**

[股东会]

股东会,是指依照《公司法》、公司章程的规定而设立的由全体股东组成的决定公司重大问题的公司权力机构。股东参加股东会是股东作为投资人权益的重要体现。

> **条文参见**

《民法典》第 80 条

> **案例指引**

钱某芳、华宁公司与祝某春、华宇公司、祝某安及汪某琛股东权纠纷案（《最高人民法院公报》2006 年第 7 期）

裁判要旨：在诉讼调解程序中，经人民法院主持，由有限责任公司全体股东召开股东会会议，就股权转让、公司债权债务及资产的处置等问题形成的《股东会决议》，对各股东均有约束力。故该有限责任公司的股东又就《股东会决议》涉及的问题提起新的诉讼时，如不属于依法应予支持的情形，则应当判令当事人各自遵守和执行股东会决议。

第五十九条【有限责任公司股东会职权】

股东会行使下列职权：

（一）选举和更换董事、监事，决定有关董事、监事的报酬事项；

（二）审议批准董事会的报告；

（三）审议批准监事会的报告；

（四）审议批准公司的利润分配方案和弥补亏损方案；

（五）对公司增加或者减少注册资本作出决议；

（六）对发行公司债券作出决议；

（七）对公司合并、分立、解散、清算或者变更公司形式作出决议；

（八）修改公司章程；

（九）公司章程规定的其他职权。

股东会可以授权董事会对发行公司债券作出决议。

对本条第一款所列事项股东以书面形式一致表示同意的，可以不召开股东会会议，直接作出决定，并由全体股东在决定文件上签名或者盖章。

> **案例指引**

黄某忠诉陈某庆等股东资格确认案（《最高人民法院公报》2015 年第 5 期）

裁判要旨：未经公司有效的股东会决议通过，他人虚假向公司增资以"稀释"公司原有股东股份，该行为损害原有股东的合法权益，即使该出资行为已被工商行政机关备案登记，仍应认定为无效，公司原有股东股权比例应保持不变。

第六十条 【一人有限责任公司股东行使职权的要求】

只有一个股东的有限责任公司不设股东会。股东作出前条第一款所列事项的决定时,应当采用书面形式,并由股东签名或者盖章后置备于公司。

第六十一条 【首次股东会会议的召集和主持】

首次股东会会议由出资最多的股东召集和主持,依照本法规定行使职权。

第六十二条 【股东会的会议制度】

股东会会议分为定期会议和临时会议。

定期会议应当按照公司章程的规定按时召开。代表十分之一以上表决权的股东、三分之一以上的董事或者监事会提议召开临时会议的,应当召开临时会议。

理解适用

[股东会的定期会议]

股东会的定期会议,是指按照公司章程的规定在一定时期内必须召开的会议。相比于股份有限公司法律明确规定股东会应当每年召开一次年会的要求,有限责任公司将定期会议召开的次数、时限等完全交由公司章程规定。定期会议应当按照公司章程的规定,按时召开。这就要求公司章程对定期股东会会议作出具体规定,比如是一年召开一次定期会议,或者一年召开两次定期会议等,并明确定期会议召开的时间,如每年年底或者年初等。

[临时会议]

临时会议,是指在定期会议之外,由于法定人员的提议而临时召开的会议。根据本条第2款的规定,有权提议召开临时会议的主体和要求是:

(1)代表1/10以上表决权的股东。股东是公司的出资人,是股东会的当然成员,可以要求召开股东会会议,特别是当公司出现重大问题、决定重大事项时。但召开股东会会议涉及筹备、组织、通知、会务、交通等诸多事务,且公司章程已经对定期会议作了规定,所以股东也不应当随意要求召开股东会会议,否则将会对公司的正常生产经营活动产生不良影响。因此,为了既能保证股东权利,又能避免频繁召开会议,适当对股东提议召开临时会议增加限制条件,是必要的。按照本条规定,只有代表1/10以上表决权的股东,方可有权提议召开临时会议。

(2)1/3以上的董事。董事是董事会的组成人员,由公司股东会选举产生,参与公司的经营决策等事务,对公司的生产经营情况比较熟悉。当出现影响股东重大权益、公司重大利益等问题,需要由股东会会议作出决定时,应当赋予董事召开临时会议的提议权。按照本条的规定,1/3以上的董事,有权提议召开临时会议。股份有限公司在"董事会认为必要时",即可提议召开临时股东会会议。

(3)监事会。公司监事会负有监督职责,当董事、经理等在公司日常经营管理活动中出现违反法律、公司章程等行为,需要通过召开股东会会议作出相应决议时,应当赋予监事会提议权。因此,公司监事会有权提议召开临时会议。根据本法第83条的规定,规模较小或者股东人数较少的有限责任公司,可以不设监事会,设1名监事,行使本法规定的监事会的职权。因此,不设监事会的监事也有权提议召开临时股东会。

第六十三条 【股东会会议的召集和主持】

股东会会议由董事会召集,董事长主持;董事长不能履行职务或者不履行职务的,由副董事长主持;副董事长不能履行职务或者不履行职务的,由过半数的董事共同推举一名董事主持。

董事会不能履行或者不履行召集股东会会议职责的,由监事会召集和主持;监事会不召集和主持的,代表十分之一以上表决权的股东可以自行召集和主持。

第六十四条 【召开股东会会议通知期限和会议记录】

召开股东会会议,应当于会议召开十五日前通知全体股东;但是,公司章程另有规定或者全体股东另有约定的除外。

股东会应当对所议事项的决定作成会议记录,出席会议的股东应当在会议记录上签名或者盖章。

第六十五条 【股东表决权】

股东会会议由股东按照出资比例行使表决权;但是,公司章程另有规定的除外。

第六十六条 【股东会议事方式和表决程序】

股东会的议事方式和表决程序,除本法有规定的外,由公司章程规定。

股东会作出决议,应当经代表过半数表决权的股东通过。

股东会作出修改公司章程、增加或者减少注册资本的决议,以及公司合并、分立、解散或者变更公司形式的决议,应当经代表三分之二以上表决权的股东通过。

理解适用

[议事方式]

议事方式,是指公司股东会以什么方式就公司的重大问题进行讨论并作出决议。

[表决程序]

表决程序,是指股东在股东会上如何行使表决权,决议产生效力需要多少股东赞成,才能通过某一特定决议。

案例指引

姚某城与鸿人(上海)投资管理有限公司、章某等公司决议纠纷案(《最高人民法院公报》2021年第3期)

裁判要旨: 有限责任公司章程或股东出资协议确定的公司注册资本出资期限系股东之间达成的合意。除法律规定或存在其他合理性、紧迫性事由需要修改出资期限的情形外,股东会会议作出修改出资期限的决议应经全体股东一致通过。公司股东滥用控股地位,以多数决方式通过修改出资期限决议,损害其他股东期限权益,其他股东请求确认该项决议无效的,人民法院应予支持。

第六十七条 【董事会职权】

有限责任公司设董事会,本法第七十五条另有规定的除外。
董事会行使下列职权:
(一)召集股东会会议,并向股东会报告工作;
(二)执行股东会的决议;
(三)决定公司的经营计划和投资方案;
(四)制订公司的利润分配方案和弥补亏损方案;
(五)制订公司增加或者减少注册资本以及发行公司债券的方案;
(六)制订公司合并、分立、解散或者变更公司形式的方案;
(七)决定公司内部管理机构的设置;
(八)决定聘任或者解聘公司经理及其报酬事项,并根据经理的提名决定聘任或者解聘公司副经理、财务负责人及其报酬事项;
(九)制定公司的基本管理制度;
(十)公司章程规定或者股东会授予的其他职权。
公司章程对董事会职权的限制不得对抗善意相对人。

条文参见

《民法典》第61条第3款、第65条、第81条

第六十八条 【有限责任公司董事会的组成】

有限责任公司董事会成员为三人以上,其成员中可以有公司职工代表。职工人数三百人以上的有限责任公司,除依法设监事会并有公司职工代表的外,其董事会成员中应当有公司职工代表。董事会中的职工代表由公司职工通过职工代表大会、职工大会或者其他形式民主选举产生。

董事会设董事长一人,可以设副董事长。董事长、副董事长的产生办法由公司章程规定。

理解适用

董事会是有限责任公司法定、必备且常设的集体行使公司经营决策权的机构,采取会议集体决策机制,有必要设置董事长,在董事会内部负责董事会

会议的召集、主持以及股东会的主持等程序事务，协调董事会成员之间的关系，检查董事会决议的执行情况等。公司还可以根据实际需要设副董事长，协助董事长工作。关于董事长、副董事长的产生办法，有限责任公司交由公司章程规定，而股份有限公司直接由法律明确规定，董事长和副董事长由董事会以全体董事的过半数选举产生。

第六十九条 【有限责任公司审计委员会】

有限责任公司可以按照公司章程的规定在董事会中设置由董事组成的审计委员会，行使本法规定的监事会的职权，不设监事会或者监事。公司董事会成员中的职工代表可以成为审计委员会成员。

第七十条 【董事的任期与辞任】

董事任期由公司章程规定，但每届任期不得超过三年。董事任期届满，连选可以连任。

董事任期届满未及时改选，或者董事在任期内辞任导致董事会成员低于法定人数的，在改选出的董事就任前，原董事仍应当依照法律、行政法规和公司章程的规定，履行董事职务。

董事辞任的，应当以书面形式通知公司，公司收到通知之日辞任生效，但存在前款规定情形的，董事应当继续履行职务。

理解适用

根据本条的规定，董事的任期由公司章程规定。公司可以根据自身情况，在公司章程中规定董事的具体任期，但是每届任期不得超过3年。董事3年任期届满后，应当退任。但是，董事任期届满，连选可以连任。至于董事可以连任多少届，法律没有作出限制性规定，可以由公司根据自身情况在公司章程中作出规定。

另外，董事辞任的，首先，应当以书面形式通知公司，不得以口头或者其他形式，否则不产生效力。其次，公司收到通知之日其辞任生效。为了解决实践中有的董事辞职难等问题，此次修订明确了董事辞任的生效时间，即公司收到通知之日，董事辞任即刻生效。最后，特定情况下还应继续履职。如果董事辞任导致董事低于法定人数，原董事还应继续履职，直至公司选任出新的董事。

条文参见

《市场主体登记管理条例》第 25 条;《市场主体登记管理条例实施细则》第 20 条、第 33 条

第七十一条 【董事无因解任】

股东会可以决议解任董事,决议作出之日解任生效。

无正当理由,在任期届满前解任董事的,该董事可以要求公司予以赔偿。

理解适用

董事与公司为委任关系。股东会作为公司的权力机构,有权在董事任期届满前随时解任董事。股东会解任董事的,应当依法作出股东会决议。

条文参见

《民法典》第 933 条;《公司法解释五》第 3 条

第七十二条 【董事会会议的召集和主持】

董事会会议由董事长召集和主持;董事长不能履行职务或者不履行职务的,由副董事长召集和主持;副董事长不能履行职务或者不履行职务的,由过半数的董事共同推举一名董事召集和主持。

第七十三条 【董事会议事方式和表决程序】

董事会的议事方式和表决程序,除本法有规定的外,由公司章程规定。

董事会会议应当有过半数的董事出席方可举行。董事会作出决议,应当经全体董事的过半数通过。

董事会决议的表决,应当一人一票。

董事会应当对所议事项的决定作成会议记录,出席会议的董事应当在会议记录上签名。

> 理解适用

董事会会议记录具有重要意义：一是，董事会会议决议是公司对外进行相关商事活动的重要依据，也是经理等执行政策的依据；二是，董事会会议记录是股东行使知情权查阅复制的重要内容；三是，董事的签名也是日后对外承担法律责任的重要依据。根据本法规定，董事应当对董事会的决议承担责任。董事会的决议违反法律、行政法规或者公司章程、股东会决议，给公司造成严重损失的，参与决议的董事对公司负赔偿责任；经证明在表决时曾表明异议并记载于会议记录的，该董事可以免除责任。

第七十四条 【有限责任公司经理的产生和职权】

有限责任公司可以设经理，由董事会决定聘任或者解聘。

经理对董事会负责，根据公司章程的规定或者董事会的授权行使职权。经理列席董事会会议。

> 理解适用

根据本法规定，聘任或者解聘经理是董事会的职权，由董事会决议，其报酬也由董事会决定，对董事会负责。在特殊情形下，对于规模较小或者股东人数较少的有限责任公司，只设1名董事的，可能会直接由董事兼任经理。关于经理的任期法律上未作规定，可以由公司章程或者董事会决定，或者由合同约定。

需要注意的是，法律中"经理"的含义同实践中"经理"的含义并不完全相同。法律中的经理是指对公司日常经营管理工作负总责的管理人员，实践中一般称总经理；实践中负责公司某一部门具体管理工作的所谓经理或部门经理，一般是在总经理领导下，协助总经理负责日常管理工作的中级管理人员，不是公司法所讲的"经理"。

经理列席董事会会议，这是其权利，也是其义务。另外，在召开股东会会议时，股东会要求经理列席会议的，经理也应当出席股东会会议并接受质询。

第七十五条 【董事会设置例外】

规模较小或者股东人数较少的有限责任公司，可以不设董事会，设一名董事，行使本法规定的董事会的职权。该董事可以兼任公司经理。

条文参见

《民法典》第 170 条

第七十六条 【有限责任公司监事会的设立与组成】

有限责任公司设监事会，本法第六十九条、第八十三条另有规定的除外。

监事会成员为三人以上。监事会成员应当包括股东代表和适当比例的公司职工代表，其中职工代表的比例不得低于三分之一，具体比例由公司章程规定。监事会中的职工代表由公司职工通过职工代表大会、职工大会或者其他形式民主选举产生。

监事会设主席一人，由全体监事过半数选举产生。监事会主席召集和主持监事会会议；监事会主席不能履行职务或者不履行职务的，由过半数的监事共同推举一名监事召集和主持监事会会议。

董事、高级管理人员不得兼任监事。

理解适用

考虑到多数决时需要"少数服从多数"，因此，监事会人数为 3 人以上。鉴于监事会属于集体决策，因此，虽然本条规定监事人数为 3 人以上，但是实践中，监事会人数应为 3 人以上的奇数，而不是偶数。否则，可能出现表决数人数对等状态，无法作出有效的决策。

条文参见

《民法典》第 80 条、第 82 条

第七十七条 【监事的任期】

监事的任期每届为三年。监事任期届满，连选可以连任。

监事任期届满未及时改选，或者监事在任期内辞任导致监事会成员低于法定人数的，在改选出的监事就任前，原监事仍应当依照法律、行政法规和公司章程的规定，履行监事职务。

第七十八条【监事会职权】

监事会行使下列职权：

（一）检查公司财务；

（二）对董事、高级管理人员执行职务的行为进行监督，对违反法律、行政法规、公司章程或者股东会决议的董事、高级管理人员提出解任的建议；

（三）当董事、高级管理人员的行为损害公司的利益时，要求董事、高级管理人员予以纠正；

（四）提议召开临时股东会会议，在董事会不履行本法规定的召集和主持股东会会议职责时召集和主持股东会会议；

（五）向股东会会议提出提案；

（六）依照本法第一百八十九条的规定，对董事、高级管理人员提起诉讼；

（七）公司章程规定的其他职权。

理解适用

根据本条的规定，监事会行使下列职权：

（1）财务监督权，即监事会可以对公司的财务状况进行检查，如查阅公司账簿和其他会计资料，核对公司董事会提交股东会的会计报告、营业报告和利润分配方案等资料，发现疑问时可以进行复核等。

（2）对公司经营管理活动的监督。具体包括：对董事、高级管理人员执行公司职务时违反法律、行政法规、公司章程或者股东会决议的行为进行监督，并可以提出罢免违规的董事、高级管理人员的建议；纠正或者停止董事、高级管理人员侵害公司利益的行为。除此之外，根据本法第79条的规定，监事可以列席董事会会议，并对董事会决议事项提出质询或者建议。监事会发现公司经营情况异常，可以进行调查；必要时，可聘请会计师事务所等协助其工作，费用由公司承担。根据本法第80条第1款的规定，监事会可以要求董事、高级管理人员提交执行职务的报告。

（3）提案权，即监事会可以向股东会会议提出提案，供股东会会议讨论。

（4）提议召开临时股东会会议和特定情况下召集、主持股东会会议。按照本法第62条的规定，监事会有权提议召开临时股东会会议。但是，在公司的运营实践中，如果监事会发现董事会成员有违规行为，提议召开临时股东会会议进行讨论时,董事会为避免被追究责任,可能怠于召集和主持股东会会议,从而使监事会的监督职能无法实现,在这种情况下,监事会可以行使召集和主持股东会会议的职权,从而更好地实现监督职能。

(5)代表诉讼权。本法第189条第1款中规定,董事、高级管理人员执行职务违反法律、行政法规或者公司章程的规定,给公司造成损失的,有限责任公司的股东、股份有限公司连续180日以上单独或者合计持有公司1%以上股份的股东,可以书面请求监事会向人民法院提起诉讼。

(6)公司章程规定的其他职权。例如,聘用、解聘承办公司审计业务的会计师事务所等。

条文参见

《民法典》第82条

第七十九条 【监事的质询建议权与调查权】

监事可以列席董事会会议,并对董事会决议事项提出质询或者建议。

监事会发现公司经营情况异常,可以进行调查;必要时,可以聘请会计师事务所等协助其工作,费用由公司承担。

理解适用

实践中,监事虽然可以列席董事会会议,但并不参与公司的日常经营管理工作。因此,实际上监事会的监督以事后监督为主,往往是在董事、高级管理人员的违规行为给公司造成损害以后,才发现并进行监督。这将影响监事会的监督效果。因此,本条专门强调了对监事会的事前和事中的监督职能,即监事会在公司的日常经营活动中,发现情况异常时,可以就特定事项行使调查权,进行监督。具体手段包括查阅公司财务文件,对董事、高级管理人员进行询问,要求其对某一具体事项进行说明等。在必要的时候,监事会可以聘请专业中介机构如会计师事务所等协助其工作,费用由公司承担。

第八十条 【董事、高级管理人员协助监事工作】

监事会可以要求董事、高级管理人员提交执行职务的报告。

董事、高级管理人员应当如实向监事会提供有关情况和资料,不得妨碍监事会或者监事行使职权。

理解适用

本条在司法适用过程中需要注意以下两方面事项:

(1)如果监事会没有主动要求公司董事、高级管理人员提交执行职务报告,导致公司产生损失,则监事会相关人员需要承担民事责任。人民法院可以根据本法第188条的规定进行追责。

(2)如果监事会要求公司董事、高级管理人员提交执行职务报告或相关情况与资料,董事、高级管理人员无正当理由不提交,给公司造成损失,人民法院可以根据《公司法》第188条的规定,裁决追究相关董事、高级管理人员的赔偿责任。

第八十一条 【监事会会议及监事会的议事方式和表决程序】

监事会每年度至少召开一次会议,监事可以提议召开临时监事会会议。

监事会的议事方式和表决程序,除本法有规定的外,由公司章程规定。

监事会决议应当经全体监事的过半数通过。

监事会决议的表决,应当一人一票。

监事会应当对所议事项的决定作成会议记录,出席会议的监事应当在会议记录上签名。

理解适用

监事会会议记录是公司会议的必备文件,其具有如下意义:

(1)记载会议出席人员。如果章程对会议召开人数有要求,那么记录直接关涉监事会会议是否成立,按照《公司法解释四》第5条第3项的规定,出席会议的人数或者股东所持表决权不符合《公司法》或者公司章程规定的,会议决议不成立。

（2）记载会议表决结果，证明待决事项经过表决及表决情况。这个记录是否真实，对股东的知情权会产生很大的影响。

（3）提供查询、备记，使参会人员及其他利害关系人能够及时知晓会议情况。

（4）证明作用。监事会会议记录是公司的重要文件资料，既是确认监事是否依法履行监事义务的重要依据，也是在监事违反监督义务时追究其责任的重要证据资料。因此，本条规定监事会应当对所议事项的决定作成会议记录，并由出席会议的监事在会议记录上签名。

第八十二条　【监督费用负担】

监事会行使职权所必需的费用，由公司承担。

第八十三条　【监事会设置例外】

规模较小或者股东人数较少的有限责任公司，可以不设监事会，设一名监事，行使本法规定的监事会的职权；经全体股东一致同意，也可以不设监事。

理解适用

规模较小或者股东人数较少的有限责任公司，股权结构简单，利益比较集中，在机构设置上应当有更大的灵活性，以降低管理成本。因此，本条规定，这类有限责任公司可以不设监事会，由监事直接行使监督职权。

第四章　有限责任公司的股权转让

第八十四条　【股权转让的一般规定】

有限责任公司的股东之间可以相互转让其全部或者部分股权。

股东向股东以外的人转让股权的，应当将股权转让的数量、价格、支付方式和期限等事项书面通知其他股东，其他股东在同等条件下有优先购买权。股东自接到书面通知之日起三十日内未答复的，视为放弃优先购买权。两个以上股东行使优先购买权的,协商确定各自的购买比例;协商不成的,按照转让时各自的出资比例行使优先购买权。

公司章程对股权转让另有规定的,从其规定。

理解适用

[股权转让]

股权转让,是指公司股东将向公司缴纳的出资及因此产生的权益和义务,部分或全部地、概括地转移给其他股东或股东以外投资者的行为。其基本特点如下:股权转让是股权买卖行为;转让的标的是股权;股权转让是要式行为;股权转让不改变公司的法人资格。

本条规定了股东对外转让股权时其他股东享有优先购买权。也就是说,原则上有限责任公司股权转让应当在股东之间进行,股东之间可以自由转让股权;法律对股东向公司现有股东以外的其他人转让股权设定了一定的条件。需要注意的是,本条规定仅适用于有限责任公司,不适用于股份有限公司。除非公司章程另有规定,本法没有赋予股份有限公司的股东对其他股东转让股份的同意权或优先购买权。

条文参见

《公司法解释三》第25~27条;《公司法解释四》第16~21条;《全国法院民商事审判工作会议纪要》第9条

案例指引

深圳市奕之帆贸易有限公司、侯某宾与深圳兆邦基集团有限公司、深圳市康诺富信息咨询有限公司、深圳市鲤鱼门投资发展有限公司、第三人广东立兆电子科技有限公司合同纠纷案(《最高人民法院公报》2020年第2期)

裁判要旨:1.让与担保的设立应在债务履行期届满之前,但就让与担保的实现问题,参照物权相关规定则需要满足债务人不履行到期债务或者发生当事人约定的实现权利的情形等条件。双方当事人在设立让与担保的合同中约定,如担保物的价值不足以覆盖相关债务,即使债务履行期尚未届满,债权人亦有权主张行使让与担保权利。该约定不违反法律行政法规的强制性规定,应当认定合法有效。

2.为防止出现债权人取得标的物价值与债权额之间差额等类似于流质、

流押之情形,让与担保权利的实现应对当事人课以清算义务。双方当事人就让与担保标的物价值达成的合意,可认定为确定标的物价值的有效方式。在让与担保标的物价值已经确定,但双方均预见债权数额有可能发生变化的情况下,当事人仍应在最终据实结算的债务数额基础上履行相应的清算义务。

第八十五条 【强制执行程序中的股权转让】

人民法院依照法律规定的强制执行程序转让股东的股权时,应当通知公司及全体股东,其他股东在同等条件下有优先购买权。其他股东自人民法院通知之日起满二十日不行使优先购买权的,视为放弃优先购买权。

理解适用

在强制执行程序中,转让有限责任公司股东的股权时,为了既便于债权的执行又尽可能维护公司的人合性,本条规定人民法院应当通知公司及全体股东,并再次确认其他股东在同等条件下的优先购买权。通知公司是为了使其协助执行,通知其他股东是为了保障其他股东行使优先购买权。本条也规定了其他股东行使优先购买权的期限,即自人民法院通知之日起满20日,逾期不行使则视为放弃权利,以防止久拖不执,保障债权人的利益。该期限的起始日期应当理解为人民法院通知的送达日期。

条文参见

《公司法解释四》第22条

案例指引

海南南洋房地产有限公司、海南成功投资有限公司与南洋航运集团股份有限公司、陈某、海南金灿商贸有限公司第三人撤销之诉案(《最高人民法院公报》2020年第9期)

裁判要旨:第三人撤销之诉的制度功能,是为因不可归责于本人的事由未能参加诉讼,而生效判决、裁定、调解书存在错误且损害其民事权益的案外人提供救济。实践中,既要依法维护案外人的正当权利,也要防止滥用第三人撤销之诉导致损害生效裁判的稳定性。提起撤销之诉的案外人不能充分证明生效判决、裁定、调解书确实存在错误且损害其民事权益的,应当驳回诉讼请求。

第八十六条 【股权转让变更登记及救济】

股东转让股权的,应当书面通知公司,请求变更股东名册;需要办理变更登记的,并请求公司向公司登记机关办理变更登记。公司拒绝或者在合理期限内不予答复的,转让人、受让人可以依法向人民法院提起诉讼。

股权转让的,受让人自记载于股东名册时起可以向公司主张行使股东权利。

理解适用

股东转让股权的,应当书面通知公司,请求变更股东名册。如果股东将其股权转让给公司现有股东,则仅涉及股东名册记载事项的变更,无须办理公司登记中的股东姓名变更。如果股东向现有股东以外的人转让股权,不仅涉及股东名册的变更,还需要办理股东姓名变更的公司登记。公司收到请求变更股东名册的通知后,应在合理期限内对文件的真实性进行形式审查,经确认股权转让和出资证明书的真实性后,销毁转让人的出资证明书,并为受让人颁发新的出资证明书,变更股东名册等。

本条特别规定了股权转让情形下,受让人自记载于股东名册时起可以向公司主张行使股东权利,也就是只有记载于股东名册后才发生股权变动的效果。股东作为公司的投资人、出资者,依法享有股东权利,如股东会上行使表决的权利、取得公司利润分配的权利等。股东可以凭出资证明书等文件主张行使自己的股东权利,也可以依据股东名册主张行使自己的股东权利。当出资证明书等的记载与股东名册的记载之间出现不一致时,应当以股东名册的记载为准。这就是股东名册的确定效力、推定效力,即实质上的权利人在尚未完成股东名册的登记或者名义变更前,不能对抗公司,只有在完成股东名册的登记或者名义变更后,才能成为对公司行使股东权利的人。

条文参见

《市场主体登记管理条例》第24条;《公司法解释三》第22~23条

第八十七条 【转让股权后应当履行的手续】

依照本法转让股权后,公司应当及时注销原股东的出资证明书,向新股东签发出资证明书,并相应修改公司章程和股东名册中有关股东及其出资额的记载。对公司章程的该项修改不需再由股东会表决。

理解适用

根据本法第55条、第56条的规定,为股东签发出资证明书,将股东姓名记载于股东名册,并向公司登记机关办理股东变更登记,是公司的法定义务。因而有限责任公司股权转让后,本条规定了公司的三项程序性义务:一是注销原股东的出资证明书,向新股东签发出资证明书;二是根据股东以及股权的变化情况修改公司章程中有关股东及出资额的记载;三是根据股东以及股权变化情况修改股东名册中有关股东及出资额的记载。需要说明的是,由于公司股权转让的情况各有差异、股权转让的具体交割时间与方式也可能不尽一致,因此本条并未规定程序性义务的履行时间,但公司应当在合理的时间内完成。

条文参见

《公司法解释三》第23条

第八十八条 【股权转让中的出资责任】

股东转让已认缴出资但未届出资期限的股权的,由受让人承担缴纳该出资的义务;受让人未按期足额缴纳出资的,转让人对受让人未按期缴纳的出资承担补充责任。

未按照公司章程规定的出资日期缴纳出资或者作为出资的非货币财产的实际价额显著低于所认缴的出资额的股东转让股权的,转让人与受让人在出资不足的范围内承担连带责任;受让人不知道且不应当知道存在上述情形的,由转让人承担责任。

条文参见

《公司法解释三》第9条、第13条、第18条

第八十九条 【有限责任公司股东股份回购请求】

有下列情形之一的,对股东会该项决议投反对票的股东可以请求公司按照合理的价格收购其股权:

(一)公司连续五年不向股东分配利润,而公司该五年连续盈利,并且符合本法规定的分配利润条件;

(二)公司合并、分立、转让主要财产;

(三)公司章程规定的营业期限届满或者章程规定的其他解散事由出现,股东会通过决议修改章程使公司存续。

自股东会决议作出之日起六十日内,股东与公司不能达成股权收购协议的,股东可以自股东会决议作出之日起九十日内向人民法院提起诉讼。

公司的控股股东滥用股东权利,严重损害公司或者其他股东利益的,其他股东有权请求公司按照合理的价格收购其股权。

公司因本条第一款、第三款规定的情形收购的本公司股权,应当在六个月内依法转让或者注销。

理解适用

公司收购股权是股东转让股权的一种特殊方式,但由于收购者是本公司,其性质就不单纯是股权的转让了,而是股东撤回投资退出公司的行为。当公司的控股股东或者代表多数表决权的股东利用股东会决议的方式,客观上造成"绑架"或"裹挟"其他股东,使其合理期待的利益落空或者蒙受额外风险威胁的局面时,后者可以利用本条规定的救济措施,实现退出公司的目的。

公司收购异议股东的股权后,部分股东因投资的退还而退出公司,这导致公司注册资本与实际情况不符,因此,有限责任公司依据本条的规定收购其股东的股权的,根据本条第4款的规定,公司应当及时依法转让或者注销。所谓转让是指转让给其他人,包括公司现有股东以及公司之外的人。

案例指引

宋某军诉西安市大华餐饮有限公司股东资格确认纠纷案(最高人民法院指导案例96号)

裁判要旨:国有企业改制为有限责任公司,其初始章程对股权转让进行限制,明确约定公司回购条款,只要不违反《公司法》等法律强制性规定,可认定为有效。有限责任公司按照初始章程约定,支付合理对价回购股东股权,且通过转让给其他股东等方式进行合理处置的,人民法院应予支持。

第九十条　【有限责任公司自然人股东的股东资格继承】

自然人股东死亡后,其合法继承人可以继承股东资格;但是,公司章程另有规定的除外。

实用问答

自然人股东死亡后,其合法继承人是未成年人,是否可以继承股东资格?

答:原国家工商行政管理总局2007年发布的《关于未成年人能否成为公司股东问题的答复》(工商企字〔2007〕131号)中载明:"经请示全国人大常委会法制工作委员会同意,现答复如下:《公司法》对未成年人能否成为公司股东没有作出限制性规定。因此,未成年人可以成为公司股东,其股东权利可以由法定代理人代为行使。"《民法典》继承编并未规定继承人的民事行为能力与继承资格相关。既然《公司法》规定继承人可以继承股东身份,那么,取得股东身份的人,可以是完全民事行为能力人,也可以是无民事行为能力人或者限制民事行为能力人。继承人如果是无民事行为能力人或者限制民事行为能力人,其股权可以由其法定代理人代为行使。当然,股东共益权的行使以股东具有完全民事行为能力为前提,但是共益权的享有与共益权的行使是性质不同的两个问题,继承人虽然不具有完全民事民行为能力,但是取得股东资格后,完全可以由其法定代理人行使共益权。

条文参见

《民法典》第124条、第125条、第1122条、第1127条;《公司法解释四》第16条

第五章　股份有限公司的设立和组织机构

第一节　设　　立

第九十一条　【股份有限公司的设立方式】

设立股份有限公司，可以采取发起设立或者募集设立的方式。

发起设立，是指由发起人认购设立公司时应发行的全部股份而设立公司。

募集设立，是指由发起人认购设立公司时应发行股份的一部分，其余股份向特定对象募集或者向社会公开募集而设立公司。

理解适用

根据股份有限公司在设立时是否向发起人以外的其他对象发行股份，本条将股份有限公司的设立分为发起设立和募集设立两种方式。

(1)发起设立。以发起设立的方式设立股份有限公司的，在设立时应发行的股份全部由该公司的发起人认购，而不向发起人之外的任何社会公众发行股份。在公司发行新股之前，其全部股份都由发起人持有，公司的全部股东都是设立公司的发起人，因而在此阶段，发起设立的股份有限公司具有一定的闭锁性。

(2)募集设立。以募集设立方式设立股份有限公司的，在公司设立时，认购公司应发行股份的不仅有发起人，还有发起人以外的其他对象。募集设立充分体现了股份有限公司的资合性。

两种方式比较而言，发起设立不向发起人之外的任何他人募集股份，因而设立程序比较简便，但其筹资渠道较窄，对发起人的资金实力要求较高；募集设立筹资渠道广泛，能够较大程度缓解发起人的出资压力，但由于其涉及发起人以外的社会公众或者其他特定对象，为保护广大投资者利益，法律对其规定的设立程序更为严格。

第九十二条 【发起人的人数及其资格】

设立股份有限公司,应当有一人以上二百人以下为发起人,其中应当有半数以上的发起人在中华人民共和国境内有住所。

实用问答

如何判断发起人在中华人民共和国境内有住所?

答: 对于发起人住所是否在我国境内,应当针对不同类型的民事主体结合《民法典》的相应规定进行判断。《民法典》第25条规定:"自然人以户籍登记或者其他有效身份登记记载的居所为住所;经常居所与住所不一致的,经常居所视为住所。"第63条规定:"法人以其主要办事机构所在地为住所。依法需要办理法人登记的,应当将主要办事机构所在地登记为住所。"根据《民法典》第108条的规定,非法人组织的住所参照适用法人住所相关规定进行判断。

条文参见

《民法典》第25条、第63条

第九十三条 【发起人承担公司筹办事务和签订发起人协议】

股份有限公司发起人承担公司筹办事务。

发起人应当签订发起人协议,明确各自在公司设立过程中的权利和义务。

理解适用

[发起人协议]

发起人协议,是指公司发起人之间签订的,明确规定各个发起人在公司设立过程中的权利和义务的协议,其目的与作用在于促使股份有限公司顺利设立,预防各发起人在设立过程中因权责不明发生纠纷。发起人协议一般应约定各发起人认购的股份数及出资方式、不按约定出资的违约责任、发起人在公司设立过程中承担何种具体事务、各自有何种权利、公司设立失败时责任的分担等事项,其中尤为重要的内容是明确各股东的具体出资数额、形式、期限等以及各股东获得的相应股权比例。发起人协议属于发起人之间合法有效的约定,受合同相关法律法规保护。

条文参见

《民法典》第75条;《公司法解释三》第2条、第3条

第九十四条 【股份有限公司章程制订】

设立股份有限公司,应当由发起人共同制订公司章程。

第九十五条 【股份有限公司章程法定记载事项】

股份有限公司章程应当载明下列事项:

(一)公司名称和住所;
(二)公司经营范围;
(三)公司设立方式;
(四)公司注册资本、已发行的股份数和设立时发行的股份数,面额股的每股金额;
(五)发行类别股的,每一类别股的股份数及其权利和义务;
(六)发起人的姓名或者名称、认购的股份数、出资方式;
(七)董事会的组成、职权和议事规则;
(八)公司法定代表人的产生、变更办法;
(九)监事会的组成、职权和议事规则;
(十)公司利润分配办法;
(十一)公司的解散事由与清算办法;
(十二)公司的通知和公告办法;
(十三)股东会认为需要规定的其他事项。

条文参见

《市场主体登记管理条例》第9条

第九十六条 【股份有限公司注册资本】

股份有限公司的注册资本为在公司登记机关登记的已发行股份的

股本总额。在发起人认购的股份缴足前,不得向他人募集股份。

　　法律、行政法规以及国务院决定对股份有限公司注册资本最低限额另有规定的,从其规定。

条文参见

　　《市场主体登记管理条例》第8条、第13条;《市场主体登记管理条例实施细则》第6条、第13条

第九十七条 【发起人认购股份】

　　以发起设立方式设立股份有限公司的,发起人应当认足公司章程规定的公司设立时应发行的股份。

　　以募集设立方式设立股份有限公司的,发起人认购的股份不得少于公司章程规定的公司设立时应发行股份总数的百分之三十五;但是,法律、行政法规另有规定的,从其规定。

第九十八条 【发起人的出资义务】

　　发起人应当在公司成立前按照其认购的股份全额缴纳股款。

　　发起人的出资,适用本法第四十八条、第四十九条第二款关于有限责任公司股东出资的规定。

理解适用

　　股份有限公司的出资方式与有限责任公司的出资方式一致,即股东可以用货币出资,也可以用实物、知识产权、土地使用权、股权、债权等可以用货币估价并可以依法转让的非货币财产作价出资;但是,法律、行政法规规定不得作为出资的财产除外。股东以货币出资的,应当将货币出资足额存入股份有限公司在银行开设的账户;以非货币财产出资的,应当依法办理其财产权的转移手续。股东交付实物出资,属于动产的,应当移交实物;属于不动产的,应当办理所有权或者使用权转让的登记手续。股东以知识产权出资的,应当向公司提交该项知识产权的技术文件资料和权属文件。股东以土地使用权出资的,应当依法办理土地使用权转让登记。股东转让债权的,应当通知债务人。

第九十九条 【发起人的违约责任】

发起人不按照其认购的股份缴纳股款,或者作为出资的非货币财产的实际价额显著低于所认购的股份的,其他发起人与该发起人在出资不足的范围内承担连带责任。

理解适用

股份有限公司发起人不按照认购的股份缴纳股款,或者作为出资的非货币财产的实际价额显著低于所认购的股份的,其他发起人都应当承担连带责任。公司既可以要求出资不足的发起人承担补足出资并赔偿损失的责任,也可以要求其他任何一个或者几个发起人承担连带责任。根据《民法典》等关于连带责任承担的规定,承担连带责任的发起人有权向未足额出资的发起人追偿。

条文参见

《公司法解释三》第 8~10 条

第一百条 【公开募集股份的招股说明书及认股书】

发起人向社会公开募集股份,应当公告招股说明书,并制作认股书。认股书应当载明本法第一百五十四条第二款、第三款所列事项,由认股人填写认购的股份数、金额、住所,并签名或者盖章。认股人应当按照所认购股份足额缴纳股款。

理解适用

[招股说明书]

招股说明书,是指专门表达募集股份的意思并载明有关信息的书面文件,是股票公开发行的核心法律文件。股份有限公司发起人向社会公开募集股份,必须按法律和相关规定编制并公告招股说明书,这既是履行设立中公司的信息披露义务,也是向社会公众发送要约邀请,以达到吸引社会公众认购股份的目的,同时使社会公众了解拟设立公司的真实情况,为相关投资者作出价值判断和投资决策提供充分且必要的信息。

实用问答

1. 招股说明书的公告方式有哪些？

答：对于招股说明书的公告方式，本法未作明确要求，应当满足《证券法》及中国证券监督管理委员会（以下简称中国证监会）相关部门规章的相关规定要求。如《证券法》第 23 条第 1 款规定："证券发行申请经注册后，发行人应当依照法律、行政法规的规定，在证券公开发行前公告公开发行募集文件，并将该文件置备于指定场所供公众查阅。"中国证监会公布的《公开发行证券的公司信息披露内容与格式准则第 57 号——招股说明书》第 14 条第 1 款和第 2 款规定："发行人发行股票前应在交易所网站和符合中国证监会规定条件的报刊依法开办的网站全文刊登招股说明书，同时在符合中国证监会规定条件的报刊刊登提示性公告，告知投资者网上刊登地址及获取文件途径。发行人可以将招股说明书以及有关附件刊登于其他网站，但披露内容应完全一致，且不得早于在交易所网站、符合中国证监会规定条件的网站的披露时间。"

2. 募集设立股份有限公司时的认股书应当包括哪些内容？

答：根据本法第 100 条及第 154 条的规定，募集设立股份有限公司时的认股书内容应当包括：发行的股份总数；面额股的票面金额和发行价格或者无面额股的发行价格；募集资金的用途；认股人的权利和义务；股份种类及其权利和义务；本次募股的起止日期及逾期未募足时认股人可以撤回所认股份的说明；发起人认购的股份数等。

条文参见

《证券法》第 23 条、第 86 条

第一百零一条 【股款缴足后的验资及证明】

向社会公开募集股份的股款缴足后，应当经依法设立的验资机构验资并出具证明。

理解适用

[**法定的验资机构**]

法定的验资机构，一般情况下是指会计师事务所和审计事务所。会计师事务所或者审计事务所出具的验资证明,一般应当包括发起人、认股人的名称或者姓名,出资方式和出资额,实际缴纳出资情况等。以货币出资的,应当说明出资的时间、出资额、开户银行和临时账户及账号,以非货币财产出资的,应当说明相关财产的权属情况、转移或者承诺情况,以实物、知识产权、土地使用权出资的评估情况和评估结果等。

条文参见

《市场主体登记管理条例实施细则》第 26 条;《中国注册会计师审计准则第 1602 号——验资》

第一百零二条 【股东名册】

股份有限公司应当制作股东名册并置备于公司。股东名册应当记载下列事项:
(一)股东的姓名或者名称及住所;
(二)各股东所认购的股份种类及股份数;
(三)发行纸面形式的股票的,股票的编号;
(四)各股东取得股份的日期。

理解适用

[股东名册]

股东名册,是指股份有限公司置备的记载股东姓名或者名称以及持股种类和数量等情况的簿册。股份有限公司置备股东名册的意义在于:(1)可以使股份有限公司根据股东名册的记载,了解本公司股东的情况以及股权分布情况,方便公司的运营。(2)股东名册是确认记名股票股东身份的根据,也是记名股票股东向公司主张行使股东权利的依据。记名股票的股东按照其股票的记载享有股东权利,但是这种权利的行使是以记名股票的记载与股东名册的记载相一致为前提的,在两者不一致的情况下,以股东名册的记载为依据。(3)股东名册是公司向记名股票股东履行各项义务的依据。公司可以根据股东名册的记载向股东办理派息分红和各项通知事宜,如通知召开股东大会等。

第一百零三条 【公司成立大会的举行、决议程序】

募集设立股份有限公司的发起人应当自公司设立时应发行股份的股款缴足之日起三十日内召开公司成立大会。发起人应当在成立大会召开十五日前将会议日期通知各认股人或者予以公告。成立大会应当有持有表决权过半数的认股人出席,方可举行。

以发起设立方式设立股份有限公司成立大会的召开和表决程序由公司章程或者发起人协议规定。

理解适用

[成立大会]

成立大会,是指在股份有限公司成立之前,由募集设立代表股份有限公司持有表决权过半数的认股人或者发起设立股份有限公司的发起人,决定是否设立公司以及决定公司设立过程中和设立后的重大事项的会议,是在股份有限公司成立前的决议机关。

第一百零四条 【公司成立大会的职权及其决议程序】

公司成立大会行使下列职权:
(一)审议发起人关于公司筹办情况的报告;
(二)通过公司章程;
(三)选举董事、监事;
(四)对公司的设立费用进行审核;
(五)对发起人非货币财产出资的作价进行审核;
(六)发生不可抗力或者经营条件发生重大变化直接影响公司设立的,可以作出不设立公司的决议。

成立大会对前款所列事项作出决议,应当经出席会议的认股人所持表决权过半数通过。

第一百零五条 【返还股款及抽回股本的情形】

公司设立时应发行的股份未募足,或者发行股份的股款缴足后,发起人在三十日内未召开成立大会的,认股人可以按照所缴股款并加算银行同期存款利息,要求发起人返还。

发起人、认股人缴纳股款或者交付非货币财产出资后,除未按期募足股份、发起人未按期召开成立大会或者成立大会决议不设立公司的情形外,不得抽回其股本。

条文参见

《公司法解释三》第 14 条

第一百零六条 【申请设立登记】

董事会应当授权代表,于公司成立大会结束后三十日内向公司登记机关申请设立登记。

条文参见

《市场主体登记管理条例》第 3 条、第 21 条、第 43 条;《市场主体登记管理条例实施细则》第 25 条、第 26 条

第一百零七条 【股份有限公司资本制度的参照适用】

本法第四十四条、第四十九条第三款、第五十一条、第五十二条、第五十三条的规定,适用于股份有限公司。

第一百零八条 【有限责任公司变更为股份有限公司的要求】

有限责任公司变更为股份有限公司时,折合的实收股本总额不得高于公司净资产额。有限责任公司变更为股份有限公司,为增加注册资本公开发行股份时,应当依法办理。

理解适用

有限责任公司变更为股份有限公司后,其资产就成为股份有限公司的资产,有限责任公司的原股东也因此而持有由有限责任公司的资产折合成的股份。因为有限责任公司在其运营过程中,既会有资产,也会有负债,所以,有限责任公司的资产在计入股份有限公司实际收到的股本总额时,应当是有限

责任公司的净资产额,即其资产总额减去其负债的部分,而不应当是其资产总额或者高于其净资产额的数额。

有限责任公司变更为股份有限公司,为增加资本公开发行股份时,不得擅自向社会公开发行,应当依据本法关于股份有限公司股份发行的规定和证券法等法律法规的规定办理。具体而言,需要履行向国务院证券监督管理机构报送募股申请及有关文件、公告招股说明书并制作认股书、与证券公司签订承销协议、与银行签订代收股款协议、承销期限届满后在规定时限内将股票发行情况报国务院证券监督管理机构等法定程序。

条文参见

《证券法》第9～34条;《首次公开发行股票注册管理办法》第10～13条;《公司登记管理实施办法》第7条

第一百零九条 【股份有限公司有关文件的置备】

股份有限公司应当将公司章程、股东名册、股东会会议记录、董事会会议记录、监事会会议记录、财务会计报告、债券持有人名册置备于本公司。

第一百一十条 【股份有限公司股东知情权】

股东有权查阅、复制公司章程、股东名册、股东会会议记录、董事会会议决议、监事会会议决议、财务会计报告,对公司的经营提出建议或者质询。

连续一百八十日以上单独或者合计持有公司百分之三以上股份的股东要求查阅公司的会计账簿、会计凭证的,适用本法第五十七条第二款、第三款、第四款的规定。公司章程对持股比例有较低规定的,从其规定。

股东要求查阅、复制公司全资子公司相关材料的,适用前两款的规定。

上市公司股东查阅、复制相关材料的,应当遵守《中华人民共和国证券法》等法律、行政法规的规定。

条文参见

《公司法解释四》第 7~12 条；《证券法》第 83 条、第 86 条

第二节　股　东　会

第一百一十一条　【股份有限公司股东会的组成及地位】

股份有限公司股东会由全体股东组成。股东会是公司的权力机构，依照本法行使职权。

理解适用

[股东会]

股东会，是公司的权力机构，是形成、表达和执行公司全体股东团体意志的载体。股东会以全体股东为组成人员，通过会议行使公司权力，没有常设机构，为保障公司运营效率，避免决策混乱，股东会主要就公司重大事项行使决策和监督权，对外不代表公司，对内不直接从事经营活动。股东会的议事程序和需要股东会决策的重大事项范围，包括《公司法》在内的法律、行政法规等作了相应的规定，法律、行政法规没有规定的，还可以在公司章程中规定。

条文参见

《民法典》第 80 条

第一百一十二条　【股份有限公司股东会职权】

本法第五十九条第一款、第二款关于有限责任公司股东会职权的规定，适用于股份有限公司股东会。

本法第六十条关于只有一个股东的有限责任公司不设股东会的规定，适用于只有一个股东的股份有限公司。

第一百一十三条　【股份有限公司股东会年会与临时会】

股东会应当每年召开一次年会。有下列情形之一的，应当在两个月

内召开临时股东会会议：

（一）董事人数不足本法规定人数或者公司章程所定人数的三分之二时；

（二）公司未弥补的亏损达股本总额三分之一时；

（三）单独或者合计持有公司百分之十以上股份的股东请求时；

（四）董事会认为必要时；

（五）监事会提议召开时；

（六）公司章程规定的其他情形。

理解适用

[股东年会]

股东年会，是指依照法律和公司章程的规定每年按时召开的股东会会议，以决策公司重大事项。

[临时股东会会议]

临时股东会会议，是指根据法定的事由不定期召开的股东会会议。在股东年会尚未召开的时间内，如果出现需要股东会及时决策的事项或情况，可以通过召集临时股东会会议的方式作出决议，以维护公司和股东的合法权益，保障公司重大生产经营活动的顺利开展。

条文参见

《上市公司股东会规则》第5条

第一百一十四条 【股东会会议的召集和主持】

股东会会议由董事会召集，董事长主持；董事长不能履行职务或者不履行职务的，由副董事长主持；副董事长不能履行职务或者不履行职务的，由过半数的董事共同推举一名董事主持。

董事会不能履行或者不履行召集股东会会议职责的，监事会应当及时召集和主持；监事会不召集和主持的，连续九十日以上单独或者合计持有公司百分之十以上股份的股东可以自行召集和主持。

单独或者合计持有公司百分之十以上股份的股东请求召开临时股

东会会议的,董事会、监事会应当在收到请求之日起十日内作出是否召开临时股东会会议的决定,并书面答复股东。

条文参见

《上市公司章程指引》第48~51条

第一百一十五条 【召开股东会的通知、公告以及临时提案】

召开股东会会议,应当将会议召开的时间、地点和审议的事项于会议召开二十日前通知各股东;临时股东会会议应当于会议召开十五日前通知各股东。

单独或者合计持有公司百分之一以上股份的股东,可以在股东会会议召开十日前提出临时提案并书面提交董事会。临时提案应当有明确议题和具体决议事项。董事会应当在收到提案后二日内通知其他股东,并将该临时提案提交股东会审议;但临时提案违反法律、行政法规或者公司章程的规定,或者不属于股东会职权范围的除外。公司不得提高提出临时提案股东的持股比例。

公开发行股份的公司,应当以公告方式作出前两款规定的通知。

股东会不得对通知中未列明的事项作出决议。

条文参见

《上市公司股东会规则》第7~13条、第35条

第一百一十六条 【股份有限公司股东表决权行使规则】

股东出席股东会会议,所持每一股份有一表决权,类别股股东除外。公司持有的本公司股份没有表决权。

股东会作出决议,应当经出席会议的股东所持表决权过半数通过。

股东会作出修改公司章程、增加或者减少注册资本的决议,以及公司合并、分立、解散或者变更公司形式的决议,应当经出席会议的股东所持表决权的三分之二以上通过。

> 理解适用

[表决权]

表决权,是指股东在股东会决议时对某一事项表示赞同或否决的权利,是股东的固有权利之一。股份有限公司作为资合公司的典型,是由划分为等额股份的股东出资构成的,股东对公司事务支配能力的大小,都是由反映其出资的股份数额所表示的。因此,股份有限公司股东会会议的表决权不是按照参会人数,而是以股东所持股份数来计算的。因为每一股所代表的资本额是相等的,所以原则上股东所持每一股份都享有一份表决权,体现股份有限公司同股同权的特征。

> 条文参见

《上市公司股东会规则》第24条

第一百一十七条 【股份有限公司累积投票制】

股东会选举董事、监事,可以按照公司章程的规定或者股东会的决议,实行累积投票制。

本法所称累积投票制,是指股东会选举董事或者监事时,每一股份拥有与应选董事或者监事人数相同的表决权,股东拥有的表决权可以集中使用。

> 理解适用

[累积投票制]

累积投票制,是指股份有限公司股东会选举董事或者监事时,每一股份拥有与应选董事或者监事人数相同的表决权,股东拥有的表决权可以集中使用,是一种与直接投票制相对应的公司董事、监事选举制度。

累积投票制看似是"一股数票",其实不过是股东将其所拥有的表决权集中行使,因此累积投票制并未背离"一股一票"原则。采取累积投票制选举,虽然存在中小股东击败大股东的可能性,但是董事、监事候选人最终是否当选仍然是以资本的表决权所体现的选票的多少为依据,因而累积投票制并未全然否定资本多数原则,其仅仅是资本多数原则的有益补充而非例外。

对于累积投票制,本条规定并非强制所有的股份有限公司必须遵守,而是按照由公司章程或者公司股东会决议规定。在公司章程没有规定或者没有股东会决议的情况下,股东会会议的表决方式以直接投票制为原则;只有在公司章程有明确规定或者股东大会有决议的情况下,公司选举董事、监事方可适用累积投票制。

> **实用问答**

股东会拟讨论董事选举有哪些注意事项?

答:根据《上市公司股东会规则》第18条的规定,股东会拟讨论董事选举事项的,股东会通知中应当充分披露董事候选人的详细资料,至少包括以下内容:(1)教育背景、工作经历、兼职等个人情况;(2)与公司或者其控股股东及实际控制人是否存在关联关系;(3)持有上市公司股份数量;(4)是否受过中国证监会及其他有关部门的处罚和证券交易所惩戒。除采取累积投票制选举董事外,每位董事候选人应当以单项提案提出。

> **第一百一十八条 【股东表决权的代理行使】**

股东委托代理人出席股东会会议的,应当明确代理人代理的事项、权限和期限;代理人应当向公司提交股东授权委托书,并在授权范围内行使表决权。

> **条文参见**

《民法典》第161条、第165条;《上市公司股东会规则》第25条

> **第一百一十九条 【股东会会议记录要求】**

股东会应当对所议事项的决定作成会议记录,主持人、出席会议的董事应当在会议记录上签名。会议记录应当与出席股东的签名册及代理出席的委托书一并保存。

> **实用问答**

股东会会议记录应由谁记录? 记录主要内容包括哪些?

答:根据《上市公司股东会规则》第42条的规定,股东会会议记录由董事会秘书负责,会议记录应记载以下内容:(1)会议时间、地点、议程和召集人姓名或者名称;(2)会议主持人以及列席会议的董事、高级管理人员姓名;(3)出席会议的股东和代理人人数、所持有表决权的股份总数及占公司股份

总数的比例;(4)对每一提案的审议经过、发言要点和表决结果;(5)股东的质询意见或者建议以及相应的答复或者说明;(6)律师及计票人、监票人姓名;(7)公司章程规定应当载入会议记录的其他内容。另外,出席或者列席会议的董事、董事会秘书、召集人或者其代表、会议主持人应当在会议记录上签名,并保证会议记录内容真实、准确和完整。会议记录应当与现场出席股东的签名册及代理出席的委托书、网络及其他方式表决情况的有效资料一并保存,保存期限不少于10年。

第三节 董事会、经理

第一百二十条 【股份有限公司董事会设置、职权以及董事任职】

股份有限公司设董事会,本法第一百二十八条另有规定的除外。

本法第六十七条、第六十八条第一款、第七十条、第七十一条的规定,适用于股份有限公司。

理解适用

[董事会]

董事会,是股东会这一权力机关的业务执行机关,负责公司和业务经营活动的指挥与管理,对公司股东会负责并报告工作。股东会作出的决定,董事会必须执行。作为公司治理组织结构的核心机构,董事会的主要职责是制定公司的战略规划、监督公司的经营管理并保障公司的合法权益,从而提高公司的治理水平。董事会的设立,能够提高公司的竞争力,保证公司的稳定发展,促进公司的持续经营并树立公司良好的社会形象。

条文参见

《民法典》第81条

第一百二十一条 【股份有限公司审计委员会】

股份有限公司可以按照公司章程的规定在董事会中设置由董事组成的审计委员会,行使本法规定的监事会的职权,不设监事会或者监事。

审计委员会成员为三名以上,过半数成员不得在公司担任除董事以外的其他职务,且不得与公司存在任何可能影响其独立客观判断的关系。公司董事会成员中的职工代表可以成为审计委员会成员。

审计委员会作出决议,应当经审计委员会成员的过半数通过。

审计委员会决议的表决,应当一人一票。

审计委员会的议事方式和表决程序,除本法有规定的外,由公司章程规定。

公司可以按照公司章程的规定在董事会中设置其他委员会。

理解适用

审计委员会能否有效发挥其职能,核心因素在于审计委员会成员的独立性。审计委员会成员需独立于公司管理层,以保护所有股东的合法利益。

第一百二十二条 【董事长和副董事长的产生及职责】

董事会设董事长一人,可以设副董事长。董事长和副董事长由董事会以全体董事的过半数选举产生。

董事长召集和主持董事会会议,检查董事会决议的实施情况。副董事长协助董事长工作,董事长不能履行职务或者不履行职务的,由副董事长履行职务;副董事长不能履行职务或者不履行职务的,由过半数的董事共同推举一名董事履行职务。

第一百二十三条 【董事会的召开】

董事会每年度至少召开两次会议,每次会议应当于会议召开十日前通知全体董事和监事。

代表十分之一以上表决权的股东、三分之一以上董事或者监事会,可以提议召开临时董事会会议。董事长应当自接到提议后十日内,召集和主持董事会会议。

董事会召开临时会议,可以另定召集董事会的通知方式和通知时限。

第一百二十四条 【董事会的议事规则】

董事会会议应当有过半数的董事出席方可举行。董事会作出决议,应当经全体董事的过半数通过。

董事会决议的表决,应当一人一票。

董事会应当对所议事项的决定作成会议记录,出席会议的董事应当在会议记录上签名。

理解适用

董事会作出决议,应当经全体董事的过半数通过,而不是出席会议的董事人数的过半数。如果以出席会议的董事人数的过半数来判断,加上董事会会议召开的条件,则有可能董事会决议仅取得1/4的董事支持就获得通过,这样就会使董事会决议无法代表多数董事的意见,不具有权威性,不利于保护全体股东尤其是中小股东的权利。

第一百二十五条 【董事的出席和责任承担】

董事会会议,应当由董事本人出席;董事因故不能出席,可以书面委托其他董事代为出席,委托书应当载明授权范围。

董事应当对董事会的决议承担责任。董事会的决议违反法律、行政法规或者公司章程、股东会决议,给公司造成严重损失的,参与决议的董事对公司负赔偿责任;经证明在表决时曾表明异议并记载于会议记录的,该董事可以免除责任。

理解适用

董事委托他人代为出席董事会会议,应当符合两个条件:(1)委托对象限于本公司的其他董事,由于董事会决议事项涉及公司经营管理的重要问题,需要熟知公司业务,且可能包含公司商业机密和其他重要敏感信息,因此不宜由本公司董事以外的人出席。(2)应当采用书面委托的形式,董事在委托其他董事代为出席时,应当出具书面委托书,并在委托书中载明委托哪位董事就哪些事项代其发表意见,并在委托书上签名盖章。

第一百二十六条 【股份有限公司经理的产生及其职权】

股份有限公司设经理,由董事会决定聘任或者解聘。

经理对董事会负责,根据公司章程的规定或者董事会的授权行使职权。经理列席董事会会议。

> 理解适用

经理这一职位一般具有以下特征:(1)经理通常不是公司的法定机关,即公司可以设置经理,也可以不设置经理。(2)股份有限公司的经理通常由董事会决定聘任。(3)经理在授权范围内对外代表公司,并享有管理公司事务的广泛权力。(4)公司章程、董事会或者公司与经理的契约可以对经理的权限予以限制。(5)对经理职权的限制,不得对抗善意第三人。另外,通常股份有限公司均设置经理作为董事会的执行辅助机关,由董事会决定聘任或解聘,经理对董事会负责,向董事会报告工作,接受董事会的监督。

> 条文参见

《民法典》第170条

第一百二十七条 【董事会成员兼任经理】

公司董事会可以决定由董事会成员兼任经理。

第一百二十八条 【股份有限公司董事会设置例外】

规模较小或者股东人数较少的股份有限公司,可以不设董事会,设一名董事,行使本法规定的董事会的职权。该董事可以兼任公司经理。

第一百二十九条 【董事、监事、高级管理人员报酬披露制度】

公司应当定期向股东披露董事、监事、高级管理人员从公司获得报酬的情况。

第四节 监事会

第一百三十条 【股份有限公司监事会设立、组成以及监事任期】

股份有限公司设监事会,本法第一百二十一条第一款、第一百三十三条另有规定的除外。

监事会成员为三人以上。监事会成员应当包括股东代表和适当比例的公司职工代表,其中职工代表的比例不得低于三分之一,具体比例由公司章程规定。监事会中的职工代表由公司职工通过职工代表大会、职工大会或者其他形式民主选举产生。

监事会设主席一人,可以设副主席。监事会主席和副主席由全体监事过半数选举产生。监事会主席召集和主持监事会会议;监事会主席不能履行职务或者不履行职务的,由监事会副主席召集和主持监事会会议;监事会副主席不能履行职务或者不履行职务的,由过半数的监事共同推举一名监事召集和主持监事会会议。

董事、高级管理人员不得兼任监事。

本法第七十七条关于有限责任公司监事任期的规定,适用于股份有限公司监事。

理解适用

监事会的主要职责就是从维护公司利益的角度出发,对公司董事、高级管理人员执行公司职务时的行为进行监督,甚至在董事、高级管理人员执行公司职务违反法律、行政法规或者公司章程的规定,给公司造成损害时,代表公司对董事、高级管理人员进行诉讼。为确保监事独立客观公正地行使监督权,董事与高级管理人员不得兼任监事。

条文参见

《民法典》第82条

第一百三十一条 【股份有限公司监事会职权以及费用承担】

本法第七十八条至第八十条的规定,适用于股份有限公司监事会。

监事会行使职权所必需的费用,由公司承担。

第一百三十二条 【监事会议事规则】

监事会每六个月至少召开一次会议。监事可以提议召开临时监事会会议。

监事会的议事方式和表决程序,除本法有规定的外,由公司章程规定。

监事会决议应当经全体监事的过半数通过。

监事会决议的表决,应当一人一票。

监事会应当对所议事项的决定作成会议记录,出席会议的监事应当在会议记录上签名。

理解适用

监事会会议记录是载明监事会对所议事项作出决定的书面文件和原始凭证。监事会在举行会议时,监事会主席或其他主持人应当安排人员对监事会会议所决议的事项及决定形成会议记录,包括会议举行的时间、地点、主要内容,会议议定的事项、具体的表决情况等。会议记录应当由出席会议的监事签名,表明会议记录的真实性。为今后了解监事会会议情况,确定有关监事的义务和责任提供必要佐证。

第一百三十三条 【监事会设置例外】

规模较小或者股东人数较少的股份有限公司,可以不设监事会,设一名监事,行使本法规定的监事会的职权。

第五节 上市公司组织机构的特别规定

第一百三十四条 【上市公司的定义】

本法所称上市公司,是指其股票在证券交易所上市交易的股份有限公司。

> 理解适用

根据《证券法》的规定,股份有限公司公开发行股票包括以下两种情况:(1)设立股份有限公司公开发行股票,即以募集设立方式成立的股份有限公司在设立阶段同步向社会公开发行股票;(2)公司公开发行新股,即以发起设立方式成立的股份有限公司,在公司成立后向社会公开发行股票。公开发行股票应当符合法律、行政法规规定的条件,并依法报经国务院证券监督管理机构或者国务院授权的部门注册。

公司在公开发行股票的同时,应当选择符合上市条件的证券交易所和具体的上市板块,提交股票上市交易的申请,证券交易所依法审核同意后,双方签订上市协议,股票上市交易。

> 条文参见

《证券法》第 37 条、第 46 条、第 47 条;《首次公开发行股票注册管理办法》

第一百三十五条 【上市公司重大资产交易与重要担保的议事规则】

上市公司在一年内购买、出售重大资产或者向他人提供担保的金额超过公司资产总额百分之三十的,应当由股东会作出决议,并经出席会议的股东所持表决权的三分之二以上通过。

> 理解适用

本条规定的"一年内"并非一个自然年,而是从任意时点起算 1 年内,只要上市公司购买、出售资产或者为他人提供担保的金额超过公司资产总额 30%,都要得到公司股东会的授权方能进行。

> 条文参见

《上市公司重大资产重组管理办法》;《上市公司股东会规则》

第一百三十六条 【上市公司独立董事及公司章程载明事项】

上市公司设独立董事,具体管理办法由国务院证券监督管理机构规定。

上市公司的公司章程除载明本法第九十五条规定的事项外,还应当依照法律、行政法规的规定载明董事会专门委员会的组成、职权以及董事、监事、高级管理人员薪酬考核机制等事项。

理解适用

[独立董事]

独立董事,是指不在上市公司担任除董事外的其他职务,并与其所受聘的上市公司及其主要股东、实际控制人不存在直接或者间接利害关系,或者其他可能影响其进行独立客观判断关系的董事。独立董事应当独立履行职责,不受上市公司及其主要股东、实际控制人等单位或者个人的影响。

实用问答

担任独立董事应当符合哪些条件?

答: 根据《上市公司独立董事管理办法》第7条的规定,担任独立董事应当符合下列条件:(1)根据法律、行政法规和其他有关规定,具备担任上市公司董事的资格;(2)符合《上市公司独立董事管理办法》第6条规定的独立性要求;(3)具备上市公司运作的基本知识,熟悉相关法律法规和规则;(4)具有5年以上履行独立董事职责所必需的法律、会计或者经济等工作经验;(5)具有良好的个人品德,不存在重大失信等不良记录;(6)法律、行政法规、中国证监会规定、证券交易所业务规则和公司章程规定的其他条件。另外,《上市公司独立董事管理办法》第6条第1款规定,独立董事必须保持独立性;下列人员不得担任独立董事:(1)在上市公司或者其附属企业任职的人员及其配偶、父母、子女、主要社会关系;(2)直接或者间接持有上市公司已发行股份1%以上或者是上市公司前十名股东中的自然人股东及其配偶、父母、子女;(3)在直接或者间接持有上市公司已发行股份5%以上的股东或者在上市公司前五名股东任职的人员及其配偶、父母、子女;(4)在上市公司控股股东、实际控制人的附属企业任职的人员及其配偶、父母、子女;(5)与上市公司及其控股股东、实际控制人或者其各自的附属企业有重大业务往来的人员,或者在有重大业务往来的单位及其控股股东、实际控制人任职的人员;(6)为上市公司及其控股股东、实际控制人或者其各自附属企业提供财务、法律、咨询、保荐等服务的人员,包括但不限于提供服务的中介机构的项目组全体人员、各级复核人员、在报告上签字的人员、合伙人、董事、高级管理人员及主要负责人;(7)最近 12 个月内曾经具有《上市公司独立董事管理办法》第 6 条第 1 款第 1~6 项所列举情形的人员;(8)法律、行政法规、中国证监会规定、证券交易所业务规则和公司章程规定的不具备独立性的其他人员。

条文参见

《上市公司独立董事管理办法》

第一百三十七条 【须经审计委员会通过的事项】

上市公司在董事会中设置审计委员会的,董事会对下列事项作出决议前应当经审计委员会全体成员过半数通过:
(一)聘用、解聘承办公司审计业务的会计师事务所;
(二)聘任、解聘财务负责人;
(三)披露财务会计报告;
(四)国务院证券监督管理机构规定的其他事项。

理解适用

[财务会计报告]

财务会计报告,是上市公司会计部门根据经过审核的会计账簿记录和有关资料,编制并对外提供的反映上市公司某一特定日期财务状况和某一会计期间经营成果、现金流量及所有者权益等会计信息的重要文件。根据《上市公司信息披露管理办法》,上市公司应当披露的定期报告包括年度报告、中期报告,上述报告均包括财务会计报告,财务会计报告是定期报告的重要内容。定期报告内容提交上市公司董事会审议通过之前,审计委员会应对财务会计报告进行审核,包括财务会计报告的编制和审计程序是否符合法律、行政法规和中国证监会的规定,报告的内容是否能够真实、准确、完整地反映上市公司的实际情况等,并经审计委员会全体成员过半数通过。

条文参见

《上市公司章程指引》第 136 条;《上市公司信息披露管理办法》

第一百三十八条 【上市公司董事会秘书职责】

上市公司设董事会秘书,负责公司股东会和董事会会议的筹备、文件保管以及公司股东资料的管理,办理信息披露事务等事宜。

理解适用

[董事会秘书]

董事会秘书,是指掌管董事会文书并协助董事会成员处理日常事务的人员。董事会秘书是上市公司固有的职务,是董事会设置的服务职位,不能代表董事会或董事长。董事会秘书是上市公司的高级管理人员,应当承担高级管理人员应尽的忠实和勤勉义务,不得利用职权为自己或他人谋取利益。董事会秘书深度参与上市公司资本市场相关业务,应当具备一定的专业技能和理论水平,不仅要掌握公司法、证券法、上市规则等有关法律法规,还要熟悉公司章程、信息披露规则,掌握财务及行政管理方面的有关知识,遵守相关职业操守,定期接受必要的培训。

条文参见

《上市公司章程指引》第 56 条、第 77 条、第 149 条

第一百三十九条 【上市公司董事关联交易书面报告及回避制度】

上市公司董事与董事会会议决议事项所涉及的企业或者个人有关联关系的,该董事应当及时向董事会书面报告。有关联关系的董事不得对该项决议行使表决权,也不得代理其他董事行使表决权。该董事会会议由过半数的无关联关系董事出席即可举行,董事会会议所作决议须经无关联关系董事过半数通过。出席董事会会议的无关联关系董事人数不足三人的,应当将该事项提交上市公司股东会审议。

条文参见

《上市公司章程指引》第 121 条

第一百四十条 【上市公司信息披露及禁止股票代持】

上市公司应当依法披露股东、实际控制人的信息,相关信息应当真实、准确、完整。

禁止违反法律、行政法规的规定代持上市公司股票。

条文参见

《证券法》第78条;《上市公司信息披露管理办法》第40条、第41条

第一百四十一条 【禁止交叉持股】

上市公司控股子公司不得取得该上市公司的股份。

上市公司控股子公司因公司合并、质权行使等原因持有上市公司股份的,不得行使所持股份对应的表决权,并应当及时处分相关上市公司股份。

理解适用

[交叉持股]

交叉持股,是两个或两个以上的公司之间相互持有对方股权,彼此互为投资者的特殊股权形式。交叉持股既有可能是不同公司出于产业协同、战略合作等目的互相投资而主动形成的;也有可能是因为并购重组标的持有本公司股份而被动形成的。

第六章 股份有限公司的股份发行和转让

第一节 股份发行

第一百四十二条 【面额股和无面额股】

公司的资本划分为股份。公司的全部股份,根据公司章程的规定择一采用面额股或者无面额股。采用面额股的,每一股的金额相等。

公司可以根据公司章程的规定将已发行的面额股全部转换为无面额股或者将无面额股全部转换为面额股。

> 采用无面额股的,应当将发行股份所得股款的二分之一以上计入注册资本。

理解适用

无面额股,又称比例股或者份额股,公司章程和股票票面上不记载每股的票面金额,只记载其在资本金中所占的比例,或者记载其代表的股份数。2023年修订《公司法》时首次引入了无面额股这一股份形式,并规定公司可以根据公司章程的规定就已发行的全部股份在面额股和无面额股之间自由转换。在面额股制度下,公司创始股东认购股份时至少要按照每股1元缴纳认股款。在无面额股制度下,由于每股对应的金额不一,创始股东可以以较少的资金投入获得较多的股份,而后续投资者可以以较多的资金获得较少的股份,通过溢价方式投资公司,这不仅减轻了创始股东的资金压力,也便利了公司融资,为公司后续投资者提供了更为灵活的投资渠道。同时,由于无面额股没有对折价发行进行限制,急于融资的公司甚至可以低于票面金额发行股份获得融资。需要注意的是,公司的全部股份要么都是无面额股,要么都是面额股,不能两者并存。

第一百四十三条 【股份发行原则】

> 股份的发行,实行公平、公正的原则,同类别的每一股份应当具有同等权利。
>
> 同次发行的同类别股份,每股的发行条件和价格应当相同;认购人所认购的股份,每股应当支付相同价额。

理解适用

股份有限公司股份的发行,包括设立发行和新股发行两种情况。设立发行,是指股份有限公司在设立的过程中为了募集其设立所必需的资本而进行的股份发行;新股发行,是指股份有限公司成立以后,在运营过程中为了增加公司资本而进行的股份发行。无论是设立发行还是新股发行,都应当遵守本条所规定的股份发行原则。即股份发行实行公平、公正原则,同类别股份具有同等权利;同股同价。

条文参见

《证券法》第 3~5 条

第一百四十四条 【类别股发行规则】

公司可以按照公司章程的规定发行下列与普通股权利不同的类别股：

(一)优先或者劣后分配利润或者剩余财产的股份；
(二)每一股的表决权数多于或者少于普通股的股份；
(三)转让须经公司同意等转让受限的股份；
(四)国务院规定的其他类别股。

公开发行股份的公司不得发行前款第二项、第三项规定的类别股；公开发行前已发行的除外。

公司发行本条第一款第二项规定的类别股的，对于监事或者审计委员会成员的选举和更换，类别股与普通股每一股的表决权数相同。

理解适用

按照股份所表示的股东权利的内容不同，可以将股份分为普通股和类别股两种。普通股，是指公司发行的没有特别权利和特别限制的股份。普通股的股东所拥有的股东权利是没有差别待遇的，在资产收益、参与重大资产决策和选择管理者及股份转让等方面，没有任何优先权或者限制。普通股是股份有限公司发行的股份的常态，大多数股份都是普通股。类别股，也称特别股，是指公司发行的在资产收益、参与公司决策等方面设有特别权利和特别限制的股份。公司发行类别股，是一种市场化的选择，有利于股份有限公司以更加灵活多样的方式筹集公司资本，也利于满足具有不同偏好的投资者多样化的投资需求。

条文参见

《国务院关于开展优先股试点的指导意见》；《优先股试点管理办法》

第一百四十五条 【发行类别股的公司章程应记载的事项】

发行类别股的公司,应当在公司章程中载明以下事项:
(一)类别股分配利润或者剩余财产的顺序;
(二)类别股的表决权数;
(三)类别股的转让限制;
(四)保护中小股东权益的措施;
(五)股东会认为需要规定的其他事项。

第一百四十六条 【类别股股东会决议事项】

发行类别股的公司,有本法第一百一十六条第三款规定的事项等可能影响类别股股东权利的,除应当依照第一百一十六条第三款的规定经股东会决议外,还应当经出席类别股股东会议的股东所持表决权的三分之二以上通过。

公司章程可以对需经类别股股东会议决议的其他事项作出规定。

第一百四十七条 【股票】

公司的股份采取股票的形式。股票是公司签发的证明股东所持股份的凭证。

公司发行的股票,应当为记名股票。

理解适用

[记名股票]

记名股票,是指在股东名册上登记有持股人的姓名、名称和地址,并在股票上也注明持有人姓名、名称的股票。

第一百四十八条 【股票发行价格要求】

面额股股票的发行价格可以按票面金额,也可以超过票面金额,但不得低于票面金额。

理解适用

[面额股股票]

面额股股票,也称面值股股票,是指需要在票面上载明金额的股票,该金额就是票面值或股票面值。票面上注明的每股金额由公司决定,公司章程应载明公司股份总数和每股股份的票面金额。同次发行的面额股股票每股的票面价值必须是相同的。虽然面额股的票面金额是固定的,但是股份有限公司在发行面额股股票时的价格可以按照票面金额,也可以超出票面金额,但是法律规定不得低于票面金额。如果按照票面金额发行股票,则股票发行所得股款构成公司的注册资本;如果超过票面金额发行股票,则股票发行所得股款溢价部分将列为资本公积金。因此面额股股票的发行价格不但与公司注册资本有关,还与资本公积金、公司工商登记、公司财务处理,甚至公司外部债权人交易安全利益的保护有关联。

条文参见

《证券法》第32条

第一百四十九条 【股票的形式以及纸面股票记载事项】

股票采用纸面形式或者国务院证券监督管理机构规定的其他形式。

股票采用纸面形式的,应当载明下列主要事项:

(一)公司名称;

(二)公司成立日期或者股票发行的时间;

(三)股票种类、票面金额及代表的股份数,发行无面额股的,股票代表的股份数。

股票采用纸面形式的,还应当载明股票的编号,由法定代表人签名,公司盖章。

发起人股票采用纸面形式的,应当标明发起人股票字样。

理解适用

传统的股票多采取纸面形式,即实物券式的股票。随着电子技术在证券业务领域的应用,出现了簿记券形式的股票,即无纸化股票,以登记结算机构所记载的电子信息作为股权凭证。实践中,对于公开发行并在证券交易所或者国务院批准的其他全国性证券交易场所交易的股票,根据《证券法》第150

条的规定,全部应在证券登记结算机构存管,目前都为电子簿记形式。

第一百五十条 【股票交付】

股份有限公司成立后,即向股东正式交付股票。公司成立前不得向股东交付股票。

第一百五十一条 【公司发行新股决议事项及确定作价方案】

公司发行新股,股东会应当对下列事项作出决议:
(一)新股种类及数额;
(二)新股发行价格;
(三)新股发行的起止日期;
(四)向原有股东发行新股的种类及数额;
(五)发行无面额股的,新股发行所得股款计入注册资本的金额。
公司发行新股,可以根据公司经营情况和财务状况,确定其作价方案。

理解适用

发行新股,是指在公司成立以后再次发行股份的行为。公司是否需要发行新股,什么时候发行新股,发行新股的数量是多少,由公司根据自身的经营情况和资金需求情况以及市场状况等自主确定,属于公司自治的范围。根据发行方式的不同,发行新股包括向社会公开发行和不公开发行两种方式。

条文参见

《证券法》第13条

第一百五十二条 【授权资本制】

公司章程或者股东会可以授权董事会在三年内决定发行不超过已发行股份百分之五十的股份。但以非货币财产作价出资的,应当经股东会决议。

董事会依照前款规定决定发行股份导致公司注册资本、已发行股份数发生变化的,对公司章程该项记载事项的修改不需再由股东会表决。

> 理解适用

[授权资本制]

授权资本制，或称授权股份制，是指公司设立时只需发行部分股份，公司章程或者股东会可以做出授权，由董事会根据公司运营的实际需要决定发行剩余股份。

第一百五十三条 【授权资本表决比例】

公司章程或者股东会授权董事会决定发行新股的，董事会决议应当经全体董事三分之二以上通过。

第一百五十四条 【公开募集股份规则】

公司向社会公开募集股份，应当经国务院证券监督管理机构注册，公告招股说明书。

招股说明书应当附有公司章程，并载明下列事项：

（一）发行的股份总数；

（二）面额股的票面金额和发行价格或者无面额股的发行价格；

（三）募集资金的用途；

（四）认股人的权利和义务；

（五）股份种类及其权利和义务；

（六）本次募股的起止日期及逾期未募足时认股人可以撤回所认股份的说明。

公司设立时发行股份的，还应当载明发起人认购的股份数。

> 条文参见

《证券法》第9条、第14条、第23条、第86条；《首次公开发行股票注册管理办法》第5条；《上市公司证券发行注册管理办法》；《证券发行与承销管理办法》；《上市公司募集资金监管规则》

第一百五十五条 【公开募集股份的方式】

公司向社会公开募集股份,应当由依法设立的证券公司承销,签订承销协议。

理解适用

承销,是指证券公司在规定的期限内将发行人发行的股票销售出去,承销的证券公司按照约定收取一定的佣金或者约定的报酬的行为。承销有两种方式,即代销和包销。代销是指证券公司代发行人发售股票,在承销期结束时,将未售出的股票全部退还给发行人的承销方式。包销是指证券公司将发行人的股票按照协议全部购入或者在承销期结束时将售后剩余股票全部自行购入的承销方式。代销和包销的共同点是把证券销售出去,其不同点在于,代销没有风险,卖不完的股票退还给发行人,而包销则是卖不完的股票要由承销商自己购买。

实用问答

证券公司承销证券,同发行人签订代销或者包销协议应当载明哪些事项?

答:根据《证券法》第28条的规定,证券公司承销证券,应当同发行人签订代销或者包销协议,载明下列事项:(1)当事人的名称、住所及法定代表人姓名;(2)代销、包销证券的种类、数量、金额及发行价格;(3)代销、包销的期限及起止日期;(4)代销、包销的付款方式及日期;(5)代销、包销的费用和结算办法;(6)违约责任;(7)国务院证券监督管理机构规定的其他事项。

条文参见

《证券法》第26~34条;《证券发行与承销管理办法》

第一百五十六条 【公开募集股份时收取股款的方式】

公司向社会公开募集股份,应当同银行签订代收股款协议。

代收股款的银行应当按照协议代收和保存股款,向缴纳股款的认股人出具收款单据,并负有向有关部门出具收款证明的义务。

公司发行股份募足股款后,应予公告。

第二节 股份转让

第一百五十七条 【股份有限公司股份转让】

股份有限公司的股东持有的股份可以向其他股东转让,也可以向股东以外的人转让;公司章程对股份转让有限制的,其转让按照公司章程的规定进行。

条文参见

《证券法》第 36 条、第 40 条、第 42 条、第 44 条

第一百五十八条 【股份转让场所和方式】

股东转让其股份,应当在依法设立的证券交易场所进行或者按照国务院规定的其他方式进行。

条文参见

《证券法》第 37 条

第一百五十九条 【股票转让方式】

股票的转让,由股东以背书方式或者法律、行政法规规定的其他方式进行;转让后由公司将受让人的姓名或者名称及住所记载于股东名册。

股东会会议召开前二十日内或者公司决定分配股利的基准日前五日内,不得变更股东名册。法律、行政法规或者国务院证券监督管理机构对上市公司股东名册变更另有规定的,从其规定。

> **理解适用**

本条中的"背书方式",是有价证券转让的一种法定形式,对记名股票转让而言,就是指记名股票上所记载的股东作为背书人,在股票上签章,并在股票背面或者股票所黏附的粘单上记载受让人即被背书人的名称或者姓名,以表示将该股票所代表的股东权利转让给受让人的行为。

我国目前上市交易的公司股票,采取的是簿记券式,即以在证券登记结算机构记载股东账户的方式发行股票,不印制实物股票。这些股票的交易,按照有关法律、行政法规的规定,要依照交易者在证券公司开户、委托证券公司买卖、达成交易合同、进行清算交割、办理证券的登记过户手续等程序进行。这种交易方式,就属于本条第1款中规定的"法律、行政法规规定的其他方式"。

> **条文参见**

《证券法》第35~61条

第一百六十条 【股份转让限制】

公司公开发行股份前已发行的股份,自公司股票在证券交易所上市交易之日起一年内不得转让。法律、行政法规或者国务院证券监督管理机构对上市公司的股东、实际控制人转让其所持有的本公司股份另有规定的,从其规定。

公司董事、监事、高级管理人员应当向公司申报所持有的本公司的股份及其变动情况,在就任时确定的任职期间每年转让的股份不得超过其所持有本公司股份总数的百分之二十五;所持本公司股份自公司股票上市交易之日起一年内不得转让。上述人员离职后半年内,不得转让其所持有的本公司股份。公司章程可以对公司董事、监事、高级管理人员转让其所持有的本公司股份作出其他限制性规定。

股份在法律、行政法规规定的限制转让期限内出质的,质权人不得在限制转让期限内行使质权。

> **条文参见**

《上市公司董事和高级管理人员所持本公司股份及其变动管理规则》;

《上市公司股东减持股份管理暂行办法》

第一百六十一条 【异议股东可以请求公司回购其股份的情形】

有下列情形之一的,对股东会该项决议投反对票的股东可以请求公司按照合理的价格收购其股份,公开发行股份的公司除外:

(一)公司连续五年不向股东分配利润,而公司该五年连续盈利,并且符合本法规定的分配利润条件;

(二)公司转让主要财产;

(三)公司章程规定的营业期限届满或者章程规定的其他解散事由出现,股东会通过决议修改章程使公司存续。

自股东会决议作出之日起六十日内,股东与公司不能达成股份收购协议的,股东可以自股东会决议作出之日起九十日内向人民法院提起诉讼。

公司因本条第一款规定的情形收购的本公司股份,应当在六个月内依法转让或者注销。

条文参见

《民法典》第440条;《证券法》第44条

第一百六十二条 【公司股份回购】

公司不得收购本公司股份。但是,有下列情形之一的除外:

(一)减少公司注册资本;

(二)与持有本公司股份的其他公司合并;

(三)将股份用于员工持股计划或者股权激励;

(四)股东因对股东会作出的公司合并、分立决议持异议,要求公司收购其股份;

(五)将股份用于转换公司发行的可转换为股票的公司债券;

(六)上市公司为维护公司价值及股东权益所必需。

公司因前款第一项、第二项规定的情形收购本公司股份的,应当经股东会决议;公司因前款第三项、第五项、第六项规定的情形收购本公司股份的,可以按照公司章程或者股东会的授权,经三分之二以上董事出席的董事会会议决议。

公司依照本条第一款规定收购本公司股份后,属于第一项情形的,应当自收购之日起十日内注销;属于第二项、第四项情形的,应当在六个月内转让或者注销;属于第三项、第五项、第六项情形的,公司合计持有的本公司股份数不得超过本公司已发行股份总数的百分之十,并应当在三年内转让或者注销。

上市公司收购本公司股份的,应当依照《中华人民共和国证券法》的规定履行信息披露义务。上市公司因本条第一款第三项、第五项、第六项规定的情形收购本公司股份的,应当通过公开的集中交易方式进行。

公司不得接受本公司的股份作为质权的标的。

理解适用

股份回购,是指公司收购本公司已发行的股份,是国际通行的公司实施并购重组、优化治理结构、稳定股价的必要手段,已是资本市场的一项基础性制度安排。

条文参见

《上市公司股份回购规则》

第一百六十三条 【禁止财务资助】

公司不得为他人取得本公司或者其母公司的股份提供赠与、借款、担保以及其他财务资助,公司实施员工持股计划的除外。

为公司利益,经股东会决议,或者董事会按照公司章程或者股东会的授权作出决议,公司可以为他人取得本公司或者其母公司的股份提供财务资助,但财务资助的累计总额不得超过已发行股本总额的百分之十。董事会作出决议应当经全体董事的三分之二以上通过。

违反前两款规定,给公司造成损失的,负有责任的董事、监事、高级管理人员应当承担赔偿责任。

理解适用

[财务资助]

财务资助,通常指公司对他人取得或将取得本公司股份的交易行为,以直接或间接方式提供诸如赠与、借款、担保、免除义务等具有财务属性的帮助。禁止财务资助体现了资本维持与资产维持原则，其目的在于遏制杠杆收购，防范抽逃出资，防止公司管理层滥用职权侵犯中小股东和债权人的利益，防止市场操纵股票价格等。但是，并非所有财务资助制度都对公司有百害而无一利。

本条规定了两种可以提供财务资助的情形：

(1)为实施员工持股计划。公司实施员工持股计划有助于提升员工利益，具有正当目的，因此公司法对此予以豁免。

(2)满足法定条件的，允许公司提供财务资助，具体包括：第一，目的条件，即必须是为公司利益。第二，程序条件，即应经公司股东会或者公司章程或股东会授权的董事会决议，董事会决议应当经全体董事的2/3以上通过。如财务资助对象是董事、监事、高级管理人员或其关联人，还应当遵守本法第182条有关报告的规定；董事在表决时还应当遵守本法第185条有关表决回避的规定。对于上市公司董事会，无论资助对象是否属于前述主体，均应当遵守本法第139条有关联关系的董事回避表决的规定。第三，数额限制条件。为避免提供财务资助对本公司的持续经营造成影响，本条第2款规定财务资助的累计总额不得超过已发行股本总额的10%。数额限制是累积的，不是单次的；累积的计算范围既包括为本公司提供财务资助，也包括为母公司提供财务资助。同时，限额以提供财务资助的公司的股本总额为基数。

第一百六十四条　【股票被盗、遗失或者灭失的救济途径】

股票被盗、遗失或者灭失，股东可以依照《中华人民共和国民事诉讼法》规定的公示催告程序，请求人民法院宣告该股票失效。人民法院宣告该股票失效后，股东可以向公司申请补发股票。

理解适用

[公示催告程序]

公示催告程序，是我国《民事诉讼法》规定的一种非诉程序，是指在票据持有人丧失票据的情况下，人民法院根据权利人的申请，以公告的方式，告知并催促利害关系人在指定期限内向人民法院申报权利，如不申报权利，人民法院依法作出宣告票据或者其他事项无效的程序。

根据本条和《民事诉讼法》的有关规定,股票被盗、遗失或者灭失,股东依照公示催告程序请求法院宣告该股票无效的,应经过以下程序:(1)提出申请,即股东向人民法院提出公示催告申请,并向人民法院递交申请书,写明股票的主要内容和申请的理由、事实。(2)人民法院决定受理申请的,应当同时通知公司停止该记名股票所代表股东权利的行使,并在3日内发布公告,催促利害关系人申报权利。公示催告的期间,由人民法院根据情况决定,但不得少于60日。(3)有关利害关系人认为股东的公示催告请求与事实不符合的,应当在公示催告期间向人民法院申报。如申报该股票并不是被盗、遗失或者灭失,而是被合法转让给自己等。(4)在公示催告期间没有人申报的,人民法院即根据申请人的申请作出判决,宣告该股票无效。

条文参见

《民事诉讼法》第18章

第一百六十五条 【上市公司股票交易】

上市公司的股票,依照有关法律、行政法规及证券交易所交易规则上市交易。

理解适用

股票上市相应的规则包括上市条件、上市申请、终止上市等。第一,股票上市条件方面,《证券法》只作原则性的要求,具体的上市条件交由证券交易所规定,并要求证券交易所上市规则规定的上市条件应当对发行人的经营年限、财务状况、最低公开发行比例和公司治理、诚信记录等提出要求。第二,股票的上市申请方面,《证券法》规定申请股票上市交易,应当向证券交易所提出申请,由证券交易所依法审核同意,并由双方签订上市协议。《首次公开发行股票注册管理办法》规定首次公开发行股票并上市,应当符合发行条件、上市条件以及相关信息披露要求,依法经交易所发行上市审核,并报中国证监会注册。第三,股票的终止上市方面,《证券法》规定,上市交易的股票有证券交易所规定的终止上市情形的,由证券交易所按照业务规则终止其上市交易。此外,《证券法》还规定了禁止的交易行为,即禁止证券交易内幕信息的知情人和非法获取内幕信息的人利用内幕信息从事证券交易活动。

条文参见

《证券法》第35~61条;《证券交易所管理办法》第61~69条

第一百六十六条 【上市公司信息披露】

上市公司应当依照法律、行政法规的规定披露相关信息。

理解适用

上市公司的信息披露义务人包括发行人、上市公司、收购人、上市公司董事、监事、高级管理人员等,还包括对上市公司重大事项有重要影响的控股股东、实际控制人。上市公司信息披露需要遵守真实性、准确性、完整性、及时性、公平性原则。上市公司必须公开披露的信息,包括但不限于:招股说明书、募集说明书、上市公告书、财务会计报告、定期报告(包括年度报告、中期报告)、临时报告(包括重大事件公告和上市公司收购公告)等。

条文参见

《证券法》第78~87条、第197条;《刑法》第161条;《最高人民法院关于审理证券市场虚假陈述侵权民事赔偿案件的若干规定》;《最高人民检察院、公安部关于公安机关管辖的刑事案件立案追诉标准的规定(二)》第6条;《上市公司治理准则》第82~90条;《上市公司信息披露管理办法》;《上市公司信息披露暂缓与豁免管理规定》

案例指引

博元投资股份有限公司、余某妮等人违规披露、不披露重要信息案(最高人民检察院第十七批指导案例 检例第66号)

要旨:《刑法》规定违规披露、不披露重要信息罪只处罚单位直接负责的主管人员和其他直接责任人员,不处罚单位。公安机关以本罪将单位移送起诉的,检察机关应当对单位直接负责的主管人员及其他直接责任人员提起公诉,对单位依法作出不起诉决定。对单位需要给予行政处罚的,检察机关应当提出检察意见,移送证券监督管理部门依法处理。

第一百六十七条 【股份有限公司自然人股东的股东资格继承】

自然人股东死亡后,其合法继承人可以继承股东资格;但是,股份转让受限的股份有限公司的章程另有规定的除外。

理解适用

(1)股份有限公司只有通过章程规定发行类别股的,才能对自然人股东资格继承作出限制,这与有限责任公司可以通过章程对自然人股东资格继承作限制不同。换言之,有限责任公司对自然人股东资格继承的限制不是通过类别股的方式进行,而是由章程直接对继承人范围、资格及数量等进行限制。

(2)公司章程在规定转让受限的类别股时,只能限制继承人继承股东资格,不得违反《民法典》继承编的基本原则,剥夺继承人获得与股权价值相适应的财产对价的权利。如果公司没有发行股份转让受限的类别股,则应当按照本条规定的一般原则由继承人继承死亡自然人股东的股东资格。

条文参见

《民法典》第 124 条、第 1119～1163 条

第七章 国家出资公司组织机构的特别规定

第一百六十八条 【国家出资公司】

国家出资公司的组织机构,适用本章规定;本章没有规定的,适用本法其他规定。

本法所称国家出资公司,是指国家出资的国有独资公司、国有资本控股公司,包括国家出资的有限责任公司、股份有限公司。

实用问答

国有独资公司与国有全资公司的区别是什么?

答:假如地方国有资产监督管理委员会出资设立的甲国有独资公司,甲国有独资公司 100% 出资设立的二级子公司乙,乙不属于本法所称的国有独资公司,而应属于国有全资公司。

条文参见

《企业国有资产法》第5条;《企业国有资产交易监督管理办法》第4条

第一百六十九条 【履行国家出资公司出资人职责的主体】

国家出资公司,由国务院或者地方人民政府分别代表国家依法履行出资人职责,享有出资人权益。国务院或者地方人民政府可以授权国有资产监督管理机构或者其他部门、机构代表本级人民政府对国家出资公司履行出资人职责。

代表本级人民政府履行出资人职责的机构、部门,以下统称为履行出资人职责的机构。

理解适用

履行出资人职责的机构的基本职责如下:(1)代表本级人民政府对国家出资企业依法享有资产收益、参与重大决策和选择管理者等出资人权利。(2)依照法律、行政法规的规定,制定或者参与制定国家出资企业的章程。(3)对法律、行政法规和本级人民政府规定须经本级人民政府批准的履行出资人职责的重大的事项,应当报请本级人民政府批准。(4)委派股东代表参加国有资本控股公司召开的股东会会议,按照委派机构的指示提出提案、发表意见、行使表决权,并将其履行职责的情况和结果及时报告委派机构。

履行出资人职责的机构的履职要求主要有:(1)应当依照法律、行政法规以及企业章程履行出资人职责,保障出资人权益,防止企业国有资产损失。(2)维护企业作为市场主体依法享有的权利,除依法履行出资人职责外,不得干预企业经营活动。(3)对本级人民政府负责,向本级人民政府报告履行出资人职责的情况,接受本级人民政府的监督和考核,对企业国有资产的保值增值负责。(4)按照国家有关规定,定期向本级人民政府报告有关企业国有资产总量、结构、变动、收益等汇总分析的情况。

条文参见

《企业国有资产法》第11~15条

第一百七十条 【国家出资公司党组织的领导作用】

国家出资公司中中国共产党的组织,按照中国共产党章程的规定发挥领导作用,研究讨论公司重大经营管理事项,支持公司的组织机构依法行使职权。

条文参见

《企业国有资产法》第 12 条;《中国共产党章程》;《中国共产党支部工作条例(试行)》《中国共产党国有企业基层组织工作条例(试行)》

第一百七十一条 【国有独资公司章程制定】

国有独资公司章程由履行出资人职责的机构制定。

理解适用

除本法规定的公司章程内容的一般事项之外,根据现行国资国企监管规定对国家出资公司章程的明确要求,国有独资公司章程还应载明以下内容:(1)公司的功能定位和经营宗旨;(2)公司的国有资产监管路径以及须报请履行出资人职责的机构的事项;(3)公司党组织的职责权限、机构设置、运行机制、基础保障;(4)重大经营管理决策党委(党组)事前研究讨论机制、程序以及事项,或者重大经营管理决策党支部(党总支)集体审核把关机制、程序以及事项;(5)明确坚持和完善"双向进入、交叉任职"领导体制及有关要求。

第一百七十二条 【国有独资公司重大事项的决定】

国有独资公司不设股东会,由履行出资人职责的机构行使股东会职权。履行出资人职责的机构可以授权公司董事会行使股东会的部分职权,但公司章程的制定和修改,公司的合并、分立、解散、申请破产,增加或者减少注册资本,分配利润,应当由履行出资人职责的机构决定。

理解适用

在授权董事会行使部分股东会职权的国有独资公司中,股东会的职权在实际行使上将分为两部分:一部分由履行出资人职责的机构行使,另一部分由履行出资人职责的机构授权国有独资公司董事会行使。

应当由履行出资人职责的机构行使的股东会职权主要有：公司章程的制定和修改，公司的合并、分立、解散、申请破产，增加或者减少注册资本，分配利润。这些涉及股东的核心利益，应当由股东会行使。公司法人治理结构是公司制的核心。完善的法人治理结构要求明确股东会、董事会等以及经理层的职责，形成各负其责、协调运转、有效制衡的公司法人治理结构。履行出资人职责的机构对国有独资公司履行出资人职责，行使股东会职权，涉及股东核心利益的事项由履行出资人职责的机构决定体现了出资人对国有独资公司的最终控制。对于本条规定以外的事项，履行出资人职责的机构可以授权国有独资公司董事会行使股东会的职权。

条文参见

《企业国有资产法》第31条

第一百七十三条　【国有独资公司董事会】

国有独资公司的董事会依照本法规定行使职权。

国有独资公司的董事会成员中，应当过半数为外部董事，并应当有公司职工代表。

董事会成员由履行出资人职责的机构委派；但是，董事会成员中的职工代表由公司职工代表大会选举产生。

董事会设董事长一人，可以设副董事长。董事长、副董事长由履行出资人职责的机构从董事会成员中指定。

条文参见

《企业国有资产法》第22条

第一百七十四条　【国有独资公司经理聘任、解聘和兼任】

国有独资公司的经理由董事会聘任或者解聘。

经履行出资人职责的机构同意，董事会成员可以兼任经理。

条文参见

《企业国有资产法》第25条

第一百七十五条 【国有独资公司董事、高级管理人员禁止兼职】

国有独资公司的董事、高级管理人员,未经履行出资人职责的机构同意,不得在其他有限责任公司、股份有限公司或者其他经济组织兼职。

理解适用

对国有独资公司的董事、高级管理人员实行兼职禁止的专任制度,是为了防止国有独资公司董事、高级管理人员因兼职而疏于对公司的管理,避免因此可能给国有资产造成损害,也更有利于其对公司履行忠实和勤勉义务。但是,国有独资公司根据经营实际需要也可能对外投资,设立子公司,或者与其他经济组织共同投资设立其他公司或经济组织。这种情况下,国有独资公司作为法人股东,需要向被投资公司或其他经济组织派出董事会成员或者经营管理者,参加所投资公司或经济组织的董事会或被任命为高级管理人员,确保对外投资的安全且有回报。这时,经履行出资人职责的机构同意,国有独资公司的董事、高级管理人员可以兼职。

条文参见

《企业国有资产法》第25条

第一百七十六条 【国有独资公司监事会设置例外】

国有独资公司在董事会中设置由董事组成的审计委员会行使本法规定的监事会职权的,不设监事会或者监事。

理解适用

需要注意的是,根据本条规定,国有独资公司审计委员会的组成人员必须是公司董事,非董事不能成为审计委员会成员。成员多少,一般由履行出资人职责的机构结合国有独资公司经营实际以及董事会成员数量确定。

第一百七十七条 【国家出资公司合规管理】

国家出资公司应当依法建立健全内部监督管理和风险控制制度,加强内部合规管理。

理解适用

[合规]

合规,是指企业经营管理行为和员工履职行为符合国家法律法规、监管规定、行业准则和国际条约、规则,以及公司章程、相关规章制度等要求。

[合规管理]

合规管理,是指企业以有效防控合规风险为目的,以提升依法合规经营管理水平为导向,以企业经营管理行为和员工履职行为为对象,开展的包括建立合规制度、完善运行机制、培育合规文化、强化监督问责等有组织、有计划的管理活动。

[合规风险]

合规风险,是指企业及其员工在经营管理过程中因违规行为引发法律责任、造成经济或者声誉损失以及其他负面影响的可能性。加强国家出资公司合规管理,切实防控风险,是有力保障国有企业深化改革与高质量发展的重要举措。

第八章 公司董事、监事、高级管理人员的资格和义务

第一百七十八条 【董事、监事、高级管理人员消极资格】

有下列情形之一的,不得担任公司的董事、监事、高级管理人员:

(一)无民事行为能力或者限制民事行为能力;

(二)因贪污、贿赂、侵占财产、挪用财产或者破坏社会主义市场经济秩序,被判处刑罚,或者因犯罪被剥夺政治权利,执行期满未逾五年,被宣告缓刑的,自缓刑考验期满之日起未逾二年;

(三)担任破产清算的公司、企业的董事或者厂长、经理,对该公司、企业的破产负有个人责任的,自该公司、企业破产清算完结之日起未逾三年;

(四)担任因违法被吊销营业执照、责令关闭的公司、企业的法定代表人,并负有个人责任的,自该公司、企业被吊销营业执照、责令关闭之日起未逾三年;

(五)个人因所负数额较大债务到期未清偿被人民法院列为失信被执行人。

违反前款规定选举、委派董事、监事或者聘任高级管理人员的,该选举、委派或者聘任无效。

董事、监事、高级管理人员在任职期间出现本条第一款所列情形的,公司应当解除其职务。

理解适用

[剥夺政治权利]

剥夺政治权利,是指剥夺下列权利:选举权和被选举权;言论、出版、集会、结社、游行、示威自由的权利;担任国家机关职务的权利;担任国有公司、企业、事业单位和人民团体领导职务的权利。

条文参见

《保险法》第81条;《商业银行法》第27条;《公司登记管理实施办法》第15条

第一百七十九条 【董事、监事、高级管理人员守法义务】

董事、监事、高级管理人员应当遵守法律、行政法规和公司章程。

第一百八十条 【董事、监事、高级管理人员忠实和勤勉义务】

董事、监事、高级管理人员对公司负有忠实义务,应当采取措施避免自身利益与公司利益冲突,不得利用职权牟取不正当利益。

董事、监事、高级管理人员对公司负有勤勉义务,执行职务应当为公司的最大利益尽到管理者通常应有的合理注意。

公司的控股股东、实际控制人不担任公司董事但实际执行公司事务的,适用前两款规定。

理解适用

[忠实义务]

忠实义务,是指董事、监事、高级管理人员在履行管理公司、经营业务的职责时,自身利益与公司利益发生冲突的,必须以公司利益为重,不得将自身利益置于公司利益之上。忠实义务主要包括两个方面:一方面是避免冲突的义务,需要义务主体"采取措施避免自身利益与公司利益冲突";另一方面是不得谋取不正当利益的义务,即义务主体不能凭借其地位从任何属于公司的商业机会中谋取个人不正当利益。本法第181条至第184条是对忠实义务的具体化规定。

[勤勉义务]

勤勉义务,又称注意义务或善管义务,是指董事、监事、高级管理人员履行职责时,具有一个善良管理人的细心,尽到一个普通谨慎之人的合理注意,以实现公司利益的最大化。勤勉义务主要包括:(1)遵守法律法规和公司章程;(2)不越权履行职务;(3)充分熟悉公司业务以及经营管理状况;(4)按时出席公司董事会、监事会等会议,并以公司的利益最大化为出发点来发表意见和观点;(5)向股东会、利益相关方等如实提供公司资料,披露相关信息;(6)按规定列席股东会,并接受相关质询等。

条文参见

《证券法》第142条

第一百八十一条 【董事、监事、高级管理人员的禁止行为】

董事、监事、高级管理人员不得有下列行为:
(一)侵占公司财产、挪用公司资金;
(二)将公司资金以其个人名义或者以其他个人名义开立账户存储;
(三)利用职权贿赂或者收受其他非法收入;
(四)接受他人与公司交易的佣金归为己有;
(五)擅自披露公司秘密;
(六)违反对公司忠实义务的其他行为。

理解适用

侵占公司财产,是指将公司财产据为己有的行为。挪用公司资金,是指将公司的资金挪为本人或他人使用的行为。一般是指公司董事、监事、高级管理人员利用分管、负责或者办理某项业务的权利或职权所形成的便利条件,擅自将公司所有或公司有支配权的资金挪作他用,主要是为其个人使用

第八章 公司董事、监事、高级管理人员的资格和义务

或者为与其有利害关系的他人使用。

利用职权贿赂或者收受其他非法收入,是典型的利用职权获得非法个人利益的行为,具有违法性,应予禁止。贿赂或者收受其他非法收入的表现形式,可能为非法收取手续费、资格股、介绍费或者相关实物等。

条文参见

《刑法》第163条、第184条、第185条、第219条、第271条、第272条、第383~385条;《劳动合同法》第23条

第一百八十二条 【董事、监事、高级管理人员及其关联人关联交易报告】

董事、监事、高级管理人员,直接或者间接与本公司订立合同或者进行交易,应当就与订立合同或者进行交易有关的事项向董事会或者股东会报告,并按照公司章程的规定经董事会或者股东会决议通过。

董事、监事、高级管理人员的近亲属,董事、监事、高级管理人员或者其近亲属直接或者间接控制的企业,以及与董事、监事、高级管理人员有其他关联关系的关联人,与公司订立合同或者进行交易,适用前款规定。

理解适用

关联交易是一种利益冲突交易。由于正常的关联交易,可以稳定公司业务,分散经营风险,有利于公司发展,因此,本条并未简单地禁止关联交易,而是规定进行关联交易应当履行合法程序。即(1)应当向董事会或者股东会进行报告;(2)由董事会或者股东会通过决议的形式进行批准。

一方面,法律保护合法有效的关联交易,合法的关联交易应当同时满足交易信息披露充分、交易程序合法和交易对价公允这三个条件;另一方面,公司股东会、董事会审议有关关联交易事项时,关联股东、董事应当回避表决。

条文参见

《民法典》第84条

第一百八十三条 【董事、监事、高级管理人员合法谋取商业机会】

董事、监事、高级管理人员,不得利用职务便利为自己或者他人谋取属于公司的商业机会。但是,有下列情形之一的除外:

（一）向董事会或者股东会报告，并按照公司章程的规定经董事会或者股东会决议通过；

（二）根据法律、行政法规或者公司章程的规定，公司不能利用该商业机会。

理解适用

[公司商业机会]

公司商业机会，是指董事、监事、高级管理人员在执行公司事务过程中获得并且有义务向公司披露的，与公司经营活动密切相关的各种机会。

案例指引

林某恩与李某山等损害公司利益纠纷案（《最高人民法院公报》2014年第11期）

裁判要旨：本案系香港股东代表香港公司向另一香港股东及他人提起的损害公司利益之诉。原告提起诉讼的基点是认为另一香港股东利用实际控制香港公司及该公司在内地设立的全资子公司等机会，伙同他人采取非正当手段，剥夺了本属于香港公司的商业机会，从而损害了香港公司及其作为股东的合法权益。但原告所称的商业机会并非当然地专属于香港公司，实际上能够满足投资要求及法定程序的任何公司均可获取该商业机会。原告在内地子公司经营效益欠佳时明确要求撤回其全部投资，其与另一香港股东也达成了撤资协议。鉴于另一香港股东及他人未采取任何欺骗、隐瞒或者其他非正当手段，且商业机会的最终获取系另一股东及他人共同投资及努力的结果，终审判决最终驳回了原告的诉讼请求。

第一百八十四条【董事、监事、高级管理人员的竞业禁止义务】

董事、监事、高级管理人员未向董事会或者股东会报告，并按照公司章程的规定经董事会或者股东会决议通过，不得自营或者为他人经营与其任职公司同类的业务。

理解适用

[竞业禁止义务]

竞业禁止义务,是指董事、监事、高级管理人员不得经营与其所任职公司具有竞争性质的业务。竞业禁止是法定义务,是对公司董事、监事、高级管理人员忠实义务的进一步的具体化。

条文参见

《合伙企业法》第32条

第一百八十五条 【董事关联交易回避制度】

董事会对本法第一百八十二条至第一百八十四条规定的事项决议时,关联董事不得参与表决,其表决权不计入表决权总数。出席董事会会议的无关联关系董事人数不足三人的,应当将该事项提交股东会审议。

理解适用

本条的理解与适用,应注意以下几点:

(1)本条规定的回避方式是关联董事不得参与表决,其表决权不计入表决权总数。应当注意的是,关联董事不得参与表决,既包括其本人不得参与表决,也包括其不得委托代理人参与表决。

(2)在出席董事会会议的无关联关系董事人数不足3人时,应当将该事项提交股东会审议。出席董事会的无关联关系董事人数太少,容易造成少数人操纵表决,使董事会会议决议难以体现大多数股东的意志和利益,因此,为了有效地保护公司和多数股东的利益,当出席董事会的无关联董事人数不足3人时,应当将本条所涉事项提交公司股东会会议审议。

条文参见

《上市公司章程指引》第121条

第一百八十六条 【公司归入权】

董事、监事、高级管理人员违反本法第一百八十一条至第一百八十四条规定所得的收入应当归公司所有。

理解适用

本条规定的归入权,是指公司依法享有的,对公司董事、监事、高级管理人员等违反忠实义务等特定行为而获取的利益收归自己所有的法定权利。

第一百八十七条 【董事、监事、高级管理人员列席股东会并接受股东质询】

股东会要求董事、监事、高级管理人员列席会议的,董事、监事、高级管理人员应当列席并接受股东的质询。

条文参见

《上市公司股东会规则》第27条;《上市公司章程指引》第71条

第一百八十八条 【董事、监事、高级管理人员对公司的赔偿责任】

董事、监事、高级管理人员执行职务违反法律、行政法规或者公司章程的规定,给公司造成损失的,应当承担赔偿责任。

理解适用

根据本条规定,董事、监事、高级管理人员承担赔偿责任,应当具备以下条件:(1)在主观上,对违反法律、行政法规或者公司章程存在过错;(2)在行为上,属于执行公司职务行为,与公司职务无关的行为不在此限;(3)在行为后果上,给公司造成损失;(4)相关行为与对公司的损害之间存在因果关系。

董事、监事、高级管理人员违背忠实、勤勉义务可能导致同时违反本法第186条和本条的规定,此时,公司归入权与损害赔偿请求权可以同时主张。

案例指引

周某春与庄士中国投资有限公司、李某慰、彭某傑及第三人湖南汉业房地产开发有限公司损害公司利益责任纠纷案（《最高人民法院公报》2020年第6期）

裁判要旨：在能够证明依法有权代表公司提起诉讼的公司机关基本不存在提起诉讼的可能性，由原告履行前置程序已无意义的情况下，不宜以股东未履行《公司法》规定的前置程序为由驳回起诉。

第一百八十九条　【股东代表诉讼】

董事、高级管理人员有前条规定的情形的，有限责任公司的股东、股份有限公司连续一百八十日以上单独或者合计持有公司百分之一以上股份的股东，可以书面请求监事会向人民法院提起诉讼；监事有前条规定的情形的，前述股东可以书面请求董事会向人民法院提起诉讼。

监事会或者董事会收到前款规定的股东书面请求后拒绝提起诉讼，或者自收到请求之日起三十日内未提起诉讼，或者情况紧急、不立即提起诉讼将会使公司利益受到难以弥补的损害的，前款规定的股东有权为公司利益以自己的名义直接向人民法院提起诉讼。

他人侵犯公司合法权益，给公司造成损失的，本条第一款规定的股东可以依照前两款的规定向人民法院提起诉讼。

公司全资子公司的董事、监事、高级管理人员有前条规定情形，或者他人侵犯公司全资子公司合法权益造成损失的，有限责任公司的股东、股份有限公司连续一百八十日以上单独或者合计持有公司百分之一以上股份的股东，可以依照前三款规定书面请求全资子公司的监事会、董事会向人民法院提起诉讼或者以自己的名义直接向人民法院提起诉讼。

案例指引

浙江和信电力开发有限公司、金华市大兴物资有限公司与通和置业投资有限公司、广厦控股创业投资有限公司、上海富沃企业发展有限公司、第三人通和投资控股有限公司损害公司权益纠纷案（《最高人民法院公报》2009年第6期）

裁判要旨：有限责任公司的股东依照《公司法》的相关规定，向公司的董事、监事、高管人员或者他人提起股东代表诉讼后，经人民法院主持，诉讼各方达成调解协议的,该调解协议不仅要经过诉讼各方一致同意,还必须经过提起股东代表诉讼的股东所在的公司和该公司未参与诉讼的其他股东同意后,人民法院才能最终确认该调解协议的法律效力。

第一百九十条 【股东直接诉讼】

董事、高级管理人员违反法律、行政法规或者公司章程的规定,损害股东利益的,股东可以向人民法院提起诉讼。

条文参见

《公司法解释一》第4条;《公司法解释四》第23~26条;《全国法院民商事审判工作会议纪要》第24~27条

第一百九十一条 【董事、高级管理人员致人损害的赔偿责任】

董事、高级管理人员执行职务,给他人造成损害的,公司应当承担赔偿责任;董事、高级管理人员存在故意或者重大过失的,也应当承担赔偿责任。

理解适用

根据本条前半句的规定,董事、高级管理人员的职务侵权行为的成立应该同时满足以下两个条件:(1)董事、高级管理人员的行为构成对第三人的侵权,包括对第三人人身权和财产权的侵害;(2)该侵权行为应为董事、高级管理人员执行职务的行为。

本条后半句规定的董事、高级管理人员对第三人承担的赔偿责任,其本质属于侵权责任。董事、高级管理人员的行为应符合侵权责任的构成要件:(1)应是董事、高级管理人员执行职务的行为;(2)主观上为故意或重大过失;(3)损害包含直接损害和间接损害;(4)执行职务的行为和损害后果之间存在因果关系。

需要注意的是,董事、高级管理人员的行为后果并非一概由公司承担,如果行为是由董事、高级管理人员以自己的名义作出的,与执行公司职务无关,则公司不应承担相应的法律后果。

条文参见

《民法典》第1191条;《最高人民法院关于适用〈中华人民共和国民法典〉合同编通则若干问题的解释》第20条、第21条、第23条

第一百九十二条 【控股股东、实际控制人的连带责任】

公司的控股股东、实际控制人指示董事、高级管理人员从事损害公司或者股东利益的行为的,与该董事、高级管理人员承担连带责任。

理解适用

本条的适用具体要件如下:(1)主体是控股股东、实际控制人。控股股东、实际控制人基于其表决权、投资关系、协议或者其他安排对公司具有影响力,具备指示董事、高级管理人员执行职务的可能。虽然控股股东以外的其他股东也可能选任董事,并就个别事项指示自己选任的董事从事一定行为,但是可能并不足以影响全部或者绝大部分董事。(2)"指示"是对董事、高级管理人员通常的、惯常性的指示,而非一次性指示。董事听从指示人不是偶然现象,而是习惯于听从指示人的指示。"指示"的意义在于让董事按照指示人的意图而非公司的意图执行业务。指示可以直接作出,也可以间接、迂回、默示性作出。指示只要作出即可,书面和口头都可。对指示的认定,最终是以结果来判断,即是否能够实际左右董事、高级管理人员执行职务的行为。(3)指示的行为损害公司或者股东利益。(4)控股股东、实际控制人和被指示董事就给公司或者股东造成的损失承担连带责任。

第一百九十三条 【董事责任保险】

公司可以在董事任职期间为董事因执行公司职务承担的赔偿责任投保责任保险。

公司为董事投保责任保险或者续保后,董事会应当向股东会报告责任保险的投保金额、承保范围及保险费率等内容。

理解适用

[董事责任保险]

董事责任保险,是指当公司董事在履职的过程中,因为不当行为而导致

第三人遭受经济损失,被追究责任时,由保险公司代替董事进行赔偿的保险。

条文参见

《上市公司独立董事管理办法》第 40 条

第九章 公 司 债 券

第一百九十四条 【公司债券】

本法所称公司债券,是指公司发行的约定按期还本付息的有价证券。

公司债券可以公开发行,也可以非公开发行。

公司债券的发行和交易应当符合《中华人民共和国证券法》等法律、行政法规的规定。

理解适用

公司债券属于有价证券的一种,公司债券也是一种要式证券,必须依法记载一定的事项。公司债券具有流通性,依法可以转让。公司债券具有可回赎性。不同于公司股票,公司债券可以约定期限,到期后公司应当对债券持有人还本付息。公司债券的持有人不是公司股东,而是公司债权人。按发行方式划分,公司债券可以分为公募公司债券和私募公司债券。公募公司债券,是指按法定程序经国家的监督管理机构注册公开向社会投资者发行的公司债券。私募公司债券,是指以特定的少数特定投资者为对象发行的公司债券。

条文参见

《证券法》第 15~17 条;《公司债券发行与交易管理办法》第 2 条、第 3 条、第 34 条;《上市公司向特定对象发行可转换公司债券购买资产规则》

第一百九十五条 【公司债券募集办法的公告及应载明事项】

公开发行公司债券,应当经国务院证券监督管理机构注册,公告公司债券募集办法。

公司债券募集办法应当载明下列主要事项：
(一)公司名称；
(二)债券募集资金的用途；
(三)债券总额和债券的票面金额；
(四)债券利率的确定方式；
(五)还本付息的期限和方式；
(六)债券担保情况；
(七)债券的发行价格、发行的起止日期；
(八)公司净资产额；
(九)已发行的尚未到期的公司债券总额；
(十)公司债券的承销机构。

条文参见

《证券法》第9条第1款、第16条第1款；《公司债券发行与交易管理办法》第8条、第36条

第一百九十六条 【实物债券票面法定载明事项】

公司以纸面形式发行公司债券的，应当在债券上载明公司名称、债券票面金额、利率、偿还期限等事项，并由法定代表人签名，公司盖章。

理解适用

[债券票面金额]

债券票面金额，即债券的票面价值，既是发行人对债券持有人在债券到期后应偿还的本金数额，也是公司向债券持有人按期支付利息的计算依据。债券的票面金额与债券实际的发行价格并不一定是一致的，发行价格大于面值称为溢价发行，小于面值称为折价发行，等价发行称为平价发行。

第一百九十七条 【记名债券】

公司债券应当为记名债券。

理解适用

[记名债券]

记名债券,是指券面上记载有公司债券持有人的姓名或者名称的债券。如果债券持有人为自然人,则应当记载持有人的姓名。记名债券与公司债券持有人名册上记载的债券持有人应当一致。当记名债券和公司债券持有人名册上记载的债券持有人相同时,该持有人是该债券的合法权利人,可以依法享有和行使债权人的权利。如果债券持有人将该债券转让,应当依法变更记名债券上和公司债券持有人名册上的持有人姓名或名称、住所,否则该转让不发生对抗公司的效力。此外,记名债券灭失或损毁时,可以获得挂失、公示催告等法律救济。

第一百九十八条 【债券持有人名册的置备及应载明事项】

公司发行公司债券应当置备公司债券持有人名册。

发行公司债券的,应当在公司债券持有人名册上载明下列事项:

(一)债券持有人的姓名或者名称及住所;
(二)债券持有人取得债券的日期及债券的编号;
(三)债券总额,债券的票面金额、利率、还本付息的期限和方式;
(四)债券的发行日期。

第一百九十九条 【公司债券登记结算机构的制度要求】

公司债券的登记结算机构应当建立债券登记、存管、付息、兑付等相关制度。

条文参见

《证券法》第145~159条;《证券登记结算管理办法》第4条、第9条、第11条、第13条、第41条;《全国法院审理债券纠纷案件座谈会纪要》;《中国证券登记结算有限责任公司债券登记、托管与结算业务细则》

第二百条 【公司债券转让】

公司债券可以转让,转让价格由转让人与受让人约定。

公司债券的转让应当符合法律、行政法规的规定。

理解适用

公司债券的转让价格即公司债券的买卖的交易价格。公司债券转让的价格不同于公司债券的发行价格,公司债券的发行价格一般按事先确定的债券票面金额确定,公司债券发行以后的转让价格,则需要根据债券市场的需求情况由转让双方约定。

实用问答

非公开发行公司债券如何转让?

答:根据《公司债券发行与交易管理办法》第37条的规定,非公开发行公司债券,可以申请在证券交易场所、证券公司柜台转让。非公开发行公司债券并在证券交易场所转让的,应当遵守证券交易场所制定的业务规则,并经证券交易场所同意。非公开发行公司债券并在证券公司柜台转让的,应当符合中国证监会的相关规定。

条文参见

《证券法》第35~59条;《公司债券发行与交易管理办法》第31~38条

第二百零一条 【公司债券转让方式】

公司债券由债券持有人以背书方式或者法律、行政法规规定的其他方式转让;转让后由公司将受让人的姓名或者名称及住所记载于公司债券持有人名册。

理解适用

记名债券转让后,债券持有人就发生了变化,所以记名债券转让后还需要由公司将受让人的姓名或者名称及其住所记载于公司债券持有人名册。债券转让未在公司债券持有人名册记载的,其转让只在转让人与受让人之间产生效力,对公司无法律约束力。

条文参见

《公司债券发行与交易管理办法》第31~33条、第37条、第38条

第二百零二条 【可转换债券的发行及载明事项】

股份有限公司经股东会决议,或者经公司章程、股东会授权由董事会决议,可以发行可转换为股票的公司债券,并规定具体的转换办法。上市公司发行可转换为股票的公司债券,应当经国务院证券监督管理机构注册。

发行可转换为股票的公司债券,应当在债券上标明可转换公司债券字样,并在公司债券持有人名册上载明可转换公司债券的数额。

理解适用

[可转换债券]

可转换债券,是一种特殊的公司债券。其与普通的公司债券的区别是,普通的公司债券在约定的债券期限届满时,发行债券的公司必须兑现债券,向债权人还本付息,解除债务关系。可转换债券,债券持有人可以选择行使转换权,在一定期限内依据约定的条件将该债券转换为公司的股份;也可以选择不行使转换权,和普通债券一样,在约定的债券期限届满时要求公司还本付息。

条文参见

《证券法》第15条;《公司债券发行与交易管理办法》第11条;《可转换公司债券管理办法》

第二百零三条 【债券持有人对可转换债券享有选择权】

发行可转换为股票的公司债券的,公司应当按照其转换办法向债券持有人换发股票,但债券持有人对转换股票或者不转换股票有选择权。法律、行政法规另有规定的除外。

理解适用

公司发行可转换债券,即承担了按照约定条件向债券持有人换发股票的义务,而债券持有人则享有按照约定条件向公司要求将其持有的公司债券换发为股票的权利。可转换债券转换为股票应在债券持有人提出转换请求时进行并产生转换效力,可转换债券转换股票后,债券持有人丧失债权人的地位,成为公司股东。

另外,根据本条规定,债券持有人对转换股票或者不转换股票有选择权,即债券持有人可以根据自己的意愿选择处分自己的民事权利,公司不能强迫债券持有人将其持有的公司债券转换为股票。如果债券持有人在债券期限届满时不行使转换权,则可以要求公司按照公司债券募集办法的规定还本付息。但是,如果法律、行政法规对债券持有人转换股票或者不转换股票的选择权另有规定的,则按照法律、行政法规的规定执行。

条文参见

《可转换公司债券管理办法》第 8~11 条

第二百零四条 【债券持有人会议】

公开发行公司债券的,应当为同期债券持有人设立债券持有人会议,并在债券募集办法中对债券持有人会议的召集程序、会议规则和其他重要事项作出规定。债券持有人会议可以对与债券持有人有利害关系的事项作出决议。

除公司债券募集办法另有约定外,债券持有人会议决议对同期全体债券持有人发生效力。

理解适用

[债券持有人会议]

债券持有人会议,是由全体债券持有人组成,按照一定的规则和程序召开,为全体持有人的整体利益而集体行使权利的决议机构。发行人应当在债券募集办法中规定债券持有人会议的召集程序、会议规则和其他重要事项,如债券持有人会议行使权利的范围、召集、通知、主持、召开程序及适用情形、决策机制、决议通过比例等。债券持有人会议可以对与债券持有人有利害关系的事项作出决议。

条文参见

《证券法》第 92 条第 1 款;《公司债券发行与交易管理办法》第 62 条、第 63 条;《上市公司向特定对象发行可转换公司债券购买资产规则》第 15 条

第二百零五条 【债券受托管理人的聘请和管理职权】

公开发行公司债券的,发行人应当为债券持有人聘请债券受托管理人,由其为债券持有人办理受领清偿、债权保全、与债券相关的诉讼以及参与债务人破产程序等事项。

条文参见

《证券法》第 92 条第 2 款、第 3 款;《公司债券发行与交易管理办法》第 57~61 条;《全国法院审理债券纠纷案件座谈会纪要》

第二百零六条 【债券受托管理人义务、变更及损害赔偿责任】

债券受托管理人应当勤勉尽责,公正履行受托管理职责,不得损害债券持有人利益。

受托管理人与债券持有人存在利益冲突可能损害债券持有人利益的,债券持有人会议可以决议变更债券受托管理人。

债券受托管理人违反法律、行政法规或者债券持有人会议决议,损害债券持有人利益的,应当承担赔偿责任。

理解适用

债券受托管理人违反《公司法》《证券法》等有关法律、行政法规规定的义务,或者债券持有人会议的决议,导致债券持有人遭受损失的,应当依法承担民事赔偿责任。具体而言,债券受托管理人违反忠实义务的行为,包括如同时作为债券承销机构和受托管理人,为取得承销收益而故意隐瞒债券重要信息,导致债券持有人承担重大风险;或者在债券清偿、保全、诉讼等活动中仅为了部分债券持有人的利益,违反债券持有人会议的决议,导致其他债券持有人遭受损失,以及债券受托管理人违反勤勉义务的行为,如消极履行职责,在已经有充分迹象表明债务人发生重大风险时未能及时提醒债券持有人或召集债券持有人会议等。

条文参见

《公司债券受托管理人执业行为准则》

第十章 公司财务、会计

第二百零七条 【公司建立财务、会计制度的依据】

公司应当依照法律、行政法规和国务院财政部门的规定建立本公司的财务、会计制度。

理解适用

[公司财务制度]

公司财务制度,是指公司资金管理、成本费用的计算、营业收入的分配、货币的管理、公司的财务报告、公司的清算及公司纳税等方面的规程。

[公司会计制度]

公司会计制度,是指会计记账、会计核算等方面的规程,它是公司在生产经营过程中各种财务制度的具体反映。公司的财务制度是通过会计制度来实现的。公司应建立自己的财务、会计制度是公司立法中的一项重要的法律制度,是对公司的法定要求。

条文参见

《会计法》第2~8条;《企业财务会计报告条例》第2条、第17条;《会计基础工作规范》;《企业会计准则——基本准则》

第二百零八条 【财务会计报告编制要求】

公司应当在每一会计年度终了时编制财务会计报告,并依法经会计师事务所审计。

财务会计报告应当依照法律、行政法规和国务院财政部门的规定制作。

理解适用

[公司财务会计报告]

公司财务会计报告,是指公司对外提供的反映公司某一特定时期财务状况和某一会计期间经营成果、现金流量的文件。按照《企业财务会计报告条例》第6条、第7条中的规定,财务会计报告分为年度、半年度、季度和月度财务会计报告。年度、半年度财务会计报告应当包括会计报表、会计报表附注、财务情况说明书。

条文参见

《会计法》第9条;《企业财务会计报告条例》第16条、第20条;《公开发行证券的公司信息披露编报规则第15号——财务报告的一般规定(2023年修订)》

第二百零九条 【财务会计报告送交股东及公告】

有限责任公司应当按照公司章程规定的期限将财务会计报告送交各股东。

股份有限公司的财务会计报告应当在召开股东会年会的二十日前置备于本公司,供股东查阅;公开发行股份的股份有限公司应当公告其财务会计报告。

理解适用

按照本条规定,公开发行股份的股份有限公司应当公告其财务会计报告。由于涉及广大不特定的公众投资者的利益,公开发行股份的股份有限公司的财务状况理应为公众所知悉。因此,公开发行股份的股份有限公司不仅要将财务会计报告置备于本公司,而且还需将其财务会计报告予以公告,通过相关媒介尽可能地使广大股东和其他投资者能够查阅到公司的财务会计报告。《证券法》中有关信息披露的规定对此提出了具体要求,如明确上市公司、公司债券上市交易的公司、股票在国务院批准的其他全国性证券交易场所交易的公司,应当在每一会计年度结束之日起4个月内报送并公告年度报告;依法披露的信息,应当在证券交易场所的网站和符合国务院证券监督管理机构规定条件的媒体发布,同时将其置备于公司住所、证券交易场所,供社会公众查阅。此外,《证券法》还对未依法履行信息披露义务的行为规定了相应的行政处罚措施。

条文参见

《证券法》第79条;《企业财务会计报告条例》第32条、第35条

第二百一十条 【公司税后利润分配】

公司分配当年税后利润时,应当提取利润的百分之十列入公司法定公积金。公司法定公积金累计额为公司注册资本的百分之五十以上的,可以不再提取。

公司的法定公积金不足以弥补以前年度亏损的,在依照前款规定提取法定公积金之前,应当先用当年利润弥补亏损。

公司从税后利润中提取法定公积金后,经股东会决议,还可以从税后利润中提取任意公积金。

公司弥补亏损和提取公积金后所余税后利润,有限责任公司按照股东实缴的出资比例分配利润,全体股东约定不按照出资比例分配利润的除外;股份有限公司按照股东所持有的股份比例分配利润,公司章程另有规定的除外。

公司持有的本公司股份不得分配利润。

理解适用

[公司利润]

公司利润,是指公司在一定会计期间的生产经营成果,分为营业利润、投资收益和营业外收支净额。

[营业利润]

营业利润,是指核算期内营业收入减去营业成本和有关费用,再减去营业收入应负担的税收后的数额。

[投资收益]

投资收益,是指公司对外投资取得的利润、股利、利息等扣除发生的投资损失后的数额。

[营业外收支净额]

营业外收支净额,是指与公司生产经营活动无直接关系的各项收入减去各项支出后的数额,其中营业外收入主要包括固定资产盘盈、处理固定资产收益等;营业外支出主要包括固定资产盘亏、处理固定资产损失、各项滞纳金和罚款支出、非常损失、职工保险费用支出、法定补偿金等。

[公积金]

公积金又称储备金,是公司为了巩固自身的财产基础,提高公司的信用和预防意外亏损,依照法律和公司章程的规定,在公司资本以外积存的资金。

依据公积金提取的来源,分为盈余公积金和资本公积金;依据公积金的提取是否基于法律的强制性规定,分为法定公积金和任意公积金。法定公积金包括法定盈余公积金和法定资本公积金。

条文参见

《公司法解释四》第13～15条;《公司法解释五》第4条

案例指引

甘肃居立门业有限责任公司与庆阳市太一热力有限公司、李某军公司盈余分配纠纷案(《最高人民法院公报》2018年第8期)

裁判要旨:在公司盈余分配纠纷中,虽请求分配利润的股东未提交载明具体分配方案的股东会或股东大会决议,但当有证据证明公司有盈余且存在部分股东变相分配利润、隐瞒或转移公司利润等滥用股东权利情形的,诉讼中可强制盈余分配,且不以股权回购、代位诉讼等其他救济措施为前提。在确定盈余分配数额时,要严格公司举证责任以保护弱势小股东的利益,但还要注意优先保护公司外部关系中债权人、债务人等的利益,对于有争议的款项因涉及案外人实体权利而不应在公司盈余分配纠纷中作出认定和处理。有盈余分配决议的,在公司股东会或股东大会作出决议时,在公司与股东之间即形成债权债务关系,若未按照决议及时给付则应计付利息,而司法干预的强制盈余分配则不然,在盈余分配判决未生效之前,公司不负有法定给付义务,故不应计付利息。盈余分配义务的给付主体是公司,若公司的应分配资金因被部分股东变相分配利润、隐瞒或转移公司利润而不足以实现支付时,不仅直接损害了公司的利益,也损害到其他股东的利益,利益受损的股东可直接依据《公司法》的规定向滥用股东权利的公司股东主张赔偿责任,或向利用其关联关系损害公司利益的控股股东、实际控制人、董事、监事、高级管理人员主张赔偿责任,或向违反法律、行政法规或者公司章程的规定给公司造成损失的董事、监事、高级管理人员主张赔偿责任。

第二百一十一条 【违法分配利润的处理】

公司违反本法规定向股东分配利润的,股东应当将违反规定分配的利润退还公司;给公司造成损失的,股东及负有责任的董事、监事、高级管理人员应当承担赔偿责任。

第二百一十二条 【公司利润分配时间】

股东会作出分配利润的决议的,董事会应当在股东会决议作出之日起六个月内进行分配。

条文参见

《公司法解释五》第4条

第二百一十三条 【公司资本公积金构成】

公司以超过股票票面金额的发行价格发行股份所得的溢价款、发行无面额股所得股款未计入注册资本的金额以及国务院财政部门规定列入资本公积金的其他项目,应当列为公司资本公积金。

理解适用

依照本条规定,资本公积金的构成包括:第一,股票溢价款。公司以超过股票票面价格而发行股票时,其超过部分为股票溢价。这一部分不属于股票持有人所有,因为股票持有人的股票的价格为票面金额,其超过部分在股票上没有反映,按照本条规定,应将这一部分列入资本公积金。第二,本法第142条第3款规定,采用无面额股的,应当将发行股份所得股款的1/2以上计入注册资本。未计入注册资本的金额应当列为公司资本公积金。第三,国务院财政部门规定的其他项目,如按照财政部发布的《企业财务通则》第55条第2款规定,企业合并后,净资产超出注册资本的部分应列入资本公积金。资本公积金的增加同样会增加所有者权益,股东同样获得权益的增加。

条文参见

《企业财务通则》第17条、第20条、第55条

第二百一十四条 【公积金用途】

公司的公积金用于弥补公司的亏损、扩大公司生产经营或者转为增加公司注册资本。

公积金弥补公司亏损,应当先使用任意公积金和法定公积金;仍不

能弥补的,可以按照规定使用资本公积金。

法定公积金转为增加注册资本时,所留存的该项公积金不得少于转增前公司注册资本的百分之二十五。

理解适用

公积金的用途可归纳为弥补亏损、扩大经营或转增资本三个方面。本条第2款、第3款对上述用途作了必要的限制:一是不同类型的公积金在用于弥补亏损时应有使用次序;二是法定公积金转增资本应按比例留存。

条文参见

《企业财务通则》第8条、第32条

第二百一十五条 【公司聘用、解聘会计师事务所】

公司聘用、解聘承办公司审计业务的会计师事务所,按照公司章程的规定,由股东会、董事会或者监事会决定。

公司股东会、董事会或者监事会就解聘会计师事务所进行表决时,应当允许会计师事务所陈述意见。

理解适用

依照本条规定,公司聘用、解聘承办公司审计业务的会计师事务所,可以由股东会、董事会、监事会作出决定。为明确此项决定权具体由哪个机构行使,公司应当在章程中对此作出规定。

本条规定只适用于承办公司审计业务,即接受公司委托,对公司财务会计报告进行独立审计,出具审计意见的会计师事务所,不适用于仅为公司提供会计咨询业务的会计师事务所。

第二百一十六条 【公司对会计师事务所的诚实义务】

公司应当向聘用的会计师事务所提供真实、完整的会计凭证、会计账簿、财务会计报告及其他会计资料,不得拒绝、隐匿、谎报。

条文参见

《会计法》第3条、第33条、第38条、第41条、第42条

第二百一十七条 【会计账簿和开立账户的禁止性规定】

公司除法定的会计账簿外,不得另立会计账簿。

对公司资金,不得以任何个人名义开立账户存储。

条文参见

《商业银行法》第48条、第79条

第十一章 公司合并、分立、增资、减资

第二百一十八条 【公司合并形式】

公司合并可以采取吸收合并或者新设合并。

一个公司吸收其他公司为吸收合并,被吸收的公司解散。两个以上公司合并设立一个新的公司为新设合并,合并各方解散。

理解适用

根据本条的规定,公司合并可以采取两种方式,即吸收合并或者新设合并。吸收合并是指一个公司吸收其他公司,被吸收的公司解散。参与合并的公司中只有一个公司存续,其余的公司解散注销,存续的公司获得解散的公司的全部财产并承担其全部债务。新设合并是指两个以上的公司合并为一个新的公司,参与合并的公司全部解散注销,新设公司获得解散公司的全部财产,并承担解散公司的全部债务。新设合并是一种新公司设立的特别程序。

公司合并完成后,可能会产生以下法律效果:第一,公司消灭。公司合并必然导致一个或者一个以上的公司解散、注销。在吸收合并中,被吸收的公司解散、注销;在新设合并中,参与合并的公司全部解散、注销。第二,公司变更。在吸收合并中,存续的公司发生变更,如股东和资产发生变动。第三,公司设立。新设合并中,新公司因合并而设立。第四,股东发生变更。合并各

方的股东要么丧失股东身份,要么成为另一公司的股东。第五,债权、债务由合并后存续的公司或者新设的公司承继。

条文参见

《民法典》第67条

第二百一十九条 【公司合并无须股东会决议的情形】

公司与其持股百分之九十以上的公司合并,被合并的公司不需经股东会决议,但应当通知其他股东,其他股东有权请求公司按照合理的价格收购其股权或者股份。

公司合并支付的价款不超过本公司净资产百分之十的,可以不经股东会决议;但是,公司章程另有规定的除外。

公司依照前两款规定合并不经股东会决议的,应当经董事会决议。

理解适用

本条第1款规定了简易合并。简易合并,是指当一个母公司对一个子公司的持股份额超过90%时,可以不需经过母公司和子公司的股东会决议,母公司就可以直接把该子公司合并的形式。简易合并虽然可以不经股东会决议,但应当经母公司和子公司董事会决议,并通知子公司其他股东,其他股东有权请求公司按照合理的价格收购其股权或者股份。

本条第2款规定了小规模合并。小规模合并是指被合并的公司规模很小,合并公司支付的价款不超过本公司净资产10%的合并形式。小规模合并一般适用于合并的公司之间规模不对称,合并存续的公司规模很大,被兼并的公司规模很小的情况。

第二百二十条 【公司合并程序和债权人异议权】

公司合并,应当由合并各方签订合并协议,并编制资产负债表及财产清单。公司应当自作出合并决议之日起十日内通知债权人,并于三十日内在报纸上或者国家企业信用信息公示系统公告。债权人自接到通知之日起三十日内,未接到通知的自公告之日起四十五日内,可以要求公司清偿债务或者提供相应的担保。

理解适用

[公司合并协议]

公司合并协议，是指由两个或者两个以上的公司就公司合并的有关事项订立的书面协议。协议的内容应当载明法律、行政法规规定的事项和双方当事人约定的事项，一般来说，应当包括以下内容：(1)公司的名称与住所。(2)存续或者新设公司因合并而发行的股份总数、种类和数量或者投资总额以及每个出资人所占投资总额的比例等。(3)合并各方现有的资本及对现有资本的处理方法。(4)合并各方所有的债权、债务的处理方法。(5)存续公司的公司章程是否变更、公司章程变更后的内容、新设公司的章程如何制定及其主要内容。(6)公司合并各方认为应当载明的其他事项。

[资产负债表]

资产负债表是反映公司资产及负债状况、股东权益的主要的公司会计报表。资产负债表是合并中必须编制的报表，合并各方应当真实、全面地编制此表，以反映公司的财产情况，解散的公司不得隐瞒公司的债权债务。公司还要编制财产清单，清晰地反映公司的财产状况，财产清单应当翔实、准确。

[合并登记]

合并登记，分为解散登记和变更登记。公司合并以后，解散的公司应当到公司登记机关办理注销登记手续；存续的公司应当到公司登记机关办理变更登记手续；新成立的公司应当到公司登记机关办理设立登记手续。公司合并只有在进行登记后，才能得到法律上的承认。

第二百二十一条 【公司合并时各方的债权、债务承继】

公司合并时，合并各方的债权、债务，应当由合并后存续的公司或者新设的公司承继。

理解适用

债权、债务的承继是指合并后存续的公司或者新设立的公司，必须无条件地接受合并前各公司的债权与债务。不管公司的合并是两个公司合并为一个新公司，还是将一个公司并入另一个公司，至少有一个公司法人人格消灭，且存续的或者新设立的公司也与以前的公司不同，但只要原负有债务、享有债权的公司被合并，其所负的债务和享有的债权就应当由合并后存续的公司或者新设立的公司承继。

条文参见

《民法典》第67条

第二百二十二条 【公司分立时财产分割和分立程序】

公司分立,其财产作相应的分割。

公司分立,应当编制资产负债表及财产清单。公司应当自作出分立决议之日起十日内通知债权人,并于三十日内在报纸上或者国家企业信用信息公示系统公告。

理解适用

公司分立有新设分立和派生分立两种形式:

1. 新设分立,又称解散分立,是指一个公司将其全部财产分割,解散原公司,并分别归入两个或两个以上新公司的法律行为。在新设分立中,对原公司的财产和债权债务进行重新分配组合。同时原公司解散,办理公司登记注销手续,其财产和债权债务由新设立的公司分别承受并承担连带清偿责任。新设分立,是以原有公司的法人资格消灭为前提,成立新公司。新公司应当办理公司设立登记手续。

2. 派生分立,又称存续分立,是指公司以其部分财产另设一个或数个新的公司法律行为。原来的公司应当进行变更登记;分出去成立新公司的部分要进行设立登记。公司分立前的债务由分立后的公司承担连带责任;公司分立前的债权由分立后的公司按约定享有;公司在分立前与债权人就债务清偿达成书面协议,协议另有约定的,按约定处理。

条文参见

《民法典》第69条

第二百二十三条 【公司分立前的债务承担】

公司分立前的债务由分立后的公司承担连带责任。但是,公司在分立前与债权人就债务清偿达成的书面协议另有约定的除外。

理解适用

依照本条规定,公司分立前债务的承担方式有以下两种:(1)有约定的,按约定。债权人与公司就公司分立前的债务清偿达成协议的,按协议的约定处理。《公司法》允许债权人与公司就公司分立前的债务承担进行约定,若达成书面协议的,则应当按照协议的约定履行。公司分立的债务承担原则,充分体现了当事人意思自治原则。(2)没约定的,按法定。债权人与公司未能就公司分立前的债务清偿达成协议的,分立后的公司对公司分立前的债务承担连带责任。

条文参见

《民法典》第67条;《最高人民法院关于审理与企业改制相关的民事纠纷案件若干问题的规定》第12条、第13条

第二百二十四条 【普通减资程序】

公司减少注册资本,应当编制资产负债表及财产清单。

公司应当自股东会作出减少注册资本决议之日起十日内通知债权人,并于三十日内在报纸上或者国家企业信用信息公示系统公告。债权人自接到通知之日起三十日内,未接到通知的自公告之日起四十五日内,有权要求公司清偿债务或者提供相应的担保。

公司减少注册资本,应当按照股东出资或者持有股份的比例相应减少出资额或者股份,法律另有规定、有限责任公司全体股东另有约定或者股份有限公司章程另有规定的除外。

理解适用

公司减少注册资本,是指公司依法对注册资本通过一定的程序进行削减的法律行为,简称减资。减资依公司净资产流出与否,分为实质性减资和形式性减资。实质性减资,是指公司减少注册资本的同时,将一定金额返还给股东,从而也减少了净资产的减资形式。公司运营过程中可能存在预定资本过多的情况,从而造成资本过剩。允许公司减少注册资本,投资者就有机会将有限的资源转入生产更多利润的领域,从而能够避免资源的浪费。形式性减资,是指只减少注册资本额,注销部分出资或者股份,不将公司净资产流出的减资形式,这种减资形式不产生资金的流动,旨在使公司的注册资本与净

资产的水准接近。

条文参见

《公司法解释三》第 14 条;《市场主体登记管理条例实施细则》第 36 条

第二百二十五条 【简易减资程序】

公司依照本法第二百一十四条第二款的规定弥补亏损后,仍有亏损的,可以减少注册资本弥补亏损。减少注册资本弥补亏损的,公司不得向股东分配,也不得免除股东缴纳出资或者股款的义务。

依照前款规定减少注册资本的,不适用前条第二款的规定,但应当自股东会作出减少注册资本决议之日起三十日内在报纸上或者国家企业信用信息公示系统公告。

公司依照前两款的规定减少注册资本后,在法定公积金和任意公积金累计额达到公司注册资本百分之五十前,不得分配利润。

理解适用

减少注册资本弥补亏损,根据《企业会计准则——基本准则》第 26~29 条的规定,资产负债表所有者权益项下体现的是实收资本,而非认缴资本,认缴而未实缴的部分不能纳入资产负债表中。因此,减少注册资本减少的是股东已经实际缴纳的资本。形式减资既不能向股东分配,也不免除股东的出资义务,也即本条规定的减资不会导致公司的资本流向股东。

第二百二十六条 【违法减少注册资本的法律责任】

违反本法规定减少注册资本的,股东应当退还其收到的资金,减免股东出资的应当恢复原状;给公司造成损失的,股东及负有责任的董事、监事、高级管理人员应当承担赔偿责任。

理解适用

本条从以下两个方面追究违法减资的民事责任:(1)不符合程序的减资,减损了公司的财产,股东非法获益,因此,股东应当退还其收到的资金。如果存在减免股东出资的情形,还应当恢复原状,使公司的注册资本恢复至减资前的状态。(2)违反法定程序的减资,如果给公司造成损失的,股东及负有责任的董事、监事、高级管理人员应当承担赔偿责任。这里的"赔偿责任"在本质上是一种侵权责任,因此,在追究股东、董事、监事及高级管理人员的责任时,应符合侵权责任的构成要件。

条文参见

《民法典》第1165条;《公司法解释三》第12条、第14条

案例指引

上海德力西集团有限公司与江苏博恩世通高科有限公司、冯某、上海博恩世通光电股份有限公司买卖合同纠纷案(《最高人民法院公报》2017年第11期)

裁判要旨:1. 公司减资时对已知或应知的债权人应履行通知义务,不能在未先行通知的情况下直接以登报公告形式代替通知义务。

2. 公司减资时未依法履行通知已知或应知的债权人的义务,公司股东不能证明其在减资过程中对怠于通知的行为无过错的,当公司减资后不能偿付减资前的债务时,公司股东应就该债务对债权人承担补充赔偿责任。

第二百二十七条 【股东优先认购权】

有限责任公司增加注册资本时,股东在同等条件下有权优先按照实缴的出资比例认缴出资。但是,全体股东约定不按照出资比例优先认缴出资的除外。

股份有限公司为增加注册资本发行新股时,股东不享有优先认购权,公司章程另有规定或者股东会决议决定股东享有优先认购权的除外。

条文参见

《市场主体登记管理条例实施细则》第36条

案例指引

绵阳市红日实业有限公司、蒋某诉绵阳高新区科创实业有限公司股东会决议效力及公司增资纠纷案(《最高人民法院公报》2011年第3期)

裁判要旨:1. 在民商事法律关系中,公司作为行为主体实施法律行为的

过程可以划分为两个层次:一是公司内部的意思形成阶段,通常表现为股东会或董事会决议;二是公司对外作出意思表示的阶段,通常表现为公司对外签订的合同。出于保护善意第三人和维护交易安全的考虑,在公司内部意思形成过程存在瑕疵的情况下,只要对外的表示行为不存在无效的情形,公司就应受其表示行为的制约。

2. 根据《公司法》的规定,公司新增资本时,股东有权优先按照实缴的出资比例认缴出资。从权利性质上来看,股东对于新增资本的优先认缴权应属形成权。现行法律并未明确规定该项权利的行使期限,但从维护交易安全和稳定经济秩序的角度出发,结合商事行为的规则和特点,人民法院在处理相关案件时应限定该项权利行使的合理期间,对于超出合理期间行使优先认缴权的主张不予支持。

第二百二十八条 【公司增加注册资本】

有限责任公司增加注册资本时,股东认缴新增资本的出资,依照本法设立有限责任公司缴纳出资的有关规定执行。

股份有限公司为增加注册资本发行新股时,股东认购新股,依照本法设立股份有限公司缴纳股款的有关规定执行。

理解适用

公司增加注册资本是指公司经过公司的股东会进行决议后使公司的注册资本在原来的基础上予以扩大的法律行为。公司增加注册资本主要有两种途径:(1)吸收外来新资本,包括增加新股东或股东追加投资;(2)用公积金增加资本或利润转增资本。

条文参见

《市场主体登记管理条例实施细则》第 36 条

案例指引

孙某荣与杨某香、廊坊愉景房地产开发有限公司公司增资纠纷案(《最高人民法院公报》2017 年第 8 期)

裁判要旨:收条作为当事人之间收付款的书证、直接证据,对证明当事人之间收付款的事实具有一定的证明效力,但如果收条记载的内容与当事人之间实际收付款的时间、金额存在不一致的情形,仅凭收条不足以充分证明实际收付款情况,人民法院还应结合汇款单、票据等资金结算凭证,对收条中记载的资金是否实际收付加以综合判断认定。

股权转让属于股权的继受取得,增资入股则是股权的原始取得。当事人之间协议将取得股权的方式由股权转让变更为增资入股后,原股权转让合同即被其后签订的增资入股合同所更替而终止。根据定金合同的从属特征,作为原股权转让合同从合同的定金合同亦相应消灭,定金罚则不应再适用。

第十二章　公司解散和清算

第二百二十九条　【公司解散原因及事由公示】

公司因下列原因解散:
(一)公司章程规定的营业期限届满或者公司章程规定的其他解散事由出现;
(二)股东会决议解散;
(三)因公司合并或者分立需要解散;
(四)依法被吊销营业执照、责令关闭或者被撤销;
(五)人民法院依照本法第二百三十一条的规定予以解散。
公司出现前款规定的解散事由,应当在十日内将解散事由通过国家企业信用信息公示系统予以公示。

实用问答

吊销营业执照与注销营业执照的区别是什么?

答:吊销企业法人营业执照,是市场监督管理部门依照国家工商行政管理法规对违法的企业法人作出的一种行政处罚。企业法人在被吊销营业执照后未注销登记前,虽然丧失了经营资格,但其法人资格仍然存续。注销营业执照,依据《公司法》第37条的规定,公司因解散需要终止的,应当依法向公司登记机关申请注销登记,由公司登记机关公告公司终止。注销营业执照后公司的法人主体资格消灭,不能从事任何民事活动和诉讼活动。

条文参见

《民法典》第69条;《公司法解释二》第1条

第二百三十条 【使公司存续的表决规则】

公司有前条第一款第一项、第二项情形,且尚未向股东分配财产的,可以通过修改公司章程或者经股东会决议而存续。

依照前款规定修改公司章程或者经股东会决议,有限责任公司须经持有三分之二以上表决权的股东通过,股份有限公司须经出席股东会会议的股东所持表决权的三分之二以上通过。

第二百三十一条 【强制解散】

公司经营管理发生严重困难,继续存续会使股东利益受到重大损失,通过其他途径不能解决的,持有公司百分之十以上表决权的股东,可以请求人民法院解散公司。

理解适用

强制解散公司,又称司法解散,是指在公司经营管理发生严重困难,继续存续会使股东利益受到重大损失,通过其他途径不能解决的情况下,人民法院可以基于公司股东的诉讼请求解散公司。

根据本条规定,公司强制解散应符合以下三个要件:(1)公司经营管理发生严重困难;(2)公司继续存续会使股东利益受到重大损失;(3)通过其他途径不能解决。

本条规定中"通过其他途径",即通过其他非诉讼途径解决公司僵局,在公司实务中,关于以非诉讼方式解决公司僵局的方法,包括但不限于以下方式:(1)可以采用调解的方式化解纠纷主体之间的矛盾。(2)可以采取争议主体一方退出公司的方式。如股东一方通过转让股权的方式退出公司。关于矛盾的解决主体,既可以是争议方,也可以是争议方之外的相关第三方,如相关股东、实际控制人、行业协会、相关行政管理部门等第三方介入解决。

条文参见

《公司法解释二》第1~6条、第24条;《公司法解释五》第5条;《关于审理公司强制清算案件工作座谈会纪要》

案例指引

1. 林某清诉常熟市凯莱实业有限公司、戴某明公司解散纠纷案(最高人民法院指导案例8号)

裁判要旨:《公司法》将"公司经营管理发生严重困难"作为股东提起解散公司之诉的条件之一。判断公司经营管理是否发生严重困难,应从公司组织机构的运行状态进行综合分析。公司虽处于盈利状态,但其股东会机制长期失灵,内部管理有严重障碍,已陷入僵局状态,可以认定为公司经营管理发生严重困难。对于符合《公司法》及相关司法解释规定的其他条件的,人民法院可以依法判决公司解散。

2. 吉林省金融控股集团股份有限公司与吉林省金融资产管理有限公司、宏运集团有限公司公司解散纠纷案(《最高人民法院公报》2021年第1期)

裁判要旨:大股东利用优势地位单方决策,擅自将公司资金出借给其关联公司,损害小股东权益,致使股东矛盾激化,公司经营管理出现严重困难,经营目的无法实现,且通过其他途径已无法解决,小股东诉请解散公司的,人民法院应予支持。

第二百三十二条 【清算义务人及其责任】

公司因本法第二百二十九条第一款第一项、第二项、第四项、第五项规定而解散的,应当清算。董事为公司清算义务人,应当在解散事由出现之日起十五日内组成清算组进行清算。

清算组由董事组成,但是公司章程另有规定或者股东会决议另选他人的除外。

清算义务人未及时履行清算义务,给公司或者债权人造成损失的,应当承担赔偿责任。

条文参见

《民法典》第70条;《公司法解释二》第18条、第19条

案例指引

仕丰科技有限公司与富钧新型复合材料(太仓)有限公司、第三人永利集团有限公司解散纠纷案(《最高人民法院公报》2014年第2期)

裁判要旨:1.公司能否解散取决于公司是否存在僵局且符合《公司法》规定的实质条件,而不取决于公司僵局产生的原因和责任。即使一方股东对公司僵局的产生具有过错,其仍然有权提起公司解散之诉,过错方起诉不应等同于恶意诉讼。

2.公司僵局并不必然导致公司解散,司法应审慎介入公司事务,凡有其他途径能够维持公司存续的,不应轻易解散公司。当公司陷入持续性僵局,穷尽其他途径仍无法化解,且公司不具备继续经营条件,继续存续将使股东利益受到重大损失的,法院可以依据《公司法》的相关规定判决解散公司。

第二百三十三条 【向法院申请指定清算组】

公司依照前条第一款的规定应当清算,逾期不成立清算组进行清算或者成立清算组后不清算的,利害关系人可以申请人民法院指定有关人员组成清算组进行清算。人民法院应当受理该申请,并及时组织清算组进行清算。

公司因本法第二百二十九条第一款第四项的规定而解散的,作出吊销营业执照、责令关闭或者撤销决定的部门或者公司登记机关,可以申请人民法院指定有关人员组成清算组进行清算。

条文参见

《民法典》第70条;《公司法解释二》第7条;《关于审理公司强制清算案件工作座谈会纪要》

第二百三十四条 【清算组的职权】

清算组在清算期间行使下列职权:

(一)清理公司财产,分别编制资产负债表和财产清单;

> (二)通知、公告债权人;
> (三)处理与清算有关的公司未了结的业务;
> (四)清缴所欠税款以及清算过程中产生的税款;
> (五)清理债权、债务;
> (六)分配公司清偿债务后的剩余财产;
> (七)代表公司参与民事诉讼活动。

理解适用

清算组,是指公司解散后执行清算事务并代表公司行使职权的执行机构,负责公司清算期间的一切事宜。清算组在清算程序中,对内执行清算业务,对外代表公司。清算组成立后,应当全面接管公司,公司原法定代表人及经营管理人员包括董事、经理、财务负责人等应当暂停原来工作,全面移交公司管理权,并配合清算组的工作。

根据本条规定,清算组在公司清算期间行使下列职权:

(1)清理公司财产,分别编制资产负债表和财产清单。依据清算的目的,清算组有义务全面清理公司的全部财产,并列出财产清单,同时编制公司的资产负债表,以明晰公司的负债情况。公司的全部财产,包括固定资产、流动资产等现有的自有资产。清算组履行该职责的目的是确定债务人的财产数额,防止偿债资产流失。

(2)通知、公告债权人。公司解散,涉及公司债权人债权保护问题。因此,清算组应对公司债权进行清理,依法通知、公告公司债权人公司解散清算事宜,并依法申报债权。

(3)处理与清算有关的公司未了结的业务。关于该职责的理解,应注意两点:一是该事务为公司未了结的业务。该业务应为公司解散前已经开始、公司解散进入清算程序时尚未了结的业务。二是该事务为与清算有关的事务。例如,公司解散进入清算程序时,可能存在公司解散前已经订立、尚在履行中的合同,清算组需要决定公司继续履行或者终止履行。清算组无权进行与清算无关的新的业务活动。

(4)清缴所欠税款以及清算过程中产生的税款。清算组在清算过程中应当对公司的纳税事宜进行清查,对公司欠缴税款或者在清算过程中产生的税款,有义务报请税务机关审核查实,并以清算公司的清算财产缴纳。

(5)清理债权、债务。清算组应清理公司解散清算前及为清算的目的产生的各项债权、债务关系。应查明公司对外债权并依法进行主张,并经债权人的申报和自身查核,清理公司对外债务。清理债权、债务必须依法进行,不能损害公司和公司债权人的利益。

(6)分配公司清偿债务后的剩余财产。公司在支付清算费用、职工工资、劳动保险费用、法定补偿金,清缴税款,清偿所欠债务后剩余的财产属于股东权益,清算组应依法进行分配。

(7)代表公司参与民事诉讼活动。公司清算未注销前,法人资格和民事诉讼主体资格仍然存在,有关公司的民事诉讼,应当以公司的名义进行。公司清算组成立后,有关公司的民事诉讼,不再由公司法定代表人代表公司参加诉讼,而是由清算组负责人代表公司参加诉讼。公司已解散但尚未成立清算组的,由原法定代表人代表公司参加诉讼。

条文参见

《民法典》第71条、第72条;《公司法解释二》第22条

第二百三十五条 【清算期间的债权申报】

清算组应当自成立之日起十日内通知债权人,并于六十日内在报纸上或者国家企业信用信息公示系统公告。债权人应当自接到通知之日起三十日内,未接到通知的自公告之日起四十五日内,向清算组申报其债权。

债权人申报债权,应当说明债权的有关事项,并提供证明材料。清算组应当对债权进行登记。

在申报债权期间,清算组不得对债权人进行清偿。

条文参见

《公司法解释二》第11条、第13条;《市场主体登记管理条例》第32条

第二百三十六条 【制订清算方案及处分公司财产】

清算组在清理公司财产、编制资产负债表和财产清单后,应当制订清算方案,并报股东会或者人民法院确认。

公司财产在分别支付清算费用、职工的工资、社会保险费用和法定

补偿金,缴纳所欠税款,清偿公司债务后的剩余财产,有限责任公司按照股东的出资比例分配,股份有限公司按照股东持有的股份比例分配。

清算期间,公司存续,但不得开展与清算无关的经营活动。公司财产在未依照前款规定清偿前,不得分配给股东。

理解适用

[清算方案]

清算方案,是指清算组据以处理公司清算事务,了结公司债权、债务的法定文件。清算组必须在清理公司财产、编制公司的资产负债表和财产清单后,根据债权人债权申报情况,制订公司的清算方案。清算方案的主要内容包括:(1)清算事由和法律依据;(2)清算组的组成;(3)清算组的工作情况;(4)清算基准日的财产清单和资产负债表;(5)审计、评估情况;(6)债权申报和债权确认情况;(7)清算组参加诉讼的情况和未完结的事项;(8)财产处置变现方案;(9)债务处理办法;(10)债权清偿顺序和剩余财产分配办法;(11)清算费用;(12)清算结论,等等。为防止造成损失,清算组应严格遵守有关公司解散、清算的法律规定,及时制订清算方案,并报股东会或者人民法院确认后执行。未经股东会或者人民法院确认的清算方案不得执行。

关于清算组处分公司财产的清算原则,主要有以下内容:第一,顺序清偿的原则。公司财产的支付应按照支付清算费用、职工工资、社会保险费用和法定补偿金,缴纳所欠税款;清偿公司债务,分配剩余财产的顺序进行清偿。第二,先债权后股权的原则。即清算组必须在清偿公司全部债务后再向股东分配公司的剩余财产。第三,风险收益统一的原则。即清算组在处分公司剩余财产时必须按照股东的出资比例或者持股比例进行分配,不得违反风险与收益统一的原则处分公司的剩余财产。

条文参见

《民法典》第71条、第72条

第二百三十七条 【解散清算转化为破产清算的情形】

清算组在清理公司财产、编制资产负债表和财产清单后,发现公司财产不足清偿债务的,应当依法向人民法院申请破产清算。

> 人民法院受理破产申请后,清算组应当将清算事务移交给人民法院指定的破产管理人。

条文参见

《企业破产法》第2条;《全国法院民商事审判工作会议纪要》第117条;《关于审理公司强制清算案件工作座谈会纪要》;《关于切实审理好上市公司破产重整案件工作座谈会纪要》

第二百三十八条 【清算组成员的义务和责任】

> 清算组成员履行清算职责,负有忠实义务和勤勉义务。
> 清算组成员怠于履行清算职责,给公司造成损失的,应当承担赔偿责任;因故意或者重大过失给债权人造成损失的,应当承担赔偿责任。

理解适用

勤勉义务要求清算组成员执行职务应当为公司的最大利益尽到通常应有的合理注意。审判实务中,判断清算组成员是否尽到勤勉义务的标准一般采用一般勤勉义务标准,即要求清算组成员应具备职责所需技能,并基于善意为公司最大利益,尽到普通谨慎的同行在同类公司、同类职务、同类相关情形中所应具有的合理注意,恪尽职守,勤勉尽责。具体可从以下三点进行认定:

(1)是否基于善意为公司最大利益目的履行职责。应当注意的是,这里的"公司利益最大化"应遵循正当目的原则。

(2)是否尽到"通常应有的合理注意"。例如,在处理公司未完成的交易时,未尽合理审查义务,导致公司未能依据合同的约定获得违约金等就属于未尽到通常应有的合理注意义务。

(3)是否勤勉尽责。勤勉尽责,是指应依法尽到其职责所要求的努力和勤奋。

本条中的"怠于履行清算职责",是指清算组成员有能力履行清算职责,但不履行或者不积极履行。在审判实务中,存在清算组成员在其职责范围内积极履行清算职责,但因其他原因导致其未能完成清算职责的情形,则不能认定其怠于履行清算职责。如公司实际控制人拒不交付公司主要财产、账册、文件、拒绝清算导致公司无法依法进行正常清算等。

条文参见

《民法典》第70条;《公司法解释二》第23条

第二百三十九条 【清算报告和注销公司登记】

公司清算结束后,清算组应当制作清算报告,报股东会或者人民法院确认,并报送公司登记机关,申请注销公司登记。

理解适用

公司终止法人资格,需要经过解散、清算和注销登记三个程序。本条是关于公司终止的最后一个程序即公司注销程序的规定。清算组执行完毕清算方案,应当制作清算报告,整理清算期间收支报表及财务账簿。清算报告报股东会或人民法院确认后生效。公司清算结束,并不意味着公司法人资格的消灭,清算组还应当自清算结束后向公司登记机关申请注销登记。公司申请注销登记前,应当依法办理分公司注销登记。

实用问答

申请注销公司登记,应当提交哪些材料?

答:根据《市场主体登记管理条例实施细则》第46条、第47条的规定,申请办理注销登记,应当提交下列材料:(1)申请书;(2)依法作出解散、注销的决议或者决定,或者被行政机关吊销营业执照、责令关闭、撤销的文件;(3)清算报告、负责清理债权债务的文件或者清理债务完结的证明;(4)税务部门出具的清税证明。除上述规定外,人民法院指定清算人、破产管理人进行清算的,应当提交人民法院指定证明;合伙企业分支机构申请注销登记,还应当提交全体合伙人签署的注销分支机构决定书。个体工商户申请注销登记的,无需提交第(2)项、第(3)项材料;因合并、分立而申请市场主体注销登记的,无需提交第(3)项材料。另外,申请办理简易注销登记,应当提交申请书和全体投资人承诺书。

条文参见

《市场主体登记管理条例》第40条、第44条;《市场主体登记管理条例实施细则》第44~47条;《公司法解释二》第20条、第21条;《关于审理公司强制清算案件工作座谈会纪要》;《企业注销指引》

第二百四十条 【公司简易注销】

公司在存续期间未产生债务，或者已清偿全部债务的，经全体股东承诺，可以按照规定通过简易程序注销公司登记。

通过简易程序注销公司登记，应当通过国家企业信用信息公示系统予以公告，公告期限不少于二十日。公告期限届满后，未有异议的，公司可以在二十日内向公司登记机关申请注销公司登记。

公司通过简易程序注销公司登记，股东对本条第一款规定的内容承诺不实的，应当对注销登记前的债务承担连带责任。

条文参见

《市场主体登记管理条例》第33条；《企业注销指引》

第二百四十一条 【因被吊销营业执照、责令关闭或者被撤销、注销登记】

公司被吊销营业执照、责令关闭或者被撤销，满三年未向公司登记机关申请注销公司登记的，公司登记机关可以通过国家企业信用信息公示系统予以公告，公告期限不少于六十日。公告期限届满后，未有异议的，公司登记机关可以注销公司登记。

依照前款规定注销公司登记的，原公司股东、清算义务人的责任不受影响。

理解适用

本条需要注意理解"原公司股东、清算义务人的责任不受影响"。公司被强制注销后，如果公司实际上存在未了结的债权债务，债权人提起诉讼，公司股东按照本法规定在其出资范围内应当承担的与出资相关的责任都不受影响。如果公司股东还符合本法第23条法人人格否认条件，还应对公司债务承担连带责任。按照本法第232条之规定，董事为公司清算义务人，应当在解散事由出现之日起15日内组成清算组进行清算。清算义务人未及时履行清算义务，给公司或者债权人造成损失的，应当承担赔偿责任。上述责任并不因公司被强制注销而免除。

第二百四十二条　【破产清算的法律依据】

公司被依法宣告破产的,依照有关企业破产的法律实施破产清算。

条文参见

《民法典》第73条

第十三章　外国公司的分支机构

第二百四十三条　【外国公司】

本法所称外国公司,是指依照外国法律在中华人民共和国境外设立的公司。

理解适用

本条中的"外国公司"是相对于本国公司而言的,按照本条规定,外国公司是依照外国法律在中国境外设立的公司,即依照所在国的法律取得所在国公司法人资格的公司。外国公司的分支机构,是指外国公司依照我国《公司法》在我国境内设立的分支机构,虽然该分支机构是依据中国法律在中国境内设立的,但由于其隶属于某一外国公司,因此该分支机构与设立该分支机构的外国公司具有相同国籍,不具有中国法人资格。我国《公司法》对外国公司的分支机构作出规定,目的是对外国公司在本国的经营活动进行规范,而不是为了规范外国公司本身。除分支机构外,一些外国公司在我国境内设立了常驻代表机构。虽然外国公司的常驻代表机构同样是由外国公司设立,也不具有中国的法人资格,但该常驻代表机构并不是本法所称的外国公司的分支机构。两者的主要区别在于,外国公司的分支机构可以从事经营性活动,而外国公司的常驻代表机构从事的是与该外国企业业务有关的非营利性活动。外国公司常驻代表机构的设立和管理等相关活动,应适用国务院制定的《外国企业常驻代表机构登记管理条例》等规定。

第二百四十四条 【外国公司在中国境内设立分支机构的程序】

外国公司在中华人民共和国境内设立分支机构,应当向中国主管机关提出申请,并提交其公司章程、所属国的公司登记证书等有关文件,经批准后,向公司登记机关依法办理登记,领取营业执照。

外国公司分支机构的审批办法由国务院另行规定。

理解适用

外国公司的分支机构具有以下主要特点:(1)以存在外国公司法人为前提。(2)依照中国法律,经中国主管机关批准,在中国境内设立,并受中国法律的保护和管辖。(3)不具有中国企业法人资格,只能领取营业执照,不能领取公司法人营业执照。

第二百四十五条 【外国公司在中国境内设立分支机构的条件】

外国公司在中华人民共和国境内设立分支机构,应当在中华人民共和国境内指定负责该分支机构的代表人或者代理人,并向该分支机构拨付与其所从事的经营活动相适应的资金。

对外国公司分支机构的经营资金需要规定最低限额的,由国务院另行规定。

第二百四十六条 【外国公司分支机构的名称和章程置备】

外国公司的分支机构应当在其名称中标明该外国公司的国籍及责任形式。

外国公司的分支机构应当在本机构中置备该外国公司章程。

第二百四十七条 【外国公司分支机构的法律地位】

外国公司在中华人民共和国境内设立的分支机构不具有中国法人资格。

外国公司对其分支机构在中华人民共和国境内进行经营活动承担民事责任。

> **理解适用**

外国公司分支机构不是中国法人,真正具备法人资格的是该外国公司。外国公司分支机构没有独立的财产,不进行独立核算,不具有独立公司法人的内部组织机构,不使用与其总公司相区别的独立的名称。分支机构在中国境内从事经营活动是以设立该分支机构的外国公司的名义进行的,产生的权利和义务均归属于该外国公司,民事责任也由该外国公司来承担。因外国公司应当向其在中国境内设立的分支机构拨付一定的资金,实践中考虑到债务履行或者执行的方便,分支机构发生的债务一般先由分支机构的财产进行清偿,当分支机构的财产不能清偿债务时,再由所属外国公司的财产进行清偿。当然,也可以请求所属外国公司直接承担清偿责任。

第二百四十八条 【外国公司分支机构在中国境内的活动原则】

经批准设立的外国公司分支机构,在中华人民共和国境内从事业务活动,应当遵守中国的法律,不得损害中国的社会公共利益,其合法权益受中国法律保护。

第二百四十九条 【在中国境内的外国公司分支机构撤销清算】

外国公司撤销其在中华人民共和国境内的分支机构时,应当依法清偿债务,依照本法有关公司清算程序的规定进行清算。未清偿债务之前,不得将其分支机构的财产转移至中华人民共和国境外。

> **理解适用**

外国公司的分支机构是依照中国的法律规定设立的,其撤销与清算自然也应当依照中国的法律规定进行。外国公司分支机构清算时,应当依法清偿债务,并按照本法有关公司清算程序的规定进行清算。本法第 12 章对公司清算作出相关规定,根据该章规定,公司清算主要包括成立清算组,通知和公告债权人,清理财产和债权债务并制订清算方案,进行债务清偿,依法办理注销登记等程序。在中国境内的外国公司分支机构的债务,实质上是该外国公司的债务,因此,用于清偿分支机构债务的财产不限于该分支机构的现有财产,如果分支机构的现有财产不足以清偿所欠债务,债权人有权向该分支机构所属的外国公司请求偿还。

外国公司在中国境内设立的分支机构的财产，在依照本法分别支付清算费用、职工的工资、社会保险费用和法定补偿金，缴纳所欠税款，清偿公司债务前，不得将其分支机构的财产移至中国境外，否则，要依法追究有关责任人员的法律责任。

第十四章　法律责任

第二百五十条　【欺诈取得公司登记违法行为的法律责任】

违反本法规定，虚报注册资本、提交虚假材料或者采取其他欺诈手段隐瞒重要事实取得公司登记的，由公司登记机关责令改正，对虚报注册资本的公司，处以虚报注册资本金额百分之五以上百分之十五以下的罚款；对提交虚假材料或者采取其他欺诈手段隐瞒重要事实的公司，处以五万元以上二百万元以下的罚款；情节严重的，吊销营业执照；对直接负责的主管人员和其他直接责任人员处以三万元以上三十万元以下的罚款。

理解适用

虚报注册资本。这里的"虚报"主要是指为骗取公司登记而故意夸大资本数额，实际上根本就没有出资或者没有全部出资。此处的"公司登记"，不仅包括设立登记，还包括变更登记、注销登记以及设立分公司的登记等。

提交虚假材料。这里的"虚假材料"主要是指设立（变更、注销）登记申请书、公司章程、验资证明等文件，以及从事法律、行政法规规定须经有关部门批准的行业，其所提交的有关部门的批准文件是虚假的。如设立申请书中股东出资额的验资证明是虚假的，或者从事特种行业所提交的有关部门的批准文件是伪造的等。

条文参见

《民法典》第148条；《市场主体登记管理条例》第17条、第40条；《公司登记管理实施办法》第26条；《行政处罚罚没款执行规则》；《刑法》第158条

第二百五十一条 【未按规定公示信息或不如实公示信息的法律责任】

公司未依照本法第四十条规定公示有关信息或者不如实公示有关信息的,由公司登记机关责令改正,可以处以一万元以上五万元以下的罚款。情节严重的,处以五万元以上二十万元以下的罚款;对直接负责的主管人员和其他直接责任人员处以一万元以上十万元以下的罚款。

理解适用

公司应当自行通过国家企业信用信息公示系统公示相关信息,并确保公示信息真实、准确、完整。借助信息公示制度,其他市场主体和监管部门能够及时了解公司的财务状况、股权结构和行政许可资质等情况,交易对手能够便捷地获取更加丰富有效的决策信息,提高交易决策质效;监管部门可以通过信息监管的方式掌握企业的实际经营情况,有力提升监管效能。信息公示制度对于维护交易安全,提升社会整体信用水平都起到了积极的作用。但是也有部分公司采取伪造公司信息、拖延信息公示时间、公示错误信息或只公示部分信息等手段,不依法公示或不如实公示信息,这种行为本质上是对其他市场主体和监管部门的误导和欺诈。公司不公示或不如实公示信息的行为,还构成了对监管的变相逃避,干扰了正常的公司监管和执法活动,破坏了诚信健康的社会经济环境,应当依法予以处罚,防止信息瞒报、信息欺骗等违法行为的泛滥。

条文参见

《企业信息公示暂行条例》;《行政处罚罚没款执行规则》

第二百五十二条 【虚假出资的行政处罚】

公司的发起人、股东虚假出资,未交付或者未按期交付作为出资的货币或者非货币财产的,由公司登记机关责令改正,可以处以五万元以上二十万元以下的罚款;情节严重的,处以虚假出资或者未出资金额百分之五以上百分之十五以下的罚款;对直接负责的主管人员和其他直接责任人员处以一万元以上十万元以下的罚款。

条文参见

《市场主体登记管理条例》第 45 条;《中国证监会行政处罚裁量基本规则》;《行政处罚罚没款执行规则》

第二百五十三条 【公司发起人、股东抽逃出资的行政处罚】

公司的发起人、股东在公司成立后,抽逃其出资的,由公司登记机关责令改正,处以所抽逃出资金额百分之五以上百分之十五以下的罚款;对直接负责的主管人员和其他直接责任人员处以三万元以上三十万元以下的罚款。

条文参见

《公司法解释三》第 14 条;《中国证监会行政处罚裁量基本规则》;《行政处罚罚没款执行规则》;《刑法》第 159 条

第二百五十四条 【公司财务违法行为的法律责任】

有下列行为之一的,由县级以上人民政府财政部门依照《中华人民共和国会计法》等法律、行政法规的规定处罚:
（一）在法定的会计账簿以外另立会计账簿;
（二）提供存在虚假记载或者隐瞒重要事实的财务会计报告。

条文参见

《会计法》第 41 条、第 42 条、第 46 条

第二百五十五条 【公司合并、分立、减少注册资本或清算时违反通知、公告义务的法律责任】

公司在合并、分立、减少注册资本或者进行清算时,不依照本法规定通知或者公告债权人的,由公司登记机关责令改正,对公司处以一万元以上十万元以下的罚款。

条文参见

《行政处罚罚没款执行规则》

第二百五十六条 【公司进行清算时的违法行为及法律责任】

公司在进行清算时,隐匿财产,对资产负债表或者财产清单作虚假记载,或者在未清偿债务前分配公司财产的,由公司登记机关责令改正,对公司处以隐匿财产或者未清偿债务前分配公司财产金额百分之五以上百分之十以下的罚款;对直接负责的主管人员和其他直接责任人员处以一万元以上十万元以下的罚款。

理解适用

本条规定的违法开展清算业务的行为主要包括违反本法有关规定隐匿财产,对资产负债表或者财产清单作虚假记载,或者在未清偿债务前分配公司财产等行为。违反《公司法》规定隐匿资产,是通过转移、隐藏公司的财产,逃避公司有关债务的主要手段,损害债权人的利益。对资产负债表或者财产清单作虚假记载,既可能是少报公司资产或者负债,也可能是虚报资产或者负债,均是对公司资产或者负债作虚假记载,目的是逃避公司的债务,或者使少数股东、债权人在分配公司财产或者清偿公司债务时优于其他股东或者债权人分得财产或者得到抵偿,损害股东、债权人或者他人的利益。在未清偿债务前分配公司财产是公司在未偿还债务时就将公司资产分配给公司股东,将导致债权人无法得到清偿或者无法得到足额清偿,损害债权人的利益。

条文参见

《行政处罚罚没款执行规则》;《刑法》第162条

第二百五十七条 【承担资产评估、验资或者验证的机构违法行为的法律责任】

承担资产评估、验资或者验证的机构提供虚假材料或者提供有重大遗漏的报告的,由有关部门依照《中华人民共和国资产评估法》、《中华人民共和国注册会计师法》等法律、行政法规的规定处罚。

> 承担资产评估、验资或者验证的机构因其出具的评估结果、验资或者验证证明不实,给公司债权人造成损失的,除能够证明自己没有过错的外,在其评估或者证明不实的金额范围内承担赔偿责任。

理解适用

根据本条第2款的规定,承担资产评估、验资或者验证的机构因为自己的过错,出具了不实的评估结果、验资或者验证证明,给公司债权人造成损失的,应当承担相应的责任。公司债权人因为信任其评估结果、验资或者验证证明,而遭受损失的,债权人有理由要求承担资产评估、验资或者验证的机构予以赔偿。在此情况下,承担资产评估、验资或者验证的机构不存在过错的举证责任应当由其自己承担,如果其不能证明其不存在过错,就应当承担相应的责任。承担资产评估、验资或者验证的机构所承担责任的范围以其评估或者证明不实的金额为限。

条文参见

《资产评估法》第20条、第47条;《注册会计师法》第20条、第21条、第39条;《刑法》第229条

第二百五十八条 【公司登记机关未履职或履职不当的法律责任】

公司登记机关违反法律、行政法规规定未履行职责或者履行职责不当的,对负有责任的领导人员和直接责任人员依法给予政务处分。

理解适用

根据《市场主体登记管理条例》的有关规定,国务院市场监督管理部门主管全国市场主体登记管理工作,县级以上地方人民政府市场监督管理部门主管本辖区市场主体登记管理工作,代表国家行使市场主体登记管理权力。登记机关及其工作人员是否规范履职、秉公执法、廉洁自律,直接关系市场主体合法权益的维护、市场经济秩序的稳定以及营商环境的优化程度。如果公司登记机关违反法律、行政法规规定,对不符合本法规定条件的登记申请予以登记,或者对符合本法规定条件的登记申请不予登记;公司登记机关的上级部门强令公司登记机关对不符合本法规定条件的登记申请予以登记,或者

对符合本法规定条件的登记申请不予登记的,或者对违法登记进行包庇的,则侵害了当事人的合法权益,损害国家、社会公众和其他组织的合法权益,破坏社会经济秩序,也损害了登记机关的威信。为此,本条规定了公司登记机关违反法律、行政法规规定未履行职责或者履行职责不当的法律责任,即对负有责任的领导人员和直接责任人员,根据具体情况,由监察部门或任免机关、单位依法给予警告、记过等政务处分。

条文参见

《公职人员政务处分法》第 7 条;《市场主体登记管理条例》第 50 条

第二百五十九条　【假冒公司的违法行为及其法律责任】

未依法登记为有限责任公司或者股份有限公司,而冒用有限责任公司或者股份有限公司名义的,或者未依法登记为有限责任公司或者股份有限公司的分公司,而冒用有限责任公司或者股份有限公司的分公司名义的,由公司登记机关责令改正或者予以取缔,可以并处十万元以下的罚款。

理解适用

需要指出的是,本条规定的违法主体具有多样性,可能是个人、法人;可能是有限责任公司,也可能是股份有限公司。无论是谁,违反了上述规定,在未经依法登记领取营业执照的情况下,以市场主体的名义从事经营活动,是一种严重违反本法及市场主体登记管理规定的行政违法行为,应当依法由公司登记机关责令改正或者予以取缔,可以并处 10 万元以下的罚款。

第二百六十条　【公司逾期开业、不当停业及不依法办理变更登记的法律责任】

公司成立后无正当理由超过六个月未开业的,或者开业后自行停业连续六个月以上的,公司登记机关可以吊销营业执照,但公司依法办理歇业的除外。

公司登记事项发生变更时,未依照本法规定办理有关变更登记的,由公司登记机关责令限期登记;逾期不登记的,处以一万元以上十万元以下的罚款。

条文参见

《市场主体登记管理条例》第 24~30 条、第 37 条、第 46 条、第 47 条

第二百六十一条 【外国公司擅自在中国境内设立分支机构的法律责任】

外国公司违反本法规定,擅自在中华人民共和国境内设立分支机构的,由公司登记机关责令改正或者关闭,可以并处五万元以上二十万元以下的罚款。

第二百六十二条 【危害国家安全、社会公共利益的法律责任】

利用公司名义从事危害国家安全、社会公共利益的严重违法行为的,吊销营业执照。

第二百六十三条 【民事赔偿优先原则】

公司违反本法规定,应当承担民事赔偿责任和缴纳罚款、罚金的,其财产不足以支付时,先承担民事赔偿责任。

条文参见

《民法典》第 187 条;《刑法》第 36 条;《证券法》第 220 条

第二百六十四条 【刑事责任】

违反本法规定,构成犯罪的,依法追究刑事责任。

理解适用

违反本法规定,根据《刑法》构成犯罪的,需要追究刑事责任的行为主要有:(1)根据《全国人民代表大会常务委员会关于〈中华人民共和国刑法〉第一百五十八条、第一百五十九条的解释》,以及《最高人民检察院、公安部关于严格依法办理虚报注册资本和虚假出资抽逃出资刑事案件的通知》的规定,对于依法实行注册资本实缴登记制的公司,申请公司登记使用虚假证明文件或者采取其他欺诈手段虚报注册资本,欺骗公司登记主管部门,取得公

司登记,虚报注册资本数额巨大、后果严重或者有其他严重情节的;公司发起人、股东违反《公司法》的规定未交付货币、实物或者未转移财产权,虚假出资,或者在公司成立后又抽逃其出资,数额巨大、后果严重或者有其他严重情节的。(2)在招股说明书、认股书,公司、企业债券募集办法中隐瞒重要事实或者编造重大虚假内容,发行股票或者公司、企业债券,数额巨大、后果严重或者有其他严重情节的。(3)公司向股东和社会公众提供虚假的或者隐瞒重要事实的财务会计报告,严重损害股东或者其他人利益的。(4)公司、企业进行清算时,隐匿财产,对资产负债表或者财产清单作虚伪记载或者在未清偿债务前分配公司、企业财产,严重损害债权人或者其他人利益的。(5)承担资产评估、验资、验证、会计、审计、法律服务等职责的中介组织的人员故意提供虚假证明文件,情节严重的。(6)其他违反本法规定,构成犯罪的行为。

条文参见

《刑法》第158~162条、第229条

第十五章 附　　则

第二百六十五条 【用语含义】

本法下列用语的含义:

(一)高级管理人员,是指公司的经理、副经理、财务负责人,上市公司董事会秘书和公司章程规定的其他人员。

(二)控股股东,是指其出资额占有限责任公司资本总额超过百分之五十或者其持有的股份占股份有限公司股本总额超过百分之五十的股东;出资额或者持有股份的比例虽然低于百分之五十,但依其出资额或者持有的股份所享有的表决权已足以对股东会的决议产生重大影响的股东。

(三)实际控制人,是指通过投资关系、协议或者其他安排,能够实际支配公司行为的人。

(四)关联关系,是指公司控股股东、实际控制人、董事、监事、高级管理人员与其直接或者间接控制的企业之间的关系,以及可能导致公司利益转移的其他关系。但是,国家控股的企业之间不仅因为同受国家控股而具有关联关系。

第二百六十六条 【施行日期、出资期限及出资额的调整】

本法自 2024 年 7 月 1 日起施行。

本法施行前已登记设立的公司,出资期限超过本法规定的期限的,除法律、行政法规或者国务院另有规定外,应当逐步调整至本法规定的期限以内;对于出资期限、出资额明显异常的,公司登记机关可以依法要求其及时调整。具体实施办法由国务院规定。

条文参见

《公司登记管理实施办法》第 19 条

配套核心法规

最高人民法院关于适用《中华人民共和国公司法》若干问题的规定(一)

〔2006年3月27日最高人民法院审判委员会第1382次会议通过、2006年4月28日公布、自2006年5月9日起施行(法释〔2006〕3号) 根据2014年2月17日最高人民法院审判委员会第1607次会议通过、2014年2月20日公布、自2014年3月1日起施行的《最高人民法院关于修改关于适用〈中华人民共和国公司法〉若干问题的规定的决定》(法释〔2014〕2号)修正〕

为正确适用2005年10月27日十届全国人大常委会第十八次会议修订的《中华人民共和国公司法》,对人民法院在审理相关的民事纠纷案件中,具体适用公司法的有关问题规定如下:

第一条 【公司法实施前发生的民事行为或事件的法律适用】公司法实施后,人民法院尚未审结的和新受理的民事案件,其民事行为或事件发生在公司法实施以前的,适用当时的法律法规和司法解释。

第二条 【参照适用】因公司法实施前有关民事行为或者事件发生纠纷起诉到人民法院的,如当时的法律法规和司法解释没有明确规定时,可参照适用公司法的有关规定。

第三条 【超过法定期限的诉讼不予受理】原告以公司法第二十二条第二款、第七十四条第二款规定事由,向人民法院提起诉讼时,超过公司法规定期限的,人民法院不予受理。

第四条 【股东代表诉讼中股东的持股期间和比例】公司法第一百五十一条规定的180日以上连续持股期间,应为股东向人民法院提起诉讼时,已期满的持股时间;规定的合计持有公司百分之一以上股份,是指两个以上股东持股份额的合计。

第五条 【再审案件的法律适用】人民法院对公司法实施前已经终审的案件依法进行再审时,不适用公司法的规定。

第六条 【实施日期】本规定自公布之日起实施。

最高人民法院关于适用《中华人民共和国公司法》若干问题的规定(二)

[2008年5月5日最高人民法院审判委员会第1447次会议通过、2008年5月12日公布、自2008年5月19日起施行(法释〔2008〕6号) 根据2014年2月17日最高人民法院审判委员会第1607次会议通过、2014年2月20日公布、自2014年3月1日起施行的《最高人民法院关于修改关于适用〈中华人民共和国公司法〉若干问题的规定的决定》(法释〔2014〕2号)第一次修正 根据2020年12月23日最高人民法院审判委员会第1823次会议通过、2020年12月29日公布、自2021年1月1日起施行的《最高人民法院关于修改〈最高人民法院关于破产企业国有划拨土地使用权应否列入破产财产等问题的批复〉等二十九件商事类司法解释的决定》(法释〔2020〕18号)第二次修正]

为正确适用《中华人民共和国公司法》,结合审判实践,就人民法院审理公司解散和清算案件适用法律问题作出如下规定。

第一条 【股东提起解散公司诉讼案件的受理】单独或者合计持有公司全部股东表决权百分之十以上的股东,以下列事由之一提起解散公司诉讼,并符合公司法第一百八十二条规定的,人民法院应予受理:

(一)公司持续两年以上无法召开股东会或者股东大会,公司经营管理发生严重困难的;

(二)股东表决时无法达到法定或者公司章程规定的比例,持续两年以上不能做出有效的股东会或者股东大会决议,公司经营管理发生严重困难的;

(三)公司董事长期冲突,且无法通过股东会或者股东大会解决,公司经营

管理发生严重困难的;

(四)经营管理发生其他严重困难,公司继续存续会使股东利益受到重大损失的情形。

股东以知情权、利润分配请求权等权益受到损害,或者公司亏损、财产不足以偿还全部债务,以及公司被吊销企业法人营业执照未进行清算等为由,提起解散公司诉讼的,人民法院不予受理。

第二条 【股东提起解散公司诉讼和公司清算案件的处理】股东提起解散公司诉讼,同时又申请人民法院对公司进行清算的,人民法院对其提出的清算申请不予受理。人民法院可以告知原告,在人民法院判决解散公司后,依据民法典第七十条、公司法第一百八十三条和本规定第七条的规定,自行组织清算或者另行申请人民法院对公司进行清算。

第三条 【股东提起解散公司诉讼中的保全】股东提起解散公司诉讼时,向人民法院申请财产保全或者证据保全的,在股东提供担保且不影响公司正常经营的情形下,人民法院可予以保全。

第四条 【股东提起解散公司诉讼的当事人】股东提起解散公司诉讼应当以公司为被告。

原告以其他股东为被告一并提起诉讼的,人民法院应当告知原告将其他股东变更为第三人;原告坚持不予变更的,人民法院应当驳回原告对其他股东的起诉。

原告提起解散公司诉讼应当告知其他股东,或者由人民法院通知其参加诉讼。其他股东或者有关利害关系人申请以共同原告或者第三人身份参加诉讼的,人民法院应予准许。

第五条 【股东提起解散公司诉讼的调解】人民法院审理解散公司诉讼案件,应当注重调解。当事人协商同意由公司或者股东收购股份,或者以减资等方式使公司存续,且不违反法律、行政法规强制性规定的,人民法院应予支持。当事人不能协商一致使公司存续的,人民法院应当及时判决。

经人民法院调解公司收购原告股份的,公司应当自调解书生效之日起六个月内将股份转让或者注销。股份转让或者注销之前,原告不得以公司收购其股份为由对抗公司债权人。

第六条 【人民法院就是否解散公司作出的判决的约束力】人民法院关于解散公司诉讼作出的判决,对公司全体股东具有法律约束力。

人民法院判决驳回解散公司诉讼请求后,提起该诉讼的股东或者其他股东又以同一事实和理由提起解散公司诉讼的,人民法院不予受理。

第七条 【解散公司的自行清算和指定清算】公司应当依照民法典第七十条、公司法第一百八十三条的规定,在解散事由出现之日起十五日内成立清算组,开始自行清算。

有下列情形之一,债权人、公司股东、董事或其他利害关系人申请人民法院指定清算组进行清算的,人民法院应予受理:

(一)公司解散逾期不成立清算组进行清算的;

(二)虽然成立清算组但故意拖延清算的;

(三)违法清算可能严重损害债权人或者股东利益的。

第八条 【强制清算清算组成员的产生】人民法院受理公司清算案件,应当及时指定有关人员组成清算组。

清算组成员可以从下列人员或者机构中产生:

(一)公司股东、董事、监事、高级管理人员;

(二)依法设立的律师事务所、会计师事务所、破产清算事务所等社会中介机构;

(三)依法设立的律师事务所、会计师事务所、破产清算事务所等社会中介机构中具备相关专业知识并取得执业资格的人员。

第九条 【强制清算清算组成员的更换】人民法院指定的清算组成员有下列情形之一的,人民法院可以根据债权人、公司股东、董事或其他利害关系人的申请,或者依职权更换清算组成员:

(一)有违反法律或者行政法规的行为;

(二)丧失执业能力或者民事行为能力;

(三)有严重损害公司或者债权人利益的行为。

第十条 【公司清算结束前的应诉及代表人】公司依法清算结束并办理注销登记前,有关公司的民事诉讼,应当以公司的名义进行。

公司成立清算组的,由清算组负责人代表公司参加诉讼;尚未成立清算组的,由原法定代表人代表公司参加诉讼。

第十一条 【清算组通知和公告解散清算事宜义务】公司清算时,清算组应当按照公司法第一百八十五条的规定,将公司解散清算事宜书面通知全体已知债权人,并根据公司规模和营业地域范围在全国或者公司注册登记地省级有影响的报纸上进行公告。

清算组未按照前款规定履行通知和公告义务,导致债权人未及时申报债权而未获清偿,债权人主张清算组成员对因此造成的损失承担赔偿责任的,人民法院应依法予以支持。

第十二条 【核定债权的异议】公司清算时,债权人对清算组核定的债权有异议的,可以要求清算组重新核定。清算组不予重新核定,或者债权人对重新核定的债权仍有异议,债权人以公司为被告向人民法院提起诉讼请求确认的,人民法院应予受理。

第十三条 【债权人补充申报债权的登记】债权人在规定的期限内未申报债权,在公司清算程序终结前补充申报的,清算组应予登记。

公司清算程序终结,是指清算报告经股东会、股东大会或者人民法院确认完毕。

第十四条 【债权人补充申报债权的清偿】债权人补充申报的债权,可以在公司尚未分配财产中依法清偿。公司尚未分配财产不能全额清偿,债权人主张股东以其在剩余财产分配中已经取得的财产予以清偿的,人民法院应予支持;但债权人因重大过错未在规定期限内申报债权的除外。

债权人或者清算组,以公司尚未分配财产和股东在剩余财产分配中已经取得的财产,不能全额清偿补充申报的债权为由,向人民法院提出破产清算申请的,人民法院不予受理。

第十五条 【清算方案的确认】公司自行清算的,清算方案应当报股东会或者股东大会决议确认;人民法院组织清算的,清算方案应当报人民法院确认。未经确认的清算方案,清算组不得执行。

执行未经确认的清算方案给公司或者债权人造成损失,公司、股东、董事、公司其他利害关系人或者债权人主张清算组成员承担赔偿责任的,人民法院应依法予以支持。

第十六条 【强制清算期限及延长】人民法院组织清算的,清算组应当自成立之日起六个月内清算完毕。

因特殊情况无法在六个月内完成清算的,清算组应当向人民法院申请延长。

第十七条 【债务清偿方案】人民法院指定的清算组在清理公司财产、编制资产负债表和财产清单时,发现公司财产不足清偿债务的,可以与债权人协商制作有关债务清偿方案。

债务清偿方案经全体债权人确认且不损害其他利害关系人利益的,人民法院可依清算组的申请裁定予以认可。清算组依据该清偿方案清偿债务后,应当向人民法院申请裁定终结清算程序。

债权人对债务清偿方案不予确认或者人民法院不予认可的,清算组应当依法向人民法院申请宣告破产。

第十八条 【清算义务人怠于履行义务的民事责任】有限责任公司的股东、股份有限公司的董事和控股股东未在法定期限内成立清算组开始清算,导致公司财产贬值、流失、毁损或者灭失,债权人主张其在造成损失范围内对公司债务承担赔偿责任的,人民法院应依法予以支持。

有限责任公司的股东、股份有限公司的董事和控股股东因怠于履行义务,导致公司主要财产、账册、重要文件等灭失,无法进行清算,债权人主张其对公司债务承担连带清偿责任的,人民法院应依法予以支持。

上述情形系实际控制人原因造成,债权人主张实际控制人对公司债务承担相应民事责任的,人民法院应依法予以支持。

第十九条 【清算义务人恶意处置公司财产或骗取注销登记的民事责任】有限责任公司的股东、股份有限公司的董事和控股股东,以及公司的实际控制人在公司解散后,恶意处置公司财产给债权人造成损失,或者未经依法清算,以虚假的清算报告骗取公司登记机关办理法人注销登记,债权人主张其对公司债务承担相应赔偿责任的,人民法院应依法予以支持。

第二十条 【未经清算即注销的责任承担】公司解散应当在依法清算完毕后,申请办理注销登记。公司未经清算即办理注销登记,导致公司无法进行清算,债权人主张有限责任公司的股东、股份有限公司的董事和控股股东,以及公司的实际控制人对公司债务承担清偿责任的,人民法院应依法予以支持。

公司未经依法清算即办理注销登记,股东或者第三人在公司登记机关办理注销登记时承诺对公司债务承担责任,债权人主张其对公司债务承担相应民事责任的,人民法院应依法予以支持。

第二十一条 【清算义务人内部责任分担】按照本规定第十八条和第二十条第一款的规定应当承担责任的有限责任公司的股东、股份有限公司的董事和控股股东,以及公司的实际控制人为二人以上的,其中一人或者数人依法承担民事责任后,主张其他人员按照过错大小分担责任的,人民法院应依法予以支持。

第二十二条 【未缴纳出资应作为清算财产】公司解散时,股东尚未缴纳的出资均应作为清算财产。股东尚未缴纳的出资,包括到期应缴未缴的出资,以及依照公司法第二十六条和第八十条的规定分期缴纳尚未届满缴纳期限的出资。

公司财产不足以清偿债务时,债权人主张未缴出资股东,以及公司设立时的其他股东或者发起人在未缴出资范围内对公司债务承担连带清偿责任的,人民法院应依法予以支持。

第二十三条 【清算组成员违法从事清算事务的民事责任】清算组成员从

事清算事务时,违反法律、行政法规或者公司章程给公司或者债权人造成损失,公司或者债权人主张其承担赔偿责任的,人民法院应依法予以支持。

有限责任公司的股东、股份有限公司连续一百八十日以上单独或者合计持有公司百分之一以上股份的股东,依据公司法第一百五十一条第三款的规定,以清算组成员有前款所述行为为由向人民法院提起诉讼的,人民法院应予受理。

公司已经清算完毕注销,上述股东参照公司法第一百五十一条第三款的规定,直接以清算组成员为被告、其他股东为第三人向人民法院提起诉讼的,人民法院应予受理。

第二十四条 **【解散公司诉讼案件和公司清算案件的管辖】**解散公司诉讼案件和公司清算案件由公司住所地人民法院管辖。公司住所地是指公司主要办事机构所在地。公司办事机构所在地不明确的,由其注册地人民法院管辖。

基层人民法院管辖县、县级市或者区的公司登记机关核准登记公司的解散诉讼案件和公司清算案件;中级人民法院管辖地区、地级市以上的公司登记机关核准登记公司的解散诉讼案件和公司清算案件。

最高人民法院关于适用《中华人民共和国公司法》若干问题的规定(三)

[2010年12月6日最高人民法院审判委员会第1504次会议通过、2011年1月27日公布、自2011年2月16日施行(法释〔2011〕3号) 根据2014年2月17日最高人民法院审判委员会第1607次会议通过、2014年2月20日公布、自2014年3月1日起施行的《最高人民法院关于修改关于适用〈中华人民共和国公司法〉若干问题的规定的决定》(法释〔2014〕2号)第一次修正 根据2020年12月23日最高人民法院审判委员会第1823次会议通过、2020年12月29日公布、自2021年1月1日起施行的《最高人民法院关于修改〈最高人民法院关于破产企业国有划拨土地使用权应否列入破产财产等问题的批复〉等二十九件商事类司法解释的决定》(法释〔2020〕18号)第二次修正]

为正确适用《中华人民共和国公司法》,结合审判实践,就人民法院审理公司设立、出资、股权确认等纠纷案件适用法律问题作出如下规定。

第一条 【公司发起人界定】为设立公司而签署公司章程、向公司认购出资或者股份并履行公司设立职责的人，应当认定为公司的发起人，包括有限责任公司设立时的股东。

第二条 【发起人为设立公司以自己名义对外签订合同的责任承担】发起人为设立公司以自己名义对外签订合同，合同相对人请求该发起人承担合同责任的，人民法院应予支持；公司成立后合同相对人请求公司承担合同责任的，人民法院应予支持。

第三条 【发起人为设立公司以设立中公司名义对外签订合同的责任承担】发起人以设立中公司名义对外签订合同，公司成立后合同相对人请求公司承担合同责任的，人民法院应予支持。

公司成立后有证据证明发起人利用设立中公司的名义为自己的利益与相对人签订合同，公司以此为由主张不承担合同责任的，人民法院应予支持，但相对人为善意的除外。

第四条 【公司未成立时发起人对设立公司行为产生的费用和债务承担】公司因故未成立，债权人请求全体或者部分发起人对设立公司行为所产生的费用和债务承担连带清偿责任的，人民法院应予支持。

部分发起人依照前款规定承担责任后，请求其他发起人分担的，人民法院应当判令其他发起人按照约定的责任承担比例分担责任；没有约定责任承担比例的，按照约定的出资比例分担责任；没有约定出资比例的，按照均等份额分担责任。

因部分发起人的过错导致公司未成立，其他发起人主张其承担设立行为所产生的费用和债务的，人民法院应当根据过错情况，确定过错一方的责任范围。

第五条 【发起人因设立公司而发生职务侵权行为的责任承担】发起人因履行公司设立职责造成他人损害，公司成立后受害人请求公司承担侵权赔偿责任的，人民法院应予支持；公司未成立，受害人请求全体发起人承担连带赔偿责任的，人民法院应予支持。

公司或者无过错的发起人承担赔偿责任后，可以向有过错的发起人追偿。

第六条 【股份公司认股人股款缴纳义务及发起人另行募集权】股份有限公司的认股人未按期缴纳所认股份的股款，经公司发起人催缴后在合理期间内仍未缴纳，公司发起人对该股份另行募集的，人民法院应当认定该募集行为有效。认股人延期缴纳股款给公司造成损失，公司请求该认股人承担赔偿责任的，人民法院应予支持。

第七条 【出资人以无处分权的财产及犯罪所得货币出资的效力及处理】 出资人以不享有处分权的财产出资,当事人之间对于出资行为效力产生争议的,人民法院可以参照民法典第三百一十一条的规定予以认定。

以贪污、受贿、侵占、挪用等违法犯罪所得的货币出资后取得股权的,对违法犯罪行为予以追究、处罚时,应当采取拍卖或者变卖的方式处置其股权。

第八条 【以划拨和设定权利负担的土地使用权出资的效力】 出资人以划拨土地使用权出资,或者以设定权利负担的土地使用权出资,公司、其他股东或者公司债权人主张认定出资人未履行出资义务的,人民法院应当责令当事人在指定的合理期间内办理土地变更手续或者解除权利负担;逾期未办理或者未解除的,人民法院应当认定出资人未依法全面履行出资义务。

第九条 【非货币财产出资的评估及出资义务认定】 出资人以非货币财产出资,未依法评估作价,公司、其他股东或者公司债权人请求认定出资人未履行出资义务的,人民法院应当委托具有合法资格的评估机构对该财产评估作价。评估确定的价额显著低于公司章程所定价额的,人民法院应当认定出资人未依法全面履行出资义务。

第十条 【以需要办理权属变更登记的财产出资有出资瑕疵时的处理】 出资人以房屋、土地使用权或者需要办理权属登记的知识产权等财产出资,已经交付公司使用但未办理权属变更手续,公司、其他股东或者公司债权人主张认定出资人未履行出资义务的,人民法院应当责令当事人在指定的合理期间内办理权属变更手续;在前述期间内办理了权属变更手续的,人民法院应当认定其已经履行了出资义务;出资人主张自其实际交付财产给公司使用时享有相应股东权利的,人民法院应予支持。

出资人以前款规定的财产出资,已经办理权属变更手续但未交付给公司使用,公司或者其他股东主张其向公司交付、并在实际交付之前不享有相应股东权利的,人民法院应予支持。

第十一条 【出资人以其他公司股权出资效力的认定】 出资人以其他公司股权出资,符合下列条件的,人民法院应当认定出资人已履行出资义务:

(一)出资的股权由出资人合法持有并依法可以转让;

(二)出资的股权无权利瑕疵或者权利负担;

(三)出资人已履行关于股权转让的法定手续;

(四)出资的股权已依法进行了价值评估。

股权出资不符合前款第(一)、(二)、(三)项的规定,公司、其他股东或者公司债权人请求认定出资人未履行出资义务的,人民法院应当责令该出资人在指定的合理期间内采取补正措施,以符合上述条件;逾期未补正的,人民法院应当认定其未依法全面履行出资义务。

股权出资不符合本条第一款第(四)项的规定,公司、其他股东或者公司债权人请求认定出资人未履行出资义务的,人民法院应当按照本规定第九条的规定处理。

第十二条 【股东抽逃出资的情形】公司成立后,公司、股东或者公司债权人以相关股东的行为符合下列情形之一且损害公司权益为由,请求认定该股东抽逃出资的,人民法院应予支持:

(一)制作虚假财务会计报表虚增利润进行分配;
(二)通过虚构债权债务关系将其出资转出;
(三)利用关联交易将出资转出;
(四)其他未经法定程序将出资抽回的行为。

第十三条 【股东未履行或者未全面履行出资义务的责任】股东未履行或者未全面履行出资义务,公司或者其他股东请求其向公司依法全面履行出资义务的,人民法院应予支持。

公司债权人请求未履行或者未全面履行出资义务的股东在未出资本息范围内对公司债务不能清偿的部分承担补充赔偿责任的,人民法院应予支持;未履行或者未全面履行出资义务的股东已经承担上述责任,其他债权人提出相同请求的,人民法院不予支持。

股东在公司设立时未履行或者未全面履行出资义务,依照本条第一款或者第二款提起诉讼的原告,请求公司的发起人与被告股东承担连带责任的,人民法院应予支持;公司的发起人承担责任后,可以向被告股东追偿。

股东在公司增资时未履行或者未全面履行出资义务,依照本条第一款或者第二款提起诉讼的原告,请求未尽公司法第一百四十七条第一款规定的义务而使出资未缴足的董事、高级管理人员承担相应责任的,人民法院应予支持;董事、高级管理人员承担责任后,可以向被告股东追偿。

第十四条 【股东抽逃出资的责任】股东抽逃出资,公司或者其他股东请求其向公司返还出资本息、协助抽逃出资的其他股东、董事、高级管理人员或者实际控制人对此承担连带责任的,人民法院应予支持。

公司债权人请求抽逃出资的股东在抽逃出资本息范围内对公司债务不能清偿的部分承担补充赔偿责任、协助抽逃出资的其他股东、董事、高级管理人员或者实际控制人对此承担连带责任的,人民法院应予支持;抽逃出资的股东已经承担上述责任,其他债权人提出相同请求的,人民法院不予支持。

第十五条 【已出资的非货币财产因客观因素贬值时出资人的责任】出资人以符合法定条件的非货币财产出资后,因市场变化或者其他客观因素导致出资财产贬值,公司、其他股东或者公司债权人请求该出资人承担补足出资责任的,人民法院不予支持。但是,当事人另有约定的除外。

第十六条 【未尽出资义务股东的股东权利的限制】股东未履行或者未全面履行出资义务或者抽逃出资,公司根据公司章程或者股东会决议对其利润分配请求权、新股优先认购权、剩余财产分配请求权等股东权利作出相应的合理限制,该股东请求认定该限制无效的,人民法院不予支持。

第十七条 【股东除名行为效力】有限责任公司的股东未履行出资义务或者抽逃全部出资,经公司催告缴纳或者返还,其在合理期间内仍未缴纳或者返还出资,公司以股东会决议解除该股东的股东资格,该股东请求确认该解除行为无效的,人民法院不予支持。

在前款规定的情形下,人民法院在判决时应当释明,公司应当及时办理法定减资程序或者由其他股东或者第三人缴纳相应的出资。在办理法定减资程序或者其他股东或者第三人缴纳相应的出资之前,公司债权人依照本规定第十三条或者第十四条请求相关当事人承担相应责任的,人民法院应予支持。

第十八条 【瑕疵出资股权转让后出资责任的承担】有限责任公司的股东未履行或者未全面履行出资义务即转让股权,受让人对此知道或者应当知道,公司请求该股东履行出资义务、受让人对此承担连带责任的,人民法院应予支持;公司债权人依照本规定第十三条第二款向该股东提起诉讼,同时请求前述受让人对此承担连带责任的,人民法院应予支持。

受让人根据前款规定承担责任后,向该未履行或者未全面履行出资义务的股东追偿的,人民法院应予支持。但是,当事人另有约定的除外。

第十九条 【股东出资责任之诉不适用诉讼时效】公司股东未履行或者未全面履行出资义务或者抽逃出资,公司或者其他股东请求其向公司全面履行出资义务或者返还出资,被告股东以诉讼时效为由进行抗辩的,人民法院不予支持。

公司债权人的债权未过诉讼时效期间,其依照本规定第十三条第二款、第十四条第二款的规定请求未履行或者未全面履行出资义务或者抽逃出资的股东承担赔偿责任,被告股东以出资义务或者返还出资义务超过诉讼时效期间为由进行抗辩的,人民法院不予支持。

第二十条 【出资义务举证责任分配】当事人之间对是否已履行出资义务发生争议,原告提供对股东履行出资义务产生合理怀疑证据的,被告股东应当就其已履行出资义务承担举证责任。

第二十一条　【股东资格确认之诉当事人的确定】当事人向人民法院起诉请求确认其股东资格的，应当以公司为被告，与案件争议股权有利害关系的人作为第三人参加诉讼。

第二十二条　【股权归属争议待证事实】当事人之间对股权归属发生争议，一方请求人民法院确认其享有股权的，应当证明以下事实之一：

（一）已经依法向公司出资或者认缴出资，且不违反法律法规强制性规定；

（二）已经受让或者以其他形式继受公司股权，且不违反法律法规强制性规定。

第二十三条　【公司违反股权登记义务时对股东的救济】当事人依法履行出资义务或者依法继受取得股权后，公司未根据公司法第三十一条、第三十二条的规定签发出资证明书、记载于股东名册并办理公司登记机关登记，当事人请求公司履行上述义务的，人民法院应予支持。

第二十四条　【实际出资人权益保障及限制】有限责任公司的实际出资人与名义出资人订立合同，约定由实际出资人出资并享有投资权益，以名义出资人为名义股东，实际出资人与名义股东对该合同效力发生争议的，如无法律规定的无效情形，人民法院应当认定该合同有效。

前款规定的实际出资人与名义股东因投资权益的归属发生争议，实际出资人以其实际履行了出资义务为由向名义股东主张权利的，人民法院应予支持。名义股东以公司股东名册记载、公司登记机关登记为由否认实际出资人权利的，人民法院不予支持。

实际出资人未经公司其他股东半数以上同意，请求公司变更股东、签发出资证明书、记载于股东名册、记载于公司章程并办理公司登记机关登记的，人民法院不予支持。

第二十五条　【名义股东处分股权的处理】名义股东将登记于其名下的股权转让、质押或者以其他方式处分，实际出资人以其对于股权享有实际权利为由，请求认定处分股权行为无效的，人民法院可以参照民法典第三百一十一条的规定处理。

名义股东处分股权造成实际出资人损失，实际出资人请求名义股东承担赔偿责任的，人民法院应予支持。

第二十六条　【未履行出资义务时名义股东的责任承担】公司债权人以登记于公司登记机关的股东未履行出资义务为由，请求其对公司债务不能清偿的部分在未出资本息范围内承担补充赔偿责任，股东以其仅为名义股东而非实际出资人为由进行抗辩的,人民法院不予支持。

名义股东根据前款规定承担赔偿责任后,向实际出资人追偿的,人民法院应予支持。

第二十七条 【股权转让后原股东再次处分股权】股权转让后尚未向公司登记机关办理变更登记,原股东将仍登记于其名下的股权转让、质押或者以其他方式处分,受让股东以其对于股权享有实际权利为由,请求认定处分股权行为无效的,人民法院可以参照民法典第三百一十一条的规定处理。

原股东处分股权造成受让股东损失,受让股东请求原股东承担赔偿责任、对于未及时办理变更登记有过错的董事、高级管理人员或者实际控制人承担相应责任的,人民法院应予支持;受让股东对于未及时办理变更登记也有过错的,可以适当减轻上述董事、高级管理人员或者实际控制人的责任。

第二十八条 【冒名登记为股东的责任承担】冒用他人名义出资并将该他人作为股东在公司登记机关登记的,冒名登记行为人应当承担相应责任;公司、其他股东或者公司债权人以未履行出资义务为由,请求被冒名登记为股东的承担补足出资责任或者对公司债务不能清偿部分的赔偿责任的,人民法院不予支持。

最高人民法院关于适用《中华人民共和国公司法》若干问题的规定(四)

〔2016年12月5日最高人民法院审判委员会第1702次会议通过,2017年8月25日公布、自2017年9月1日起施行(法释〔2017〕16号) 根据2020年12月23日最高人民法院审判委员会第1823次会议通过、2020年12月29日公布、自2021年1月1日起施行的《最高人民法院关于修改〈最高人民法院关于破产企业国有划拨土地使用权应否列入破产财产等问题的批复〉等二十九件商事类司法解释的决定》(法释〔2020〕18号)修正〕

为正确适用《中华人民共和国公司法》,结合人民法院审判实践,现就公司决议效力、股东知情权、利润分配权、优先购买权和股东代表诉讼等案件适用法律问题作出如下规定。

第一条　【决议不成立之诉】公司股东、董事、监事等请求确认股东会或者股东大会、董事会决议无效或者不成立的,人民法院应当依法予以受理。

第二条　【决议撤销之诉原告的资格】依据民法典第八十五条、公司法第二十二条第二款请求撤销股东会或者股东大会、董事会决议的原告,应当在起诉时具有公司股东资格。

第三条　【决议瑕疵之诉的当事人】原告请求确认股东会或者股东大会、董事会决议不成立、无效或者撤销决议的案件,应当列公司为被告。对决议涉及的其他利害关系人,可以依法列为第三人。

一审法庭辩论终结前,其他有原告资格的人以相同的诉讼请求申请参加前款规定诉讼的,可以列为共同原告。

第四条　【违法或违反章程的决议的撤销】股东请求撤销股东会或者股东大会、董事会决议,符合民法典第八十五条、公司法第二十二条第二款规定的,人民法院应当予以支持,但会议召集程序或者表决方式仅有轻微瑕疵,且对决议未产生实质影响的,人民法院不予支持。

第五条　【决议不成立的情形】股东会或者股东大会、董事会决议存在下列情形之一,当事人主张决议不成立的,人民法院应当予以支持:

(一)公司未召开会议的,但依据公司法第三十七条第二款或者公司章程规定可以不召开股东会或者股东大会而直接作出决定,并由全体股东在决定文件上签名、盖章的除外;

(二)会议未对决议事项进行表决的;

(三)出席会议的人数或者股东所持表决权不符合公司法或者公司章程规定的;

(四)会议的表决结果未达到公司法或者公司章程规定的通过比例的;

(五)导致决议不成立的其他情形。

第六条　【决议无效或被撤销不影响善意相对人】股东会或者股东大会、董事会决议被人民法院判决确认无效或者撤销的,公司依据该决议与善意相对人形成的民事法律关系不受影响。

第七条　【行使知情权的股东身份】股东依据公司法第三十三条、第九十七条或者公司章程的规定,起诉请求查阅或者复制公司特定文件材料的,人民法院应当依法予以受理。

公司有证据证明前款规定的原告在起诉时不具有公司股东资格的,人民法院应当驳回起诉,但原告有初步证据证明在持股期间其合法权益受到损害,请求依法查阅或者复制其持股期间的公司特定文件材料的除外。

第八条 【"不正当目的"的认定】有限责任公司有证据证明股东存在下列情形之一的,人民法院应当认定股东有公司法第三十三条第二款规定的"不正当目的":

（一）股东自营或者为他人经营与公司主营业务有实质性竞争关系业务的,但公司章程另有规定或者全体股东另有约定的除外;

（二）股东为了向他人通报有关信息查阅公司会计账簿,可能损害公司合法利益的;

（三）股东在向公司提出查阅请求之日前的三年内,曾通过查阅公司会计账簿,向他人通报有关信息损害公司合法利益的;

（四）股东有不正当目的的其他情形。

第九条 【公司不得以章程、股东间协议剥夺股东知情权】公司章程、股东之间的协议等实质性剥夺股东依据公司法第三十三条、第九十七条规定查阅或者复制公司文件材料的权利,公司以此为由拒绝股东查阅或者复制的,人民法院不予支持。

第十条 【判决支持查阅、复制材料的执行】人民法院审理股东请求查阅或者复制公司特定文件材料的案件,对原告诉讼请求予以支持的,应当在判决中明确查阅或者复制公司特定文件材料的时间、地点和特定文件材料的名录。

股东依据人民法院生效判决查阅公司文件材料的,在该股东在场的情况下,可以由会计师、律师等依法或者依据执业行为规范负有保密义务的中介机构执业人员辅助进行。

第十一条 【股东及辅助查询人员泄密的责任承担】股东行使知情权后泄露公司商业秘密导致公司合法利益受到损害,公司请求该股东赔偿相关损失的,人民法院应当予以支持。

根据本规定第十条辅助股东查阅公司文件材料的会计师、律师等泄露公司商业秘密导致公司合法利益受到损害,公司请求其赔偿相关损失的,人民法院应当予以支持。

第十二条 【未依法制作保存文件材料的责任承担】公司董事、高级管理人员等未依法履行职责,导致公司未依法制作或者保存公司法第三十三条、第九十七条规定的公司文件材料,给股东造成损失,股东依法请求负有相应责任的公司董事、高级管理人员承担民事赔偿责任的,人民法院应当予以支持。

第十三条 【分配利润案件的当事人】股东请求公司分配利润案件,应当列公司为被告。

一审法庭辩论终结前,其他股东基于同一分配方案请求分配利润并申请参加诉讼的,应当列为共同原告。

第十四条 【股东提交利润分配方案案件的处理】股东提交载明具体分配方案的股东会或者股东大会的有效决议,请求公司分配利润,公司拒绝分配利润且其关于无法执行决议的抗辩理由不成立的,人民法院应当判决公司按照决议载明的具体分配方案向股东分配利润。

第十五条 【股东未提交利润分配方案案件的处理】股东未提交载明具体分配方案的股东会或者股东大会决议,请求公司分配利润的,人民法院应当驳回其诉讼请求,但违反法律规定滥用股东权利导致公司不分配利润,给其他股东造成损失的除外。

第十六条 【因继承发生股权变化时的优先购买权的行使】有限责任公司的自然人股东因继承发生变化时,其他股东主张依据公司法第七十一条第三款规定行使优先购买权的,人民法院不予支持,但公司章程另有规定或者全体股东另有约定的除外。

第十七条 【向股东以外的人转让股权的程序】有限责任公司的股东向股东以外的人转让股权,应就其股权转让事项以书面或者其他能够确认收悉的合理方式通知其他股东征求同意。其他股东半数以上不同意转让,不同意的股东不购买的,人民法院应当认定视为同意转让。

经股东同意转让的股权,其他股东主张转让股东应当向其以书面或者其他能够确认收悉的合理方式通知转让股权的同等条件的,人民法院应当予以支持。

经股东同意转让的股权,在同等条件下,转让股东以外的其他股东主张优先购买的,人民法院应当予以支持,但转让股东依据本规定第二十条放弃转让的除外。

第十八条 【"同等条件"的判定】人民法院在判断是否符合公司法第七十一条第三款及本规定所称的"同等条件"时,应当考虑转让股权的数量、价格、支付方式及期限等因素。

第十九条 【优先购买权的行使】有限责任公司的股东主张优先购买转让股权的,应当在收到通知后,在公司章程规定的行使期间内提出购买请求。公司章程没有规定行使期间或者规定不明确的,以通知确定的期间为准,通知确定的期间短于三十日或者未明确行使期间的,行使期间为三十日。

第二十条 【股东优先购买权的行使边界和损害救济】有限责任公司的转让股东,在其他股东主张优先购买后又不同意转让股权的,对其他股东优先购买的主张,人民法院不予支持,但公司章程另有规定或者全体股东另有约定的除外。其他股东主张转让股东赔偿其损失合理的,人民法院应当予以支持。

第二十一条 【损害股东优先购买权的股权转让合同效力】有限责任公司的股东向股东以外的人转让股权,未就其股权转让事项征求其他股东意见,或者以欺诈、恶意串通等手段,损害其他股东优先购买权,其他股东主张按照同等条件购买该转让股权的,人民法院应当予以支持,但其他股东自知道或者应当知道行使优先购买权的同等条件之日起三十日内没有主张,或者自股权变更登记之日起超过一年的除外。

前款规定的其他股东仅提出确认股权转让合同及股权变动效力等请求,未同时主张按照同等条件购买转让股权的,人民法院不予支持,但其他股东非因自身原因导致无法行使优先购买权,请求损害赔偿的除外。

股东以外的股权受让人,因股东行使优先购买权而不能实现合同目的的,可以依法请求转让股东承担相应民事责任。

第二十二条 【拍卖转让或在产交所转让股权时,相关法律用语的适用规则】通过拍卖向股东以外的人转让有限责任公司股权的,适用公司法第七十一条第二款、第三款或者第七十二条规定的"书面通知""通知""同等条件"时,根据相关法律、司法解释确定。

在依法设立的产权交易场所转让有限责任公司国有股权的,适用公司法第七十一条第二款、第三款或者第七十二条规定的"书面通知""通知""同等条件"时,可以参照产权交易场所的交易规则。

第二十三条 【监事或执行董事代表公司起诉时当事人的确定】监事会或者不设监事会的有限责任公司的监事依据公司法第一百五十一条第一款规定对董事、高级管理人员提起诉讼的,应当列公司为原告,依法由监事会主席或者不设监事会的有限责任公司的监事代表公司进行诉讼。

董事会或者不设董事会的有限责任公司的执行董事依据公司法第一百五十一条第一款规定对监事提起诉讼的,或者依据公司法第一百五十一条第三款规定对他人提起诉讼的,应当列公司为原告,依法由董事长或者执行董事代表公司进行诉讼。

第二十四条 【股东代表诉讼的当事人】符合公司法第一百五十一条第一款规定条件的股东,依据公司法第一百五十一条第二款、第三款规定,直接对董事、监事、高级管理人员或者他人提起诉讼的,应当列公司为第三人参加诉讼。

一审法庭辩论终结前,符合公司法第一百五十一条第一款规定条件的其他股东,以相同的诉讼请求申请参加诉讼的,应当列为共同原告。

第二十五条 【股东代表诉讼胜诉利益的归属】股东依据公司法第一百五十一条第二款、第三款规定直接提起诉讼的案件,胜诉利益归属于公司。股东请求被告直接向其承担民事责任的,人民法院不予支持。

第二十六条 【股东代表诉讼费用负担】股东依据公司法第一百五十一条第二款、第三款规定直接提起诉讼的案件,其诉讼请求部分或者全部得到人民法院支持的,公司应当承担股东因参加诉讼支付的合理费用。

第二十七条 【实施日期】本规定自2017年9月1日起施行。

本规定施行后尚未终审的案件,适用本规定;本规定施行前已经终审的案件,或者适用审判监督程序再审的案件,不适用本规定。

最高人民法院关于适用《中华人民共和国公司法》若干问题的规定(五)

[2019年4月22日最高人民法院审判委员会第1766次会议通过、2019年4月28日公布、自2019年4月29日起施行(法释〔2019〕7号) 根据2020年12月23日最高人民法院审判委员会第1823次会议通过、2020年12月29日公布、自2021年1月1日起施行的《最高人民法院关于修改〈最高人民法院关于破产企业国有划拨土地使用权应否列入破产财产等问题的批复〉等二十九件商事类司法解释的决定》(法释〔2020〕18号)修正]

为正确适用《中华人民共和国公司法》,结合人民法院审判实践,就股东权益保护等纠纷案件适用法律问题作出如下规定。

第一条 【履行法定程序不能豁免关联交易赔偿责任】关联交易损害公司利益,原告公司依据民法典第八十四条、公司法第二十一条规定请求控股股东、实际控制人、董事、监事、高级管理人员赔偿所造成的损失,被告仅以该交易已经履行了信息披露、经股东会或者股东大会同意等法律、行政法规或者公司章程规定的程序为由抗辩的,人民法院不予支持。

公司没有提起诉讼的,符合公司法第一百五十一条第一款规定条件的股东,可以依公司法第一百五十一条第二款、第三款规定向人民法院提起诉讼。

第二条 【关联交易损害公司利益时股东的救济措施】关联交易合同存在无效、可撤销或者对公司不发生效力的情形,公司没有起诉合同相对方的,符合公司法第一百五十一条第一款规定条件的股东,可以依据公司法第一百五十一条第二款、第三款规定向人民法院提起诉讼。

第三条 【董事职务的无因解除与相对应的离职补偿】董事任期届满前被股东会或者股东大会有效决议解除职务,其主张解除不发生法律效力的,人民法院不予支持。

董事职务被解除后,因补偿与公司发生纠纷提起诉讼的,人民法院应当依据法律、行政法规、公司章程的规定或者合同的约定,综合考虑解除的原因、剩余任期、董事薪酬等因素,确定是否补偿以及补偿的合理数额。

第四条 【公司作出分配利润的决议后完成利润分配的时限】分配利润的股东会或者股东大会决议作出后,公司应当在决议载明的时间内完成利润分配。决议没有载明时间的,以公司章程规定的为准。决议、章程中均未规定时间或者时间超过一年的,公司应当自决议作出之日起一年内完成利润分配。

决议中载明的利润分配完成时间超过公司章程规定时间的,股东可以依据民法典第八十五条、公司法第二十二条第二款规定请求人民法院撤销决议中关于该时间的规定。

第五条 【有限责任公司股东重大分歧解决机制】人民法院审理涉及有限责任公司股东重大分歧案件时,应当注重调解。当事人协商一致以下列方式解决分歧,且不违反法律、行政法规的强制性规定的,人民法院应予支持:

(一)公司回购部分股东股份;

(二)其他股东受让部分股东股份;

(三)他人受让部分股东股份;

(四)公司减资;

(五)公司分立;

(六)其他能够解决分歧,恢复公司正常经营,避免公司解散的方式。

第六条 【施行日期】本规定自 2019 年 4 月 29 日起施行。

本规定施行后尚未终审的案件,适用本规定;本规定施行前已经终审的案件,或者适用审判监督程序再审的案件,不适用本规定。

本院以前发布的司法解释与本规定不一致的,以本规定为准。

最高人民法院关于适用
《中华人民共和国公司法》
时间效力的若干规定

(2024年6月27日最高人民法院审判委员会第1922次会议通过 2024年6月29日公布 法释〔2024〕7号 自2024年7月1日起施行)

为正确适用2023年12月29日第十四届全国人民代表大会常务委员会第七次会议第二次修订的《中华人民共和国公司法》，根据《中华人民共和国立法法》《中华人民共和国民法典》等法律规定，就人民法院在审理与公司有关的民事纠纷案件中，涉及公司法时间效力的有关问题作出如下规定：

第一条 公司法施行后的法律事实引起的民事纠纷案件，适用公司法的规定。

公司法施行前的法律事实引起的民事纠纷案件，当时的法律、司法解释有规定的，适用当时的法律、司法解释的规定，但是适用公司法更有利于实现其立法目的，适用公司法的规定：

（一）公司法施行前，公司的股东会召集程序不当，未被通知参加会议的股东自决议作出之日起一年内请求人民法院撤销的，适用公司法第二十六条第二款的规定；

（二）公司法施行前的股东会决议、董事会决议被人民法院依法确认不成立，对公司根据该决议与善意相对人形成的法律关系效力发生争议的，适用公司法第二十八条第二款的规定；

（三）公司法施行前，股东以债权出资，因出资方式发生争议的，适用公司法第四十八条第一款的规定；

（四）公司法施行前，有限责任公司股东向股东以外的人转让股权，因股权转让发生争议的，适用公司法第八十四条第二款的规定；

（五）公司法施行前，公司违反法律规定向股东分配利润、减少注册资本造成公司损失，因损害赔偿责任发生争议的，分别适用公司法第二百一十一条、第二百二十六条的规定；

(六)公司法施行前作出利润分配决议,因利润分配时限发生争议的,适用公司法第二百一十二条的规定;

(七)公司法施行前,公司减少注册资本,股东对相应减少出资额或者股份数量发生争议的,适用公司法第二百二十四条第三款的规定。

第二条 公司法施行前与公司有关的民事法律行为,依据当时的法律、司法解释认定无效而依据公司法认定有效,因民事法律行为效力发生争议的下列情形,适用公司法的规定:

(一)约定公司对所投资企业债务承担连带责任,对该约定效力发生争议的,适用公司法第十四条第二款的规定;

(二)公司作出使用资本公积金弥补亏损的公司决议,对该决议效力发生争议的,适用公司法第二百一十四条的规定;

(三)公司与其持股百分之九十以上的公司合并,对合并决议效力发生争议的,适用公司法第二百一十九条的规定。

第三条 公司法施行前订立的与公司有关的合同,合同的履行持续至公司法施行后,因公司法施行前的履行行为发生争议的,适用当时的法律、司法解释的规定;因公司法施行后的履行行为发生争议的下列情形,适用公司法的规定:

(一)代持上市公司股票合同,适用公司法第一百四十条第二款的规定;

(二)上市公司控股子公司取得该上市公司股份合同,适用公司法第一百四十一条的规定;

(三)股份有限公司为他人取得本公司或者母公司的股份提供赠与、借款、担保以及其他财务资助合同,适用公司法第一百六十三条的规定。

第四条 公司法施行前的法律事实引起的民事纠纷案件,当时的法律、司法解释没有规定而公司法作出规定的下列情形,适用公司法的规定:

(一)股东转让未届出资期限的股权,受让人未按期足额缴纳出资的,关于转让人、受让人出资责任的认定,适用公司法第八十八条第一款的规定;

(二)有限责任公司的控股股东滥用股东权利,严重损害公司或者其他股东利益,其他股东请求公司按照合理价格收购其股权的,适用公司法第八十九条第三款、第四款的规定;

(三)对股份有限公司股东会决议投反对票的股东请求公司按照合理价格收购其股份的,适用公司法第一百六十一条的规定;

(四)不担任公司董事的控股股东、实际控制人执行公司事务的民事责任认定,适用公司法第一百八十条的规定;

（五）公司的控股股东、实际控制人指示董事、高级管理人员从事活动损害公司或者股东利益的民事责任认定，适用公司法第一百九十二条的规定；

（六）不明显背离相关当事人合理预期的其他情形。

第五条 公司法施行前的法律事实引起的民事纠纷案件，当时的法律、司法解释已有原则性规定，公司法作出具体规定的下列情形，适用公司法的规定：

（一）股份有限公司章程对股份转让作了限制规定，因该规定发生争议的，适用公司法第一百五十七条的规定；

（二）对公司监事实施挪用公司资金等禁止性行为、违法关联交易、不当谋取公司商业机会、经营限制的同类业务的赔偿责任认定，分别适用公司法第一百八十一条、第一百八十二条第一款、第一百八十三条、第一百八十四条的规定；

（三）对公司董事、高级管理人员不当谋取公司商业机会、经营限制的同类业务的赔偿责任认定，分别适用公司法第一百八十三条、第一百八十四条的规定；

（四）对关联关系主体范围以及关联交易性质的认定，适用公司法第一百八十二条、第二百六十五条第四项的规定。

第六条 应当进行清算的法律事实发生在公司法施行前，因清算责任发生争议的，适用当时的法律、司法解释的规定。

应当清算的法律事实发生在公司法施行前，但至公司法施行日未满十五日的，适用公司法第二百三十二条的规定，清算义务人履行清算义务的期限自公司法施行日重新起算。

第七条 公司法施行前已经终审的民事纠纷案件，当事人申请再审或者人民法院按照审判监督程序决定再审的，适用当时的法律、司法解释的规定。

第八条 本规定自 2024 年 7 月 1 日起施行。

中华人民共和国证券法

（1998年12月29日第九届全国人民代表大会常务委员会第六次会议通过　根据2004年8月28日第十届全国人民代表大会常务委员会第十一次会议《关于修改〈中华人民共和国证券法〉的决定》第一次修正　2005年10月27日第十届全国人民代表大会常务委员会第十八次会议第一次修订　根据2013年6月29日第十二届全国人民代表大会常务委员会第三次会议《关于修改〈中华人民共和国文物保护法〉等十二部法律的决定》第二次修正　根据2014年8月31日第十二届全国人民代表大会常务委员会第十次会议《关于修改〈中华人民共和国保险法〉等五部法律的决定》第三次修正　2019年12月28日第十三届全国人民代表大会常务委员会第十五次会议第二次修订　自2020年3月1日起施行）

目　录

第一章　总　则
第二章　证券发行
第三章　证券交易
　第一节　一般规定
　第二节　证券上市
　第三节　禁止的交易行为
第四章　上市公司的收购
第五章　信息披露
第六章　投资者保护
第七章　证券交易场所
第八章　证券公司
第九章　证券登记结算机构
第十章　证券服务机构
第十一章　证券业协会
第十二章　证券监督管理机构
第十三章　法律责任

第十四章 附 则

第一章 总 则

第一条 【立法目的】为了规范证券发行和交易行为,保护投资者的合法权益,维护社会经济秩序和社会公共利益,促进社会主义市场经济的发展,制定本法。

第二条 【适用范围】在中华人民共和国境内,股票、公司债券、存托凭证和国务院依法认定的其他证券的发行和交易,适用本法;本法未规定的,适用《中华人民共和国公司法》和其他法律、行政法规的规定。

政府债券、证券投资基金份额的上市交易,适用本法;其他法律、行政法规另有规定的,适用其规定。

资产支持证券、资产管理产品发行、交易的管理办法,由国务院依照本法的原则规定。

在中华人民共和国境外的证券发行和交易活动,扰乱中华人民共和国境内市场秩序,损害境内投资者合法权益的,依照本法有关规定处理并追究法律责任。

第三条 【公开、公平、公正原则】证券的发行、交易活动,必须遵循公开、公平、公正的原则。

第四条 【平等、自愿、有偿、诚实信用原则】证券发行、交易活动的当事人具有平等的法律地位,应当遵守自愿、有偿、诚实信用的原则。

第五条 【活动准则】证券的发行、交易活动,必须遵守法律、行政法规;禁止欺诈、内幕交易和操纵证券市场的行为。

第六条 【分业经营】证券业和银行业、信托业、保险业实行分业经营、分业管理,证券公司与银行、信托、保险业务机构分别设立。国家另有规定的除外。

第七条 【监管体制】国务院证券监督管理机构依法对全国证券市场实行集中统一监督管理。

国务院证券监督管理机构根据需要可以设立派出机构,按照授权履行监督管理职责。

第八条 【审计监督】国家审计机关依法对证券交易场所、证券公司、证券登记结算机构、证券监督管理机构进行审计监督。

第二章 证券发行

第九条 【发行注册】公开发行证券,必须符合法律、行政法规规定的条件,并依法报经国务院证券监督管理机构或者国务院授权的部门注册。未经依法注册,任何单位和个人不得公开发行证券。证券发行注册制的具体范围、实施步骤,由国务院规定。

有下列情形之一的,为公开发行:

(一)向不特定对象发行证券;

(二)向特定对象发行证券累计超过二百人,但依法实施员工持股计划的员工人数不计算在内;

(三)法律、行政法规规定的其他发行行为。

非公开发行证券,不得采用广告、公开劝诱和变相公开方式。

第十条 【发行保荐】 发行人申请公开发行股票、可转换为股票的公司债券,依法采取承销方式的,或者公开发行法律、行政法规规定实行保荐制度的其他证券的,应当聘请证券公司担任保荐人。

保荐人应当遵守业务规则和行业规范,诚实守信,勤勉尽责,对发行人的申请文件和信息披露资料进行审慎核查,督导发行人规范运作。

保荐人的管理办法由国务院证券监督管理机构规定。

第十一条 【公司设立发行】 设立股份有限公司公开发行股票,应当符合《中华人民共和国公司法》规定的条件和经国务院批准的国务院证券监督管理机构规定的其他条件,向国务院证券监督管理机构报送募股申请和下列文件:

(一)公司章程;

(二)发起人协议;

(三)发起人姓名或者名称,发起人认购的股份数、出资种类及验资证明;

(四)招股说明书;

(五)代收股款银行的名称及地址;

(六)承销机构名称及有关的协议。

依照本法规定聘请保荐人的,还应当报送保荐人出具的发行保荐书。

法律、行政法规规定设立公司必须报经批准的,还应当提交相应的批准义件。

第十二条 【公司发行新股】 公司首次公开发行新股,应当符合下列条件:

(一)具备健全且运行良好的组织机构;

(二)具有持续经营能力;

(三)最近三年财务会计报告被出具无保留意见审计报告;

(四)发行人及其控股股东、实际控制人最近三年不存在贪污、贿赂、侵占财产、挪用财产或者破坏社会主义市场经济秩序的刑事犯罪;

（五）经国务院批准的国务院证券监督管理机构规定的其他条件。

上市公司发行新股，应当符合经国务院批准的国务院证券监督管理机构规定的条件，具体管理办法由国务院证券监督管理机构规定。

公开发行存托凭证的，应当符合首次公开发行新股的条件以及国务院证券监督管理机构规定的其他条件。

第十三条 【新股发行文件】公司公开发行新股，应当报送募股申请和下列文件：

（一）公司营业执照；

（二）公司章程；

（三）股东大会决议；

（四）招股说明书或者其他公开发行募集文件；

（五）财务会计报告；

（六）代收股款银行的名称及地址。

依照本法规定聘请保荐人的，还应当报送保荐人出具的发行保荐书。依照本法规定实行承销的，还应当报送承销机构名称及有关的协议。

第十四条 【募股资金用途】公司对公开发行股票所募集资金，必须按照招股说明书或者其他公开发行募集文件所列资金用途使用；改变资金用途，必须经股东大会作出决议。擅自改变用途，未作纠正的，或者未经股东大会认可的，不得公开发行新股。

第十五条 【发行债券】公开发行公司债券，应当符合下列条件：

（一）具备健全且运行良好的组织机构；

（二）最近三年平均可分配利润足以支付公司债券一年的利息；

（三）国务院规定的其他条件。

公开发行公司债券筹集的资金，必须按照公司债券募集办法所列资金用途使用；改变资金用途，必须经债券持有人会议作出决议。公开发行公司债券筹集的资金，不得用于弥补亏损和非生产性支出。

上市公司发行可转换为股票的公司债券，除应当符合第一款规定的条件外，还应当遵守本法第十二条第二款的规定。但是，按照公司债券募集办法，上市公司通过收购本公司股份的方式进行公司债券转换的除外。

第十六条 【债券发行文件】申请公开发行公司债券，应当向国务院授权的部门或者国务院证券监督管理机构报送下列文件：

（一）公司营业执照；

（二）公司章程；

（三）公司债券募集办法；

（四）国务院授权的部门或者国务院证券监督管理机构规定的其他文件。

依照本法规定聘请保荐人的，还应当报送保荐人出具的发行保荐书。

第十七条 【债券发行限制】有下列情形之一的，不得再次公开发行公司债券：

（一）对已公开发行的公司债券或者其他债务有违约或者延迟支付本息的事实，仍处于继续状态；

（二）违反本法规定，改变公开发行公司债券所募资金的用途。

第十八条 【发行文件报送】发行人依法申请公开发行证券所报送的申请文件的格式、报送方式，由依法负责注册的机构或者部门规定。

第十九条 【发行文件要求】发行人报送的证券发行申请文件，应当充分披露投资者作出价值判断和投资决策所必需的信息，内容应当真实、准确、完整。

为证券发行出具有关文件的证券服务机构和人员，必须严格履行法定职责，保证所出具文件的真实性、准确性和完整性。

第二十条 【预先披露】发行人申请首次公开发行股票的，在提交申请文件后，应当按照国务院证券监督管理机构的规定预先披露有关申请文件。

第二十一条 【注册程序】国务院证券监督管理机构或者国务院授权的部门依照法定条件负责证券发行申请的注册。证券公开发行注册的具体办法由国务院规定。

按照国务院的规定，证券交易所等可以审核公开发行证券申请，判断发行人是否符合发行条件、信息披露要求，督促发行人完善信息披露内容。

依照前两款规定参与证券发行申请注册的人员，不得与发行申请人有利害关系，不得直接或者间接接受发行申请人的馈赠，不得持有所注册的发行申请的证券，不得私下与发行申请人进行接触。

第二十二条 【注册期限】国务院证券监督管理机构或者国务院授权的部门应当自受理证券发行申请文件之日起三个月内，依照法定条件和法定程序作出予以注册或者不予注册的决定，发行人根据要求补充、修改发行申请文件的时间不计算在内。不予注册的，应当说明理由。

第二十三条 【发行公告】证券发行申请经注册后，发行人应当依照法律、行政法规的规定，在证券公开发行前公告公开发行募集文件，并将该文件置备于指定场所供公众查阅。

发行证券的信息依法公开前，任何知情人不得公开或者泄露该信息。

发行人不得在公告公开发行募集文件前发行证券。

第二十四条 【欺诈发行】国务院证券监督管理机构或者国务院授权的部门对已作出的证券发行注册的决定,发现不符合法定条件或者法定程序,尚未发行证券的,应当予以撤销,停止发行。已经发行尚未上市的,撤销发行注册决定,发行人应当按照发行价并加算银行同期存款利息返还证券持有人;发行人的控股股东、实际控制人以及保荐人,应当与发行人承担连带责任,但是能够证明自己没有过错的除外。

股票的发行人在招股说明书等证券发行文件中隐瞒重要事实或者编造重大虚假内容,已经发行并上市的,国务院证券监督管理机构可以责令发行人回购证券,或者责令负有责任的控股股东、实际控制人买回证券。

第二十五条 【风险负担】股票依法发行后,发行人经营与收益的变化,由发行人自行负责;由此变化引致的投资风险,由投资者自行负责。

第二十六条 【证券承销】发行人向不特定对象发行的证券,法律、行政法规规定应当由证券公司承销的,发行人应当同证券公司签订承销协议。证券承销业务采取代销或者包销方式。

证券代销是指证券公司代发行人发售证券,在承销期结束时,将未售出的证券全部退还给发行人的承销方式。

证券包销是指证券公司将发行人的证券按照协议全部购入或者在承销期结束时将售后剩余证券全部自行购入的承销方式。

第二十七条 【承销公司选择】公开发行证券的发行人有权依法自主选择承销的证券公司。

第二十八条 【承销协议】证券公司承销证券,应当同发行人签订代销或者包销协议,载明下列事项:

(一)当事人的名称、住所及法定代表人姓名;

(二)代销、包销证券的种类、数量、金额及发行价格;

(三)代销、包销的期限及起止日期;

(四)代销、包销的付款方式及日期;

(五)代销、包销的费用和结算办法;

(六)违约责任;

(七)国务院证券监督管理机构规定的其他事项。

第二十九条 【承销活动准则】证券公司承销证券,应当对公开发行募集文件的真实性、准确性、完整性进行核查。发现有虚假记载、误导性陈述或者重大遗漏的,不得进行销售活动;已经销售的,必须立即停止销售活动,并采取纠正措施。

证券公司承销证券,不得有下列行为:

(一)进行虚假的或者误导投资者的广告宣传或者其他宣传推介活动;

(二)以不正当竞争手段招揽承销业务;

(三)其他违反证券承销业务规定的行为。

证券公司有前款所列行为,给其他证券承销机构或者投资者造成损失的,应当依法承担赔偿责任。

第三十条 【承销团】向不特定对象发行证券聘请承销团承销的,承销团应当由主承销和参与承销的证券公司组成。

第三十一条 【承销期限】证券的代销、包销期限最长不得超过九十日。

证券公司在代销、包销期内,对所代销、包销的证券应当保证先行出售给认购人,证券公司不得为本公司预留所代销的证券和预先购入并留存所包销的证券。

第三十二条 【发行价格】股票发行采取溢价发行的,其发行价格由发行人与承销的证券公司协商确定。

第三十三条 【发行失败】股票发行采用代销方式,代销期限届满,向投资者出售的股票数量未达到拟公开发行股票数量百分之七十的,为发行失败。发行人应当按照发行价并加算银行同期存款利息返还股票认购人。

第三十四条 【发行备案】公开发行股票,代销、包销期限届满,发行人应当在规定的期限内将股票发行情况报国务院证券监督管理机构备案。

第三章 证券交易

第一节 一般规定

第三十五条 【证券买卖】证券交易当事人依法买卖的证券,必须是依法发行并交付的证券。

非依法发行的证券,不得买卖。

第三十六条 【证券限售】依法发行的证券,《中华人民共和国公司法》和其他法律对其转让期限有限制性规定的,在限定的期限内不得转让。

上市公司持有百分之五以上股份的股东、实际控制人、董事、监事、高级管理人员,以及其他持有发行人首次公开发行前发行的股份或者上市公司向特定对象发行的股份的股东,转让其持有的本公司股份的,不得违反法律、行政法规和国务院证券监督管理机构关于持有期限、卖出时间、卖出数量、卖出方式、信息披露等规定,并应当遵守证券交易所的业务规则。

第三十七条 【交易场所】公开发行的证券,应当在依法设立的证券交易所上市交易或者在国务院批准的其他全国性证券交易场所交易。

非公开发行的证券，可以在证券交易所、国务院批准的其他全国性证券交易场所、按照国务院规定设立的区域性股权市场转让。

第三十八条 【交易方式】证券在证券交易所上市交易，应当采用公开的集中交易方式或者国务院证券监督管理机构批准的其他方式。

第三十九条 【证券形式】证券交易当事人买卖的证券可以采用纸面形式或者国务院证券监督管理机构规定的其他形式。

第四十条 【证券从业人员、监管工作人员买卖股票限制】证券交易场所、证券公司和证券登记结算机构的从业人员，证券监督管理机构的工作人员以及法律、行政法规规定禁止参与股票交易的其他人员，在任期或者法定期限内，不得直接或者以化名、借他人名义持有、买卖股票或者其他具有股权性质的证券，也不得收受他人赠送的股票或者其他具有股权性质的证券。

任何人在成为前款所列人员时，其原已持有的股票或者其他具有股权性质的证券，必须依法转让。

实施股权激励计划或者员工持股计划的证券公司的从业人员，可以按照国务院证券监督管理机构的规定持有、卖出本公司股票或者其他具有股权性质的证券。

第四十一条 【保密义务】证券交易场所、证券公司、证券登记结算机构、证券服务机构及其工作人员应当依法为投资者的信息保密，不得非法买卖、提供或者公开投资者的信息。

证券交易场所、证券公司、证券登记结算机构、证券服务机构及其工作人员不得泄露所知悉的商业秘密。

第四十二条 【证券服务机构及人员买卖证券限制】为证券发行出具审计报告或者法律意见书等文件的证券服务机构和人员，在该证券承销期内和期满后六个月内，不得买卖该证券。

除前款规定外，为发行人及其控股股东、实际控制人，或者收购人、重大资产交易方出具审计报告或者法律意见书等文件的证券服务机构和人员，自接受委托之日起至上述文件公开后五日内，不得买卖该证券。实际开展上述有关工作之日早于接受委托之日的，自实际开展上述有关工作之日至上述文件公开后五日内，不得买卖该证券。

第四十三条 【证券交易收费】证券交易的收费必须合理，并公开收费项目、收费标准和管理办法。

第四十四条 【短线交易】上市公司、股票在国务院批准的其他全国性证券交易场所交易的公司持有百分之五以上股份的股东、董事、监事、高级管理人员,将其持有的该公司的股票或者其他具有股权性质的证券在买入后六个月内卖出,或者在卖出后六个月内又买入,由此所得收益归该公司所有,公司董事会应当收回其所得收益。但是,证券公司因购入包销售后剩余股票而持有百分之五以上股份,以及有国务院证券监督管理机构规定的其他情形的除外。

前款所称董事、监事、高级管理人员、自然人股东持有的股票或者其他具有股权性质的证券,包括其配偶、父母、子女持有的及利用他人账户持有的股票或者其他具有股权性质的证券。

公司董事会不按照第一款规定执行的,股东有权要求董事会在三十日内执行。公司董事会未在上述期限内执行的,股东有权为了公司的利益以自己的名义直接向人民法院提起诉讼。

公司董事会不按照第一款的规定执行的,负有责任的董事依法承担连带责任。

第四十五条 【程序化交易】通过计算机程序自动生成或者下达交易指令进行程序化交易的,应当符合国务院证券监督管理机构的规定,并向证券交易所报告,不得影响证券交易所系统安全或者正常交易秩序。

第二节 证券上市

第四十六条 【上市程序】申请证券上市交易,应当向证券交易所提出申请,由证券交易所依法审核同意,并由双方签订上市协议。

证券交易所根据国务院授权的部门的决定安排政府债券上市交易。

第四十七条 【上市条件】申请证券上市交易,应当符合证券交易所上市规则规定的上市条件。

证券交易所上市规则规定的上市条件,应当对发行人的经营年限、财务状况、最低公开发行比例和公司治理、诚信记录等提出要求。

第四十八条 【终止上市】上市交易的证券,有证券交易所规定的终止上市情形的,由证券交易所按照业务规则终止其上市交易。

证券交易所决定终止证券上市交易的,应当及时公告,并报国务院证券监督管理机构备案。

第四十九条 【上市复核】对证券交易所作出的不予上市交易、终止上市交易决定不服的,可以向证券交易所设立的复核机构申请复核。

第三节 禁止的交易行为

第五十条 【禁止内幕交易】禁止证券交易内幕信息的知情人和非法获取

内幕信息的人利用内幕信息从事证券交易活动。

第五十一条　【内幕信息知情人】证券交易内幕信息的知情人包括：

（一）发行人及其董事、监事、高级管理人员；

（二）持有公司百分之五以上股份的股东及其董事、监事、高级管理人员，公司的实际控制人及其董事、监事、高级管理人员；

（三）发行人控股或者实际控制的公司及其董事、监事、高级管理人员；

（四）由于所任公司职务或者因与公司业务往来可以获取公司有关内幕信息的人员；

（五）上市公司收购人或者重大资产交易方及其控股股东、实际控制人、董事、监事和高级管理人员；

（六）因职务、工作可以获取内幕信息的证券交易场所、证券公司、证券登记结算机构、证券服务机构的有关人员；

（七）因职责、工作可以获取内幕信息的证券监督管理机构工作人员；

（八）因法定职责对证券的发行、交易或者对上市公司及其收购、重大资产交易进行管理可以获取内幕信息的有关主管部门、监管机构的工作人员；

（九）国务院证券监督管理机构规定的可以获取内幕信息的其他人员。

第五十二条　【内幕信息】证券交易活动中，涉及发行人的经营、财务或者对该发行人证券的市场价格有重大影响的尚未公开的信息，为内幕信息。

本法第八十条第二款、第八十一条第二款所列重大事件属于内幕信息。

第五十三条　【内幕交易行为及其赔偿责任】证券交易内幕信息的知情人和非法获取内幕信息的人，在内幕信息公开前，不得买卖该公司的证券，或者泄露该信息，或者建议他人买卖该证券。

持有或者通过协议、其他安排与他人共同持有公司百分之五以上股份的自然人、法人、非法人组织收购上市公司的股份，本法另有规定的，适用其规定。

内幕交易行为给投资者造成损失的，应当依法承担赔偿责任。

第五十四条　【禁止利用未公开信息进行证券交易】禁止证券交易场所、证券公司、证券登记结算机构、证券服务机构和其他金融机构的从业人员、有关监管部门或者行业协会的工作人员，利用因职务便利获取的内幕信息以外的其他未公开的信息，违反规定，从事与该信息相关的证券交易活动，或者明示、暗示他人从事相关交易活动。

利用未公开信息进行交易给投资者造成损失的，应当依法承担赔偿责任。

第五十五条　【禁止操纵证券市场】禁止任何人以下列手段操纵证券市场，影响或者意图影响证券交易价格或者证券交易量：

（一）单独或者通过合谋，集中资金优势、持股优势或者利用信息优势联合或者连续买卖；

（二）与他人串通，以事先约定的时间、价格和方式相互进行证券交易；

（三）在自己实际控制的账户之间进行证券交易；

（四）不以成交为目的，频繁或者大量申报并撤销申报；

（五）利用虚假或者不确定的重大信息，诱导投资者进行证券交易；

（六）对证券、发行人公开作出评价、预测或者投资建议，并进行反向证券交易；

（七）利用在其他相关市场的活动操纵证券市场；

（八）操纵证券市场的其他手段。

操纵证券市场行为给投资者造成损失的，应当依法承担赔偿责任。

第五十六条 【禁止编造、传播虚假信息或者误导性信息】禁止任何单位和个人编造、传播虚假信息或者误导性信息，扰乱证券市场。

禁止证券交易场所、证券公司、证券登记结算机构、证券服务机构及其从业人员，证券业协会、证券监督管理机构及其工作人员，在证券交易活动中作出虚假陈述或者信息误导。

各种传播媒介传播证券市场信息必须真实、客观，禁止误导。传播媒介及其从事证券市场信息报道的工作人员不得从事与其工作职责发生利益冲突的证券买卖。

编造、传播虚假信息或者误导性信息，扰乱证券市场，给投资者造成损失的，应当依法承担赔偿责任。

第五十七条 【禁止损害客户利益】禁止证券公司及其从业人员从事下列损害客户利益的行为：

（一）违背客户的委托为其买卖证券；

（二）不在规定时间内向客户提供交易的确认文件；

（三）未经客户的委托，擅自为客户买卖证券，或者假借客户的名义买卖证券；

（四）为牟取佣金收入，诱使客户进行不必要的证券买卖；

（五）其他违背客户真实意思表示，损害客户利益的行为。

违反前款规定给客户造成损失的，应当依法承担赔偿责任。

第五十八条 【禁止出借、借用证券账户】任何单位和个人不得违反规定，出借自己的证券账户或者借用他人的证券账户从事证券交易。

第五十九条 【禁止违规资金入市】依法拓宽资金入市渠道，禁止资金违规流入股市。

禁止投资者违规利用财政资金、银行信贷资金买卖证券。

第六十条 【国有企业买卖股票】国有独资企业、国有独资公司、国有资本控股公司买卖上市交易的股票，必须遵守国家有关规定。

第六十一条 【发现禁止的交易行为的报告义务】证券交易场所、证券公司、证券登记结算机构、证券服务机构及其从业人员对证券交易中发现的禁止的交易行为，应当及时向证券监督管理机构报告。

第四章 上市公司的收购

第六十二条 【上市公司收购方式】投资者可以采取要约收购、协议收购及其他合法方式收购上市公司。

第六十三条 【大额持股信息披露】通过证券交易所的证券交易，投资者持有或者通过协议、其他安排与他人共同持有一个上市公司已发行的有表决权股份达到百分之五时，应当在该事实发生之日起三日内，向国务院证券监督管理机构、证券交易所作出书面报告，通知该上市公司，并予公告，在上述期限内不得再行买卖该上市公司的股票，但国务院证券监督管理机构规定的情形除外。

投资者持有或者通过协议、其他安排与他人共同持有一个上市公司已发行的有表决权股份达到百分之五后，其所持该上市公司已发行的有表决权股份比例每增加或者减少百分之五，应当依照前款规定进行报告和公告，在该事实发生之日起至公告后三日内，不得再行买卖该上市公司的股票，但国务院证券监督管理机构规定的情形除外。

投资者持有或者通过协议、其他安排与他人共同持有一个上市公司已发行的有表决权股份达到百分之五后，其所持该上市公司已发行的有表决权股份比例每增加或者减少百分之一，应当在该事实发生的次日通知该上市公司，并予公告。

违反第一款、第二款规定买入上市公司有表决权的股份的，在买入后的三十六个月内，对该超过规定比例部分的股份不得使表决权。

第六十四条 【大额持股信息披露的内容】依照前条规定所作的公告，应当包括下列内容：

（一）持股人的名称、住所；

（二）持有的股票的名称、数额；

（三）持股达到法定比例或者持股增减变化达到法定比例的日期、增持股份的资金来源；

（四）在上市公司中拥有有表决权的股份变动的时间及方式。

第六十五条 【强制要约收购】 通过证券交易所的证券交易，投资者持有或者通过协议、其他安排与他人共同持有一个上市公司已发行的有表决权股份达到百分之三十时，继续进行收购的，应当依法向该上市公司所有股东发出收购上市公司全部或者部分股份的要约。

收购上市公司部分股份的要约应当约定，被收购公司股东承诺出售的股份数额超过预定收购的股份数额的，收购人按比例进行收购。

第六十六条 【上市公司收购报告书的内容】 依照前条规定发出收购要约，收购人必须公告上市公司收购报告书，并载明下列事项：

（一）收购人的名称、住所；

（二）收购人关于收购的决定；

（三）被收购的上市公司名称；

（四）收购目的；

（五）收购股份的详细名称和预定收购的股份数额；

（六）收购期限、收购价格；

（七）收购所需资金额及资金保证；

（八）公告上市公司收购报告书时持有被收购公司股份数占该公司已发行的股份总数的比例。

第六十七条 【要约收购期限】 收购要约约定的收购期限不得少于三十日，并不得超过六十日。

第六十八条 【收购要约的撤销和变更】 在收购要约确定的承诺期限内，收购人不得撤销其收购要约。收购人需要变更收购要约的，应当及时公告，载明具体变更事项，且不得存在下列情形：

（一）降低收购价格；

（二）减少预定收购股份数额；

（三）缩短收购期限；

（四）国务院证券监督管理机构规定的其他情形。

第六十九条 【被收购上市公司股东地位平等】 收购要约提出的各项收购条件，适用于被收购公司的所有股东。

上市公司发行不同种类股份的，收购人可以针对不同种类股份提出不同的收购条件。

第七十条 【收购人买卖股票限制】 采取要约收购方式的，收购人在收购期限内，不得卖出被收购公司的股票，也不得采取要约规定以外的形式和超出要约的条件买入被收购公司的股票。

第七十一条　【协议收购】采取协议收购方式的，收购人可以依照法律、行政法规的规定同被收购公司的股东以协议方式进行股份转让。

以协议方式收购上市公司时，达成协议后，收购人必须在三日内将该收购协议向国务院证券监督管理机构及证券交易所作出书面报告，并予公告。

在公告前不得履行收购协议。

第七十二条　【收购协议履行的保全性措施】采取协议收购方式的，协议双方可以临时委托证券登记结算机构保管协议转让的股票，并将资金存放于指定的银行。

第七十三条　【协议收购转强制要约收购】采取协议收购方式的，收购人收购或者通过协议、其他安排与他人共同收购一个上市公司已发行的有表决权股份达到百分之三十时，继续进行收购的，应当依法向该上市公司所有股东发出收购上市公司全部或者部分股份的要约。但是，按照国务院证券监督管理机构的规定免除发出要约的除外。

收购人依照前款规定以要约方式收购上市公司股份，应当遵守本法第六十五条第二款、第六十六条至第七十条的规定。

第七十四条　【因上市公司被收购导致终止上市】收购期限届满，被收购公司股权分布不符合证券交易所规定的上市交易要求的，该上市公司的股票应当由证券交易所依法终止上市交易；其余仍持有被收购公司股票的股东，有权向收购人以收购要约的同等条件出售其股票，收购人应当收购。

收购行为完成后，被收购公司不再具备股份有限公司条件的，应当依法变更企业形式。

第七十五条　【收购人限制转让期】在上市公司收购中，收购人持有的被收购的上市公司的股票，在收购行为完成后的十八个月内不得转让。

第七十六条　【收购行为完成后收购人更换股票、报告和公告义务】收购行为完成后，收购人与被收购公司合并，并将该公司解散，被解散公司的原有股票由收购人依法更换。

收购行为完成后，收购人应当在十五日内将收购情况报告国务院证券监督管理机构和证券交易所，并予公告。

第七十七条　【上市公司收购具体办法及其分立合并】国务院证券监督管理机构依照本法制定上市公司收购的具体办法。

上市公司分立或者被其他公司合并，应当向国务院证券监督管理机构报告，并予公告。

第五章 信息披露

第七十八条 【信息披露原则】发行人及法律、行政法规和国务院证券监督管理机构规定的其他信息披露义务人,应当及时依法履行信息披露义务。

信息披露义务人披露的信息,应当真实、准确、完整,简明清晰,通俗易懂,不得有虚假记载、误导性陈述或者重大遗漏。

证券同时在境内境外公开发行、交易的,其信息披露义务人在境外披露的信息,应当在境内同时披露。

第七十九条 【定期报告】上市公司、公司债券上市交易的公司、股票在国务院批准的其他全国性证券交易场所交易的公司,应当按照国务院证券监督管理机构和证券交易场所规定的内容和格式编制定期报告,并按照以下规定报送和公告:

(一)在每一会计年度结束之日起四个月内,报送并公告年度报告,其中的年度财务会计报告应当经符合本法规定的会计师事务所审计;

(二)在每一会计年度的上半年结束之日起二个月内,报送并公告中期报告。

第八十条 【上市公司、"新三板"挂牌公司临时报告义务】发生可能对上市公司、股票在国务院批准的其他全国性证券交易场所交易的公司的股票交易价格产生较大影响的重大事件,投资者尚未得知时,公司应当立即将有关该重大事件的情况向国务院证券监督管理机构和证券交易场所报送临时报告,并予公告,说明事件的起因、目前的状态和可能产生的法律后果。

前款所称重大事件包括:

(一)公司的经营方针和经营范围的重大变化;

(二)公司的重大投资行为,公司在一年内购买、出售重大资产超过公司资产总额百分之二十,或者公司营业用主要资产的抵押、质押、出售或者报废一次超过该资产的百分之三十;

(三)公司订立重要合同、提供重大担保或者从事关联交易,可能对公司的资产、负债、权益和经营成果产生重要影响;

(四)公司发生重大债务和未能清偿到期重大债务的违约情况;

(五)公司发生重大亏损或者重大损失;

(六)公司生产经营的外部条件发生的重大变化;

(七)公司的董事、三分之一以上监事或者经理发生变动,董事长或者经理无法履行职责;

（八）持有公司百分之五以上股份的股东或者实际控制人持有股份或者控制公司的情况发生较大变化，公司的实际控制人及其控制的其他企业从事与公司相同或者相似业务的情况发生较大变化；

（九）公司分配股利、增资的计划，公司股权结构的重要变化，公司减资、合并、分立、解散及申请破产的决定，或者依法进入破产程序、被责令关闭；

（十）涉及公司的重大诉讼、仲裁，股东大会、董事会决议被依法撤销或者宣告无效；

（十一）公司涉嫌犯罪被依法立案调查，公司的控股股东、实际控制人、董事、监事、高级管理人员涉嫌犯罪被依法采取强制措施；

（十二）国务院证券监督管理机构规定的其他事项。

公司的控股股东或者实际控制人对重大事件的发生、进展产生较大影响的，应当及时将其知悉的有关情况书面告知公司，并配合公司履行信息披露义务。

第八十一条 【债券上市交易的公司的临时报告义务】发生可能对上市交易公司债券的交易价格产生较大影响的重大事件，投资者尚未得知时，公司应当立即将有关该重大事件的情况向国务院证券监督管理机构和证券交易场所报送临时报告，并予公告，说明事件的起因、目前的状态和可能产生的法律后果。

前款所称重大事件包括：

（一）公司股权结构或者生产经营状况发生重大变化；

（二）公司债券信用评级发生变化；

（三）公司重大资产抵押、质押、出售、转让、报废；

（四）公司发生未能清偿到期债务的情况；

（五）公司新增借款或者对外提供担保超过上年末净资产的百分之二十；

（六）公司放弃债权或者财产超过上年末净资产的百分之十；

（七）公司发生超过上年末净资产百分之十的重大损失；

（八）公司分配股利，作出减资、合并、分立、解散及申请破产的决定，或者依法进入破产程序、被责令关闭；

（九）涉及公司的重大诉讼、仲裁；

（十）公司涉嫌犯罪被依法立案调查，公司的控股股东、实际控制人、董事、监事、高级管理人员涉嫌犯罪被依法采取强制措施；

（十一）国务院证券监督管理机构规定的其他事项。

第八十二条 【董监高对信息披露所负义务】发行人的董事、高级管理人员应当对证券发行文件和定期报告签署书面确认意见。

发行人的监事会应当对董事会编制的证券发行文件和定期报告进行审核并提出书面审核意见。监事应当签署书面确认意见。

发行人的董事、监事和高级管理人员应当保证发行人及时、公平地披露信息，所披露的信息真实、准确、完整。

董事、监事和高级管理人员无法保证证券发行文件和定期报告内容的真实性、准确性、完整性或者有异议的，应当在书面确认意见中发表意见并陈述理由，发行人应当披露。发行人不予披露的，董事、监事和高级管理人员可以直接申请披露。

第八十三条　【公平披露原则】信息披露义务人披露的信息应当同时向所有投资者披露，不得提前向任何单位和个人泄露。但是，法律、行政法规另有规定的除外。

任何单位和个人不得非法要求信息披露义务人提供依法需要披露但尚未披露的信息。任何单位和个人提前获知的前述信息，在依法披露前应当保密。

第八十四条　【自愿披露和公开承诺】除依法需要披露的信息之外，信息披露义务人可以自愿披露与投资者作出价值判断和投资决策有关的信息，但不得与依法披露的信息相冲突，不得误导投资者。

发行人及其控股股东、实际控制人、董事、监事、高级管理人员等作出公开承诺的，应当披露。不履行承诺给投资者造成损失的，应当依法承担赔偿责任。

第八十五条　【违反信息披露义务的民事赔偿责任】信息披露义务人未按照规定披露信息，或者公告的证券发行文件、定期报告、临时报告及其他信息披露资料存在虚假记载、误导性陈述或者重大遗漏，致使投资者在证券交易中遭受损失的，信息披露义务人应当承担赔偿责任；发行人的控股股东、实际控制人、董事、监事、高级管理人员和其他直接责任人员以及保荐人、承销的证券公司及其直接责任人员，应当与发行人承担连带赔偿责任，但是能够证明自己没有过错的除外。

第八十六条　【信息披露方式】依法披露的信息，应当在证券交易场所的网站和符合国务院证券监督管理机构规定条件的媒体发布，同时将其置备于公司住所、证券交易场所，供社会公众查阅。

第八十七条　【信息披露的监督】国务院证券监督管理机构对信息披露义务人的信息披露行为进行监督管理。

证券交易场所应当对其组织交易的证券的信息披露义务人的信息披露行为进行监督，督促其依法及时、准确地披露信息。

第六章　投资者保护

第八十八条　【投资者适当性管理】证券公司向投资者销售证券、提供服务时,应当按照规定充分了解投资者的基本情况、财产状况、金融资产状况、投资知识和经验、专业能力等相关信息;如实说明证券、服务的重要内容,充分揭示投资风险;销售、提供与投资者上述状况相匹配的证券、服务。

投资者在购买证券或者接受服务时,应当按照证券公司明示的要求提供前款所列真实信息。拒绝提供或者未按照要求提供信息的,证券公司应当告知其后果,并按照规定拒绝向其销售证券、提供服务。

证券公司违反第一款规定导致投资者损失的,应当承担相应的赔偿责任。

第八十九条　【投资者分类和对普通投资者的特别保护】根据财产状况、金融资产状况、投资知识和经验、专业能力等因素,投资者可以分为普通投资者和专业投资者。专业投资者的标准由国务院证券监督管理机构规定。

普通投资者与证券公司发生纠纷的,证券公司应当证明其行为符合法律、行政法规以及国务院证券监督管理机构的规定,不存在误导、欺诈等情形。证券公司不能证明的,应当承担相应的赔偿责任。

第九十条　【征集股东权利】上市公司董事会、独立董事、持有百分之一以上有表决权股份的股东或者依照法律、行政法规或者国务院证券监督管理机构的规定设立的投资者保护机构(以下简称投资者保护机构),可以作为征集人,自行或者委托证券公司、证券服务机构,公开请求上市公司股东委托其代为出席股东大会,并代为行使提案权、表决权等股东权利。

依照前款规定征集股东权利的,征集人应当披露征集文件,上市公司应当予以配合。

禁止以有偿或者变相有偿的方式公开征集股东权利。

公开征集股东权利违反法律、行政法规或者国务院证券监督管理机构有关规定,导致上市公司或者其股东遭受损失的,应当依法承担赔偿责任。

第九十一条　【现金分红】上市公司应当在章程中明确分配现金股利的具体安排和决策程序,依法保障股东的资产收益权。

上市公司当年税后利润,在弥补亏损和提取法定公积金后有盈余的,应当按照公司章程的规定分配现金股利。

第九十二条　【债券持有人会议和债券受托管理人】公开发行公司债券的,应当设立债券持有人会议,并应当在募集说明书中说明债券持有人会议的召集程序、会议规则和其他重要事项。

公开发行公司债券的,发行人应当为债券持有人聘请债券受托管理人,并订立债券受托管理协议。受托管理人应当由本次发行的承销机构或者其他经国务院证券监督管理机构认可的机构担任,债券持有人会议可以决议变更债券受托管理人。债券受托管理人应当勤勉尽责,公正履行受托管理职责,不得损害债券持有人利益。

债券发行人未能按期兑付债券本息的,债券受托管理人可以接受全部或者部分债券持有人的委托,以自己名义代表债券持有人提起、参加民事诉讼或者清算程序。

第九十三条 【先行赔付】发行人因欺诈发行、虚假陈述或者其他重大违法行为给投资者造成损失的,发行人的控股股东、实际控制人、相关的证券公司可以委托投资者保护机构,就赔偿事宜与受到损失的投资者达成协议,予以先行赔付。先行赔付后,可以依法向发行人以及其他连带责任人追偿。

第九十四条 【投资者保护机构调解、支持诉讼和股东代表诉讼】投资者与发行人、证券公司等发生纠纷的,双方可以向投资者保护机构申请调解。普通投资者与证券公司发生证券业务纠纷,普通投资者提出调解请求的,证券公司不得拒绝。

投资者保护机构对损害投资者利益的行为,可以依法支持投资者向人民法院提起诉讼。

发行人的董事、监事、高级管理人员执行公司职务时违反法律、行政法规或者公司章程的规定给公司造成损失,发行人的控股股东、实际控制人等侵犯公司合法权益给公司造成损失,投资者保护机构持有该公司股份的,可以为公司的利益以自己的名义向人民法院提起诉讼,持股比例和持股期限不受《中华人民共和国公司法》规定的限制。

第九十五条 【证券代表人诉讼】投资者提起虚假陈述等证券民事赔偿诉讼时,诉讼标的是同一种类,且当事人一方人数众多的,可以依法推选代表人进行诉讼。

对按照前款规定提起的诉讼,可能存在有相同诉讼请求的其他众多投资者的,人民法院可以发出公告,说明该诉讼请求的案件情况,通知投资者在一定期间向人民法院登记。人民法院作出的判决、裁定,对参加登记的投资者发生效力。

投资者保护机构受五十名以上投资者委托,可以作为代表人参加诉讼,并为经证券登记结算机构确认的权利人依照前款规定向人民法院登记,但投资者明确表示不愿意参加该诉讼的除外。

第七章　证券交易场所

第九十六条　【证券交易场所的法律地位和适用规则】证券交易所、国务院批准的其他全国性证券交易场所为证券集中交易提供场所和设施，组织和监督证券交易，实行自律管理，依法登记，取得法人资格。

证券交易所、国务院批准的其他全国性证券交易场所的设立、变更和解散由国务院决定。

国务院批准的其他全国性证券交易场所的组织机构、管理办法等，由国务院规定。

第九十七条　【证券交易场所设立不同市场层次】证券交易所、国务院批准的其他全国性证券交易场所可以根据证券品种、行业特点、公司规模等因素设立不同的市场层次。

第九十八条　【区域性股权市场】按照国务院规定设立的区域性股权市场为非公开发行证券的发行、转让提供场所和设施，具体管理办法由国务院规定。

第九十九条　【证券交易所自律管理】证券交易所履行自律管理职能，应当遵守社会公共利益优先原则，维护市场的公平、有序、透明。

设立证券交易所必须制定章程。证券交易所章程的制定和修改，必须经国务院证券监督管理机构批准。

第一百条　【证券交易所的名称】证券交易所必须在其名称中标明证券交易所字样。其他任何单位或者个人不得使用证券交易所或者近似的名称。

第一百零一条　【证券交易所收入支配规则】证券交易所可以自行支配的各项费用收入，应当首先用于保证其证券交易场所和设施的正常运行并逐步改善。

实行会员制的证券交易所的财产积累归会员所有，其权益由会员共同享有，在其存续期间，不得将其财产积累分配给会员。

第一百零二条　【证券交易所设理事会、监事会、总经理】实行会员制的证券交易所设理事会、监事会。

证券交易所设总经理一人，由国务院证券监督管理机构任免。

第一百零三条　【证券交易所负责人任职资格限制】有《中华人民共和国公司法》第一百四十六条规定的情形或者下列情形之一的，不得担任证券交易所的负责人：

（一）因违法行为或者违纪行为被解除职务的证券交易场所、证券登记结算机构的负责人或者证券公司的董事、监事、高级管理人员，自被解除职务之日起未逾五年；

（二）因违法行为或者违纪行为被吊销执业证书或者被取消资格的律师、注册会计师或者其他证券服务机构的专业人员，自被吊销执业证书或者被取消资格之日起未逾五年。

第一百零四条 【招聘证券交易所从业人员的限制条件】因违法行为或者违纪行为被开除的证券交易场所、证券公司、证券登记结算机构、证券服务机构的从业人员和被开除的国家机关工作人员，不得招聘为证券交易所的从业人员。

第一百零五条 【参与会员制证券交易所集中交易的主体】进入实行会员制的证券交易所参与集中交易的，必须是证券交易所的会员。证券交易所不得允许非会员直接参与股票的集中交易。

第一百零六条 【投资者买卖证券程序】投资者应当与证券公司签订证券交易委托协议，并在证券公司实名开立账户，以书面、电话、自助终端、网络等方式，委托该证券公司代其买卖证券。

第一百零七条 【证券账户实名制管理】证券公司为投资者开立账户，应当按照规定对投资者提供的身份信息进行核对。

证券公司不得将投资者的账户提供给他人使用。

投资者应当使用实名开立的账户进行交易。

第一百零八条 【证券公司接受委托买卖证券程序】证券公司根据投资者的委托，按照证券交易规则提出交易申报，参与证券交易所场内的集中交易，并根据成交结果承担相应的清算交收责任。证券登记结算机构根据成交结果，按照清算交收规则，与证券公司进行证券和资金的清算交收，并为证券公司客户办理证券的登记过户手续。

第一百零九条 【证券交易保障和证券交易行情】证券交易所应当为组织公平的集中交易提供保障，实时公布证券交易即时行情，并按交易日制作证券市场行情表，予以公布。

证券交易即时行情的权益由证券交易所依法享有。未经证券交易所许可，任何单位和个人不得发布证券交易即时行情。

第一百一十条 【上市交易股票的停复牌】上市公司可以向证券交易所申请其上市交易股票的停牌或者复牌，但不得滥用停牌或者复牌损害投资者的合法权益。

证券交易所可以按照业务规则的规定，决定上市交易股票的停牌或者复牌。

第一百一十一条 【突发性事件的处置措施】因不可抗力、意外事件、重大技术故障、重大人为差错等突发性事件而影响证券交易正常进行时,为维护证券交易正常秩序和市场公平,证券交易所可以按照业务规则采取技术性停牌、临时停市等处置措施,并应当及时向国务院证券监督管理机构报告。

因前款规定的突发性事件导致证券交易结果出现重大异常,按交易结果进行交收将对证券交易正常秩序和市场公平造成重大影响的,证券交易所按照业务规则可以采取取消交易、通知证券登记结算机构暂缓交收等措施,并应当及时向国务院证券监督管理机构报告并公告。

证券交易所对其依照本条规定采取措施造成的损失,不承担民事赔偿责任,但存在重大过错的除外。

第一百一十二条 【证券交易所对证券交易的监控】证券交易所对证券交易实行实时监控,并按照国务院证券监督管理机构的要求,对异常的交易情况提出报告。

证券交易所根据需要,可以按照业务规则对出现重大异常交易情况的证券账户的投资者限制交易,并及时报告国务院证券监督管理机构。

第一百一十三条 【证券交易所的处置措施】证券交易所应当加强对证券交易的风险监测,出现重大异常波动的,证券交易所可以按照业务规则采取限制交易、强制停牌等处置措施,并向国务院证券监督管理机构报告;严重影响证券市场稳定的,证券交易所可以按照业务规则采取临时停市等处置措施并公告。

证券交易所对其依照本条规定采取措施造成的损失,不承担民事赔偿责任,但存在重大过错的除外。

第一百一十四条 【证券交易所风险基金】证券交易所应当从其收取的交易费用和会员费、席位费中提取一定比例的金额设立风险基金。风险基金由证券交易所理事会管理。

风险基金提取的具体比例和使用办法,由国务院证券监督管理机构会同国务院财政部门规定。

证券交易所应当将收存的风险基金存入开户银行专门账户,不得擅自使用。

第一百一十五条 【证券交易所业务规则】证券交易所依照法律、行政法规和国务院证券监督管理机构的规定,制定上市规则、交易规则、会员管理规则和其他有关业务规则,并报国务院证券监督管理机构批准。

在证券交易所从事证券交易,应当遵守证券交易所依法制定的业务规则。

违反业务规则的,由证券交易所给予纪律处分或者采取其他自律管理措施。

第一百一十六条 【证券交易所从业人员的职务回避】证券交易所的负责人和其他从业人员执行与证券交易有关的职务时,与其本人或者其亲属有利害关系的,应当回避。

第一百一十七条 【交易结果不得改变及其例外】按照依法制定的交易规则进行的交易,不得改变其交易结果,但本法第一百一十一条第二款规定的除外。对交易中违规交易者应负的民事责任不得免除;在违规交易中所获利益,依照有关规定处理。

第八章　证　券　公　司

第一百一十八条 【证券公司的设立条件】设立证券公司,应当具备下列条件,并经国务院证券监督管理机构批准:

(一)有符合法律、行政法规规定的公司章程;

(二)主要股东及公司的实际控制人具有良好的财务状况和诚信记录,最近三年无重大违法违规记录;

(三)有符合本法规定的公司注册资本;

(四)董事、监事、高级管理人员、从业人员符合本法规定的条件;

(五)有完善的风险管理与内部控制制度;

(六)有合格的经营场所、业务设施和信息技术系统;

(七)法律、行政法规和经国务院批准的国务院证券监督管理机构规定的其他条件。

未经国务院证券监督管理机构批准,任何单位和个人不得以证券公司名义开展证券业务活动。

第一百一十九条 【证券公司的设立审批、登记和申领经营证券业务许可证】国务院证券监督管理机构应当自受理证券公司设立申请之日起六个月内,依照法定条件和法定程序并根据审慎监管原则进行审查,作出批准或者不予批准的决定,并通知申请人;不予批准的,应当说明理由。

证券公司设立申请获得批准的,申请人应当在规定的期限内向公司登记机关申请设立登记,领取营业执照。

证券公司应当自领取营业执照之日起十五日内,向国务院证券监督管理机构申请经营证券业务许可证。未取得经营证券业务许可证,证券公司不得经营证券业务。

第一百二十条 【证券业务】经国务院证券监督管理机构核准,取得经营证

券业务许可证,证券公司可以经营下列部分或者全部证券业务:

(一)证券经纪;

(二)证券投资咨询;

(三)与证券交易、证券投资活动有关的财务顾问;

(四)证券承销与保荐;

(五)证券融资融券;

(六)证券做市交易;

(七)证券自营;

(八)其他证券业务。

国务院证券监督管理机构应当自受理前款规定事项申请之日起三个月内,依照法定条件和程序进行审查,作出核准或者不予核准的决定,并通知申请人;不予核准的,应当说明理由。

证券公司经营证券资产管理业务的,应当符合《中华人民共和国证券投资基金法》等法律、行政法规的规定。

除证券公司外,任何单位和个人不得从事证券承销、证券保荐、证券经纪和证券融资融券业务。

证券公司从事证券融资融券业务,应当采取措施,严格防范和控制风险,不得违反规定向客户出借资金或者证券。

第一百二十一条 【证券公司注册资本的最低限额】证券公司经营本法第一百二十条第一款第(一)项至第(三)项业务的,注册资本最低限额为人民币五千万元;经营第(四)项至第(八)项业务之一的,注册资本最低限额为人民币一亿元;经营第(四)项至第(八)项业务中两项以上的,注册资本最低限额为人民币五亿元。证券公司的注册资本应当是实缴资本。

国务院证券监督管理机构根据审慎监管原则和各项业务的风险程度,可以调整注册资本最低限额,但不得少于前款规定的限额。

第一百二十二条 【证券公司重要事项变更】证券公司变更证券业务范围,变更主要股东或者公司的实际控制人,合并、分立、停业、解散、破产,应当经国务院证券监督管理机构核准。

第一百二十三条 【证券公司的风险控制】国务院证券监督管理机构应当对证券公司净资本和其他风险控制指标作出规定。

证券公司除依照规定为其客户提供融资融券外,不得为其股东或者股东的关联人提供融资或者担保。

第一百二十四条 【证券公司董事、监事、高级管理人员的任职条件】证公司的董事、监事、高级管理人员,应当正直诚实、品行良好,熟悉证券法律、行政法规,具有履行职责所需的经营管理能力。证券公司任免董事、监事、高级管理人员,应当报国务院证券监督管理机构备案。

有《中华人民共和国公司法》第一百四十六条规定的情形或者下列情形之一的,不得担任证券公司的董事、监事、高级管理人员:

(一)因违法行为或者违纪行为被解除职务的证券交易场所、证券登记结算机构的负责人或者证券公司的董事、监事、高级管理人员,自被解除职务之日起未逾五年;

(二)因违法行为或者违纪行为被吊销执业证书或者被取消资格的律师、注册会计师或者其他证券服务机构的专业人员,自被吊销执业证书或者被取消资格之日起未逾五年。

第一百二十五条 【证券公司从业人员的任职条件】证券公司从事证券业务的人员应当品行良好,具备从事证券业务所需的专业能力。

因违法行为或者违纪行为被开除的证券交易场所、证券公司、证券登记结算机构、证券服务机构的从业人员和被开除的国家机关工作人员,不得招聘为证券公司的从业人员。

国家机关工作人员和法律、行政法规规定的禁止在公司中兼职的其他人员,不得在证券公司中兼任职务。

第一百二十六条 【证券投资者保护基金】国家设立证券投资者保护基金。证券投资者保护基金由证券公司缴纳的资金及其他依法筹集的资金组成,其规模以及筹集、管理和使用的具体办法由国务院规定。

第一百二十七条 【交易风险准备金】证券公司从每年的业务收入中提取交易风险准备金,用于弥补证券经营的损失,其提取的具体比例由国务院证券监督管理机构会同国务院财政部门规定。

第一百二十八条 【内部控制制度】证券公司应当建立健全内部控制制度,采取有效隔离措施,防范公司与客户之间、不同客户之间的利益冲突。

证券公司必须将其证券经纪业务、证券承销业务、证券自营业务、证券做市业务和证券资产管理业务分开办理,不得混合操作。

第一百二十九条 【自营业务】证券公司的自营业务必须以自己的名义进行,不得假借他人名义或者以个人名义进行。

证券公司的自营业务必须使用自有资金和依法筹集的资金。

证券公司不得将其自营账户借给他人使用。

第一百三十条 【证券公司经营的基本原则】证券公司应当依法审慎经营,

勤勉尽责,诚实守信。

证券公司的业务活动,应当与其治理结构、内部控制、合规管理、风险管理以及风险控制指标、从业人员构成等情况相适应,符合审慎监管和保护投资者合法权益的要求。

证券公司依法享有自主经营的权利,其合法经营不受干涉。

第一百三十一条 【客户资产管理】证券公司客户的交易结算资金应当存放在商业银行,以每个客户的名义单独立户管理。

证券公司不得将客户的交易结算资金和证券归入其自有财产。禁止任何单位或者个人以任何形式挪用客户的交易结算资金和证券。证券公司破产或者清算时,客户的交易结算资金和证券不属于其破产财产或者清算财产。非因客户本身的债务或者法律规定的其他情形,不得查封、冻结、扣划或者强制执行客户的交易结算资金和证券。

第一百三十二条 【经纪业务】证券公司办理经纪业务,应当置备统一制定的证券买卖委托书,供委托人使用。采取其他委托方式的,必须作出委托记录。

客户的证券买卖委托,不论是否成交,其委托记录应当按照规定的期限,保存于证券公司。

第一百三十三条 【证券买卖委托执行】证券公司接受证券买卖的委托,应当根据委托书载明的证券名称、买卖数量、出价方式、价格幅度等,按照交易规则代理买卖证券,如实进行交易记录;买卖成交后,应当按照规定制作买卖成交报告单交付客户。

证券交易中确认交易行为及其交易结果的对账单必须真实,保证账面证券余额与实际持有的证券相一致。

第一百三十四条 【禁止全权委托和出租席位】证券公司办理经纪业务,不得接受客户的全权委托而决定证券买卖、选择证券种类、决定买卖数量或者买卖价格。

证券公司不得允许他人以证券公司的名义直接参与证券的集中交易。

第一百三十五条 【禁止承诺交易结果】证券公司不得对客户证券买卖的收益或者赔偿证券买卖的损失作出承诺。

第一百三十六条 【从业人员职务行为的责任归属、禁止私下接受委托】证券公司的从业人员在证券交易活动中,执行所属的证券公司的指令或者利用职务违反交易规则的,由所属的证券公司承担全部责任。

证券公司的从业人员不得私下接受客户委托买卖证券。

第一百三十七条 【客户信息查询和保存】证券公司应当建立客户信息查

询制度,确保客户能够查询其账户信息、委托记录、交易记录以及其他与接受服务或者购买产品有关的重要信息。

证券公司应当妥善保存客户开户资料、委托记录、交易记录和与内部管理、业务经营有关的各项信息,任何人不得隐匿、伪造、篡改或者毁损。上述信息的保存期限不得少于二十年。

第一百三十八条 【信息报送】证券公司应当按照规定向国务院证券监督管理机构报送业务、财务等经营管理信息和资料。国务院证券监督管理机构有权要求证券公司及其主要股东、实际控制人在指定的期限内提供有关信息、资料。

证券公司及其主要股东、实际控制人向国务院证券监督管理机构报送或者提供的信息、资料,必须真实、准确、完整。

第一百三十九条 【审计或者评估】国务院证券监督管理机构认为有必要时,可以委托会计师事务所、资产评估机构对证券公司的财务状况、内部控制状况、资产价值进行审计或者评估。具体办法由国务院证券监督管理机构会同有关主管部门制定。

第一百四十条 【监管措施】证券公司的治理结构、合规管理、风险控制指标不符合规定的,国务院证券监督管理机构应当责令其限期改正;逾期未改正,或者其行为严重危及该证券公司的稳健运行、损害客户合法权益的,国务院证券监督管理机构可以区别情形,对其采取下列措施:

(一)限制业务活动,责令暂停部分业务,停止核准新业务;

(二)限制分配红利,限制向董事、监事、高级管理人员支付报酬、提供福利;

(三)限制转让财产或者在财产上设定其他权利;

(四)责令更换董事、监事、高级管理人员或者限制其权利;

(五)撤销有关业务许可;

(六)认定负有责任的董事、监事、高级管理人员为不适当人选;

(七)责令负有责任的股东转让股权,限制负有责任的股东行使股东权利。

证券公司整改后,应当向国务院证券监督管理机构提交报告。国务院证券监督管理机构经验收,治理结构、合规管理、风险控制指标符合规定的,应当自验收完毕之日起三日内解除对其采取的前款规定的有关限制措施。

第一百四十一条 【虚假出资、抽逃出资】证券公司的股东有虚假出资、抽逃出资行为的,国务院证券监督管理机构应当责令其限期改正,并可责令其转让所持证券公司的股权。

在前款规定的股东按照要求改正违法行为、转让所持证券公司的股权前,国务院证券监督管理机构可以限制其股东权利。

第一百四十二条 【证券公司董事、监事、高级管理人员未勤勉尽责】证券公司的董事、监事、高级管理人员未能勤勉尽责,致使证券公司存在重大违法违规行为或者重大风险的,国务院证券监督管理机构可以责令证券公司予以更换。

第一百四十三条 【停业整顿、托管、接管、撤销】证券公司违法经营或者出现重大风险,严重危害证券市场秩序、损害投资者利益的,国务院证券监督管理机构可以对该证券公司采取责令停业整顿、指定其他机构托管、接管或者撤销等监管措施。

第一百四十四条 【限制出境和处分财产】在证券公司被责令停业整顿、被依法指定托管、接管或者清算期间,或者出现重大风险时,经国务院证券监督管理机构批准,可以对该证券公司直接负责的董事、监事、高级管理人员和其他直接责任人员采取以下措施:

(一)通知出境入境管理机关依法阻止其出境;

(二)申请司法机关禁止其转移、转让或者以其他方式处分财产,或者在财产上设定其他权利。

第九章　证券登记结算机构

第一百四十五条 【证券登记结算机构的主要职能、性质、法律地位和设立审批】证券登记结算机构为证券交易提供集中登记、存管与结算服务,不以营利为目的,依法登记,取得法人资格。

设立证券登记结算机构必须经国务院证券监督管理机构批准。

第一百四十六条 【证券登记结算机构的设立条件和名称标识】设立证券登记结算机构,应当具备下列条件:

(一)自有资金不少于人民币二亿元;

(二)具有证券登记、存管和结算服务所必须的场所和设施;

(三)国务院证券监督管理机构规定的其他条件。

证券登记结算机构的名称中应当标明证券登记结算字样。

第一百四十七条 【证券登记结算机构的职能】证券登记结算机构履行下列职能:

(一)证券账户、结算账户的设立;

(二)证券的存管和过户;

(三)证券持有人名册登记;

（四）证券交易的清算和交收；

（五）受发行人的委托派发证券权益；

（六）办理与上述业务有关的查询、信息服务；

（七）国务院证券监督管理机构批准的其他业务。

第一百四十八条　【证券登记结算的运营方式】在证券交易所和国务院批准的其他全国性证券交易场所交易的证券的登记结算，应当采取全国集中统一的运营方式。

前款规定以外的证券，其登记、结算可以委托证券登记结算机构或者其他依法从事证券登记、结算业务的机构办理。

第一百四十九条　【证券登记结算机构的章程和业务规则】证券登记结算机构应当依法制定章程和业务规则，并经国务院证券监督管理机构批准。证券登记结算业务参与人应当遵守证券登记结算机构制定的业务规则。

第一百五十条　【证券存管】在证券交易所或者国务院批准的其他全国性证券交易场所交易的证券，应当全部存管在证券登记结算机构。

证券登记结算机构不得挪用客户的证券。

第一百五十一条　【证券持有人名册】证券登记结算机构应当向证券发行人提供证券持有人名册及有关资料。

证券登记结算机构应当根据证券登记结算的结果，确认证券持有人持有证券的事实，提供证券持有人登记资料。

证券登记结算机构应当保证证券持有人名册和登记过户记录真实、准确、完整，不得隐匿、伪造、篡改或者毁损。

第一百五十二条　【业务安全保障】证券登记结算机构应当采取下列措施保证业务的正常进行：

（一）具有必备的服务设备和完善的数据安全保护措施；

（二）建立完善的业务、财务和安全防范等管理制度；

（三）建立完善的风险管理系统。

第一百五十三条　【资料保存】证券登记结算机构应当妥善保存登记、存管和结算的原始凭证及有关文件和资料。其保存期限不得少于二十年。

第一百五十四条　【证券结算风险基金】证券登记结算机构应当设立证券结算风险基金，用于垫付或者弥补因违约交收、技术故障、操作失误、不可抗力造成的证券登记结算机构的损失。

证券结算风险基金从证券登记结算机构的业务收入和收益中提取，并可以由结算参与人按照证券交易业务量的一定比例缴纳。

证券结算风险基金的筹集、管理办法，由国务院证券监督管理机构会同国务院财政部门规定。

第一百五十五条　【证券结算风险基金专项管理和追偿】证券结算风险基金应当存入指定银行的专门账户，实行专项管理。

证券登记结算机构以证券结算风险基金赔偿后，应当向有关责任人追偿。

第一百五十六条　【证券登记结算机构的解散】证券登记结算机构申请解散，应当经国务院证券监督管理机构批准。

第一百五十七条　【投资者开立证券账户】投资者委托证券公司进行证券交易，应当通过证券公司申请在证券登记结算机构开立证券账户。证券登记结算机构应当按照规定为投资者开立证券账户。

投资者申请开立账户，应当持有证明中华人民共和国公民、法人、合伙企业身份的合法证件。国家另有规定的除外。

第一百五十八条　【中央对手方、货银对付、结算履约优先和违约交收】证券登记结算机构作为中央对手方提供证券结算服务的，是结算参与人共同的清算交收对手，进行净额结算，为证券交易提供集中履约保障。

证券登记结算机构为证券交易提供净额结算服务时，应当要求结算参与人按照货银对付的原则，足额交付证券和资金，并提供交收担保。

在交收完成之前，任何人不得动用用于交收的证券、资金和担保物。

结算参与人未按时履行交收义务的，证券登记结算机构有权按照业务规则处理前款所述财产。

第一百五十九条　【清算交收履约财产】证券登记结算机构按照业务规则收取的各类结算资金和证券，必须存放于专门的清算交收账户，只能按业务规则用于已成交的证券交易的清算交收，不得被强制执行。

第十章　证券服务机构

第一百六十条　【证券服务机构的业务原则及业务核准】会计师事务所、律师事务所以及从事证券投资咨询、资产评估、资信评级、财务顾问、信息技术系统服务的证券服务机构，应当勤勉尽责、恪尽职守，按照相关业务规则为证券的交易及相关活动提供服务。

从事证券投资咨询服务业务，应当经国务院证券监督管理机构核准；未经核准，不得为证券的交易及相关活动提供服务。从事其他证券服务业务，应当报国务院证券监督管理机构和国务院有关主管部门备案。

第一百六十一条　【证券投资咨询机构及其从业人员从业禁止行为】证券

投资咨询机构及其从业人员从事证券服务业务不得有下列行为：

（一）代理委托人从事证券投资；

（二）与委托人约定分享证券投资收益或者分担证券投资损失；

（三）买卖本证券投资咨询机构提供服务的证券；

（四）法律、行政法规禁止的其他行为。

有前款所列行为之一，给投资者造成损失的，应当依法承担赔偿责任。

第一百六十二条 【证券服务机构及其从业人员的保管义务】证券服务机构应当妥善保存客户委托文件、核查和验证资料、工作底稿以及与质量控制、内部管理、业务经营有关的信息和资料，任何人不得泄露、隐匿、伪造、篡改或者毁损。上述信息和资料的保存期限不得少于十年，自业务委托结束之日起算。

第一百六十三条 【证券服务机构的义务和责任】证券服务机构为证券的发行、上市、交易等证券业务活动制作、出具审计报告及其他鉴证报告、资产评估报告、财务顾问报告、资信评级报告或者法律意见书等文件，应当勤勉尽责，对所依据的文件资料内容的真实性、准确性、完整性进行核查和验证。其制作、出具的文件有虚假记载、误导性陈述或者重大遗漏，给他人造成损失的，应当与委托人承担连带赔偿责任，但是能够证明自己没有过错的除外。

第十一章 证券业协会

第一百六十四条 【证券业协会的特点和权力机构】证券业协会是证券业的自律性组织，是社会团体法人。

证券公司应当加入证券业协会。

证券业协会的权力机构为全体会员组成的会员大会。

第一百六十五条 【证券业协会章程】证券业协会章程由会员大会制定，并报国务院证券监督管理机构备案。

第一百六十六条 【证券业协会职责】证券业协会履行下列职责：

（一）教育和组织会员及其从业人员遵守证券法律、行政法规，组织开展证券行业诚信建设，督促证券行业履行社会责任；

（二）依法维护会员的合法权益，向证券监督管理机构反映会员的建议和要求；

（三）督促会员开展投资者教育和保护活动，维护投资者合法权益；

（四）制定和实施证券行业自律规则，监督、检查会员及其从业人员行为，对违反法律、行政法规、自律规则或者协会章程的，按照规定给予纪律处分或者实施其他自律管理措施；

（五）制定证券行业业务规范，组织从业人员的业务培训；

（六）组织会员就证券行业的发展、运作及有关内容进行研究，收集整理、发布证券相关信息，提供会员服务，组织行业交流，引导行业创新发展；

（七）对会员之间、会员与客户之间发生的证券业务纠纷进行调解；

（八）证券业协会章程规定的其他职责。

第一百六十七条　【证券业协会理事会】证券业协会设理事会。理事会成员依章程的规定由选举产生。

第十二章　证券监督管理机构

第一百六十八条　【证监会的基本职能和主要任务】国务院证券监督管理机构依法对证券市场实行监督管理，维护证券市场公开、公平、公正，防范系统性风险，维护投资者合法权益，促进证券市场健康发展。

第一百六十九条　【证监会的职责】国务院证券监督管理机构在对证券市场实施监督管理中履行下列职责：

（一）依法制定有关证券市场监督管理的规章、规则，并依法进行审批、核准、注册，办理备案；

（二）依法对证券的发行、上市、交易、登记、存管、结算等行为，进行监督管理；

（三）依法对证券发行人、证券公司、证券服务机构、证券交易场所、证券登记结算机构的证券业务活动，进行监督管理；

（四）依法制定从事证券业务人员的行为准则，并监督实施；

（五）依法监督检查证券发行、上市、交易的信息披露；

（六）依法对证券业协会的自律管理活动进行指导和监督；

（七）依法监测并防范、处置证券市场风险；

（八）依法开展投资者教育；

（九）依法对证券违法行为进行查处；

（十）法律、行政法规规定的其他职责。

第一百七十条　【证监会有权采取的措施】国务院证券监督管理机构依法履行职责，有权采取下列措施：

（一）对证券发行人、证券公司、证券服务机构、证券交易场所、证券登记结算机构进行现场检查；

（二）进入涉嫌违法行为发生场所调查取证；

（三）询问当事人和与被调查事件有关的单位和个人，要求其对与被调查事件有关的事项作出说明；或者要求其按照指定的方式报送与被调查事件有关的文件和资料；

（四）查阅、复制与被调查事件有关的财产权登记、通讯记录等文件和资料；

（五）查阅、复制当事人和与被调查事件有关的单位和个人的证券交易记录、登记过户记录、财务会计资料及其他相关文件和资料；对可能被转移、隐匿或者毁损的文件和资料，可以予以封存、扣押；

（六）查询当事人和与被调查事件有关的单位和个人的资金账户、证券账户、银行账户以及其他具有支付、托管、结算等功能的账户信息，可以对有关文件和资料进行复制；对有证据证明已经或者可能转移或者隐匿违法资金、证券等涉案财产或者隐匿、伪造、毁损重要证据的，经国务院证券监督管理机构主要负责人或者其授权的其他负责人批准，可以冻结或者查封，期限为六个月；因特殊原因需要延长的，每次延长期限不得超过三个月，冻结、查封期限最长不得超过二年；

（七）在调查操纵证券市场、内幕交易等重大证券违法行为时，经国务院证券监督管理机构主要负责人或者其授权的其他负责人批准，可以限制被调查的当事人的证券买卖，但限制的期限不得超过三个月；案情复杂的，可以延长三个月；

（八）通知出入境管理机关依法阻止涉嫌违法人员、涉嫌违法单位的主管人员和其他直接责任人员出境。

为防范证券市场风险，维护市场秩序，国务院证券监督管理机构可以采取责令改正、监管谈话、出具警示函等措施。

第一百七十一条　【涉嫌证券违法行为人承诺制度】国务院证券监督管理机构对涉嫌证券违法的单位或者个人进行调查期间，被调查的当事人书面申请，承诺在国务院证券监督管理机构认可的期限内纠正涉嫌违法行为，赔偿有关投资者损失，消除损害或者不良影响的，国务院证券监督管理机构可以决定中止调查。被调查的当事人履行承诺的，国务院证券监督管理机构可以决定终止调查；被调查的当事人未履行承诺或者有国务院规定的其他情形的，应当恢复调查。具体办法由国务院规定。

国务院证券监督管理机构决定中止或者终止调查的，应当按照规定公开相关信息。

第一百七十二条　【监督检查、调查的程序】国务院证券监督管理机构依法履行职责，进行监督检查或者调查，其监督检查、调查的人员不得少于二人，并应当出示合法证件和监督检查、调查通知书或者其他执法文书。监督检查、调查的人员少于二人或者未出示合法证件和监督检查、调查通知书或者其他执法文书的,被检查、调查的单位和个人有权拒绝。

第一百七十三条 【被检查、调查的单位和个人的配合义务】国务院证券监督管理机构依法履行职责,被检查、调查的单位和个人应当配合,如实提供有关文件和资料,不得拒绝、阻碍和隐瞒。

第一百七十四条 【行政信息公开】国务院证券监督管理机构制定的规章、规则和监督管理工作制度应当依法公开。

国务院证券监督管理机构依据调查结果,对证券违法行为作出的处罚决定,应当公开。

第一百七十五条 【部门协作和配合】国务院证券监督管理机构应当与国务院其他金融监督管理机构建立监督管理信息共享机制。

国务院证券监督管理机构依法履行职责,进行监督检查或者调查时,有关部门应当予以配合。

第一百七十六条 【涉嫌证券违法违规行为的举报】对涉嫌证券违法、违规行为,任何单位和个人有权向国务院证券监督管理机构举报。

对涉嫌重大违法、违规行为的实名举报线索经查证属实的,国务院证券监督管理机构按照规定给予举报人奖励。

国务院证券监督管理机构应当对举报人的身份信息保密。

第一百七十七条 【证券监督管理跨境合作】国务院证券监督管理机构可以和其他国家或者地区的证券监督管理机构建立监督管理合作机制,实施跨境监督管理。

境外证券监督管理机构不得在中华人民共和国境内直接进行调查取证等活动。未经国务院证券监督管理机构和国务院有关主管部门同意,任何单位和个人不得擅自向境外提供与证券业务活动有关的文件和资料。

第一百七十八条 【涉嫌犯罪的案件及公职人员的移送】国务院证券监督管理机构依法履行职责,发现证券违法行为涉嫌犯罪的,应当依法将案件移送司法机关处理;发现公职人员涉嫌职务违法或者职务犯罪的,应当依法移送监察机关处理。

第一百七十九条 【证监会工作人员的义务和任职限制】国务院证券监督管理机构工作人员必须忠于职守、依法办事、公正廉洁,不得利用职务便利牟取不正当利益,不得泄露所知悉的有关单位和个人的商业秘密。

国务院证券监督管理机构工作人员在任职期间,或者离职后在《中华人民共和国公务员法》规定的期限内,不得到与原工作业务直接相关的企业或者其他营利性组织任职,不得从事与原工作业务直接相关的营利性活动。

第十三章 法律责任

第一百八十条 【违法公开发行证券的法律责任】违反本法第九条的规定,擅自公开或者变相公开发行证券的,责令停止发行,退还所募资金并加算银行同期存款利息,处以非法所募资金金额百分之五以上百分之五十以下的罚款;对擅自公开或者变相公开发行证券设立的公司,由依法履行监督管理职责的机构或者部门会同县级以上地方人民政府予以取缔。对直接负责的主管人员和其他直接责任人员给予警告,并处以五十万元以上五百万元以下的罚款。

第一百八十一条 【欺诈发行法律责任】发行人在其公告的证券发行文件中隐瞒重要事实或者编造重大虚假内容,尚未发行证券的,处以二百万元以上二千万元以下的罚款;已经发行证券的,处以非法所募资金金额百分之十以上一倍以下的罚款。对直接负责的主管人员和其他直接责任人员,处以一百万元以上一千万元以下的罚款。

发行人的控股股东、实际控制人组织、指使从事前款违法行为的,没收违法所得,并处以违法所得百分之十以上一倍以下的罚款;没有违法所得或者违法所得不足二千万元的,处以二百万元以上二千万元以下的罚款。对直接负责的主管人员和其他直接责任人员,处以一百万元以上一千万元以下的罚款。

第一百八十二条 【保荐人不履行保荐义务的法律责任】保荐人出具有虚假记载、误导性陈述或者重大遗漏的保荐书,或者不履行其他法定职责的,责令改正,给予警告,没收业务收入,并处以业务收入一倍以上十倍以下的罚款;没有业务收入或者业务收入不足一百万元的,处以一百万元以上一千万元以下的罚款;情节严重的,并处暂停或者撤销保荐业务许可。对直接负责的主管人员和其他直接责任人员给予警告,并处以五十万元以上五百万元以下的罚款。

第一百八十三条 【违法承销或销售擅自公开发行证券的法律责任】证券公司承销或者销售擅自公开发行或者变相公开发行的证券的,责令停止承销或者销售,没收违法所得,并处以违法所得一倍以上十倍以下的罚款;没有违法所得或者违法所得不足一百万元的,处以一百万元以上一千万元以下的罚款;情节严重的,并处暂停或者撤销相关业务许可。给投资者造成损失的,应当与发行人承担连带赔偿责任。对直接负责的主管人员和其他直接责任人员给予警告,并处以五十万元以上五百万元以下的罚款。

第一百八十四条 【违法承销的法律责任】证券公司承销证券违反本法第二十九条规定的,责令改正,给予警告,没收违法所得,可以并处五十万元以上五百万元以下的罚款;情节严重的,暂停或者撤销相关业务许可。对直接负责的主管人员和其他直接责任人员给予警告,可以并处二十万元以上二百万元以下的罚款;情节严重的,并处以五十万元以上五百万元以下的罚款。

第一百八十五条 【擅自改变募集资金用途的法律责任】发行人违反本法第十四条、第十五条的规定擅自改变公开发行证券所募集资金的用途的,责令改正,处以五十万元以上五百万元以下的罚款;对直接负责的主管人员和其他直接责任人员给予警告,并处以十万元以上一百万元以下的罚款。

发行人的控股股东、实际控制人从事或者组织、指使从事前款违法行为的,给予警告,并处以五十万元以上五百万元以下的罚款;对直接负责的主管人员和其他直接责任人员,处以十万元以上一百万元以下的罚款。

第一百八十六条 【在转让限制期限内买卖证券的法律责任】违反本法第三十六条的规定,在限制转让期内转让证券,或者转让股票不符合法律、行政法规和国务院证券监督管理机构规定的,责令改正,给予警告,没收违法所得,并处以买卖证券等值以下的罚款。

第一百八十七条 【禁止参与股票交易的人员买卖股票的法律责任】法律、行政法规规定禁止参与股票交易的人员,违反本法第四十条的规定,直接或者以化名、借他人名义持有、买卖股票或者其他具有股权性质的证券的,责令依法处理非法持有的股票、其他具有股权性质的证券,没收违法所得,并处以买卖证券等值以下的罚款;属于国家工作人员的,还应当依法给予处分。

第一百八十八条 【证券服务机构和人员违法买卖股票的法律责任】证券服务机构及其从业人员,违反本法第四十二条的规定买卖证券的,责令依法处理非法持有的证券,没收违法所得,并处以买卖证券等值以下的罚款。

第一百八十九条 【短线交易的法律责任】上市公司、股票在国务院批准的其他全国性证券交易场所交易的公司的董事、监事、高级管理人员、持有该公司百分之五以上股份的股东,违反本法第四十四条的规定,买卖该公司股票或者其他具有股权性质的证券的,给予警告,并处以十万元以上一百万元以下的罚款。

第一百九十条 【违法程序化交易的法律责任】违反本法第四十五条的规定,采取程序化交易影响证券交易所系统安全或者正常交易秩序的,责令改正,并处以五十万元以上五百万元以下的罚款。对直接负责的主管人员和其他直接责任人员给予警告,并处以十万元以上一百万元以下的罚款。

第一百九十一条 【内幕交易的法律责任】证券交易内幕信息的知情人或者非法获取内幕信息的人违反本法第五十三条的规定从事内幕交易的,责令依法处理非法持有的证券,没收违法所得,并处以违法所得一倍以上十倍以下的罚款;没有违法所得或者违法所得不足五十万元的,处以五十万元以上五百万元以下的罚款。单位从事内幕交易的,还应当对直接负责的主管人员和其他直接责任人员给予警告,并处以二十万元以上二百万元以下的罚款。国务院证券监督管理机构工作人员从事内幕交易的,从重处罚。

违反本法第五十四条的规定,利用未公开信息进行交易的,依照前款的规定处罚。

第一百九十二条 【操纵证券市场的法律责任】违反本法第五十五条的规定,操纵证券市场的,责令依法处理其非法持有的证券,没收违法所得,并处以违法所得一倍以上十倍以下的罚款,没有违法所得或者违法所得不足一百万元的,处以一百万元以上一千万元以下的罚款。单位操纵证券市场的,还应当对直接负责的主管人员和其他直接责任人员给予警告,并处以五十万元以上五百万元以下的罚款。

第一百九十三条 【编造、传播虚假信息或者误导性信息的法律责任】违反本法第五十六条第一款、第三款的规定,编造、传播虚假信息或者误导性信息,扰乱证券市场的,没收违法所得,并处以违法所得一倍以上十倍以下的罚款;没有违法所得或者违法所得不足二十万元的,处以二十万元以上二百万元以下的罚款。

违反本法第五十六条第二款的规定,在证券交易活动中作出虚假陈述或者信息误导的,责令改正,处以二十万元以上二百万元以下的罚款;属于国家工作人员的,还应当依法给予处分。

传播媒介及其从事证券市场信息报道的工作人员违反本法第五十六条第三款的规定,从事与其工作职责发生利益冲突的证券买卖的,没收违法所得,并处以买卖证券等值以下的罚款。

第一百九十四条 【证券公司及其从业人员背信行为的法律责任】证券公司及其从业人员违反本法第五十七条的规定,有损害客户利益的行为的,给予警告,没收违法所得,并处以违法所得一倍以上十倍以下的罚款;没有违法所得或者违法所得不足十万元的,处以十万元以上一百万元以下的罚款;情节严重的,暂停或者撤销相关业务许可。

第一百九十五条 【违法使用证券账户买卖证券的法律责任】违反本法第五十八条的规定,出借自己的证券账户或者借用他人的证券账户从事证券交易的,责令改正,给予警告,可以处五十万元以下的罚款。

第一百九十六条 【违法收购的法律责任】收购人未按照本法规定履行上

市公司收购的公告、发出收购要约义务的,责令改正,给予警告,并处以五十万元以上五百万元以下的罚款。对直接负责的主管人员和其他直接责任人员给予警告,并处以二十万元以上二百万元以下的罚款。

收购人及其控股股东、实际控制人利用上市公司收购,给被收购公司及其股东造成损失的,应当依法承担赔偿责任。

第一百九十七条 【信息披露义务人的法律责任】 信息披露义务人未按照本法规定报送有关报告或者履行信息披露义务的,责令改正,给予警告,并处以五十万元以上五百万元以下的罚款;对直接负责的主管人员和其他直接责任人员给予警告,并处以二十万元以上二百万元以下的罚款。发行人的控股股东、实际控制人组织、指使从事上述违法行为,或者隐瞒相关事项导致发生上述情形的,处以五十万元以上五百万元以下的罚款;对直接负责的主管人员和其他直接责任人员,处以二十万元以上二百万元以下的罚款。

信息披露义务人报送的报告或者披露的信息有虚假记载、误导性陈述或者重大遗漏的,责令改正,给予警告,并处以一百万元以上一千万元以下的罚款;对直接负责的主管人员和其他直接责任人员给予警告,并处以五十万元以上五百万元以下的罚款。发行人的控股股东、实际控制人组织、指使从事上述违法行为,或者隐瞒相关事项导致发生上述情形的,处以一百万元以上一千万元以下的罚款;对直接负责的主管人员和其他直接责任人员,处以五十万元以上五百万元以下的罚款。

第一百九十八条 【证券公司违反适当性管理义务的法律责任】 证券公司违反本法第八十八条的规定未履行或者未按照规定履行投资者适当性管理义务的,责令改正,给予警告,并处以十万元以上一百万元以下的罚款。对直接负责的主管人员和其他直接责任人员给予警告,并处以二十万元以下的罚款。

第一百九十九条 【违法征集股东权利的法律责任】 违反本法第九十条的规定征集股东权利的,责令改正,给予警告,可以处五十万元以下的罚款。

第二百条 【非法开设证券交易场所及允许非会员直接参与股票集中交易的法律责任】 非法开设证券交易场所的,由县级以上人民政府予以取缔,没收违法所得,并处以违法所得一倍以上十倍以下的罚款;没有违法所得或者违法所得不足一百万元的,处以一百万元以上一千万元以下的罚款。对直接负责的主管人员和其他直接责任人员给予警告,并处以二十万元以上二百万元以下的罚款。

证券交易所违反本法第一百零五条的规定,允许非会员直接参与股票的集中交易的,责令改正,可以并处五十万元以下的罚款。

第二百零一条 【证券公司未核对投资者信息及违规提供投资者账户的法律责任】证券公司违反本法第一百零七条第一款的规定,未对投资者开立账户提供的身份信息进行核对的,责令改正,给予警告,并处以五万元以上五十万元以下的罚款。对直接负责的主管人员和其他直接责任人员给予警告,并处以十万元以下的罚款。

证券公司违反本法第一百零七条第二款的规定,将投资者的账户提供给他人使用的,责令改正,给予警告,并处以十万元以上一百万元以下的罚款。对直接负责的主管人员和其他直接责任人员给予警告,并处以二十万元以下的罚款。

第二百零二条 【非法经营证券业务以及违法融资融券的法律责任】违反本法第一百一十八条、第一百二十条第一款、第四款的规定,擅自设立证券公司、非法经营证券业务或者未经批准以证券公司名义开展证券业务活动的,责令改正,没收违法所得,并处以违法所得一倍以上十倍以下的罚款;没有违法所得或者违法所得不足一百万元的,处以一百万元以上一千万元以下的罚款。对直接负责的主管人员和其他直接责任人员给予警告,并处以二十万元以上二百万元以下的罚款。对擅自设立的证券公司,由国务院证券监督管理机构予以取缔。

证券公司违反本法第一百二十条第五款规定提供证券融资融券服务的,没收违法所得,并处以融资融券等值以下的罚款;情节严重的,禁止其在一定期限内从事证券融资融券业务。对直接负责的主管人员和其他直接责任人员给予警告,并处以二十万元以上二百万元以下的罚款。

第二百零三条 【骗取证券业务许可的法律责任】提交虚假证明文件或者采取其他欺诈手段骗取证券公司设立许可、业务许可或者重大事项变更核准的,撤销相关许可,并处以一百万元以上一千万元以下的罚款。对直接负责的主管人员和其他直接责任人员给予警告,并处以二十万元以上二百万元以下的罚款。

第二百零四条 【证券公司重大事项违法的法律责任】证券公司违反本法第一百二十二条的规定,未经核准变更证券业务范围,变更主要股东或者公司的实际控制人,合并、分立、停业、解散、破产的,责令改正,给予警告,没收违法所得,并处以违法所得一倍以上十倍以下的罚款;没有违法所得或者违法所得不足五十万元的,处以五十万元以上五百万元以下的罚款;情节严重的,并处撤销相关业务许可。对直接负责的主管人员和其他直接责任人员给予警告,并处以二十万元以上二百万元以下的罚款。

第二百零五条 【证券公司违法进行融资或者担保的法律责任】证券公司违反本法第一百二十三条第二款的规定,为其股东或者股东的关联人提供融资或者担保的,责令改正,给予警告,并处以五十万元以上五百万元以下的罚款。对直接负责的主管人员和其他直接责任人员给予警告,并处以十万元以上一百万元以下的罚款。股东有过错的,在按照要求改正前,国务院证券监督管理机构可以限制其股东权利;拒不改正的,可以责令其转让所持证券公司股权。

第二百零六条 【混合操作证券业务的法律责任】证券公司违反本法第一百二十八条的规定,未采取有效隔离措施防范利益冲突,或者未分开办理相关业务、混合操作的,责令改正,给予警告,没收违法所得,并处以违法所得一倍以上十倍以下的罚款;没有违法所得或者违法所得不足五十万元的,处以五十万元以上五百万元以下的罚款;情节严重的,并处撤销相关业务许可。对直接负责的主管人员和其他直接责任人员给予警告,并处以二十万元以上二百万元以下的罚款。

第二百零七条 【违法从事证券自营业务的法律责任】证券公司违反本法第一百二十九条的规定从事证券自营业务的,责令改正,给予警告,没收违法所得,并处以违法所得一倍以上十倍以下的罚款;没有违法所得或者违法所得不足五十万元的,处以五十万元以上五百万元以下的罚款;情节严重的,并处撤销相关业务许可或者责令关闭。对直接负责的主管人员和其他直接责任人员给予警告,并处以二十万元以上二百万元以下的罚款。

第二百零八条 【违法将客户的资金和证券归入自有财产或者挪用客户的资金和证券的法律责任】违反本法第一百三十一条的规定,将客户的资金和证券归入自有财产,或者挪用客户的资金和证券的,责令改正,给予警告,没收违法所得,并处以违法所得一倍以上十倍以下的罚款;没有违法所得或者违法所得不足一百万元的,处以一百万元以上一千万元以下的罚款;情节严重的,并处撤销相关业务许可或者责令关闭。对直接负责的主管人员和其他直接责任人员给予警告,并处以五十万元以上五百万元以下的罚款。

第二百零九条 【证券公司违法接受委托、进行承诺及允许他人使用证券公司名义直接参与集中交易的法律责任】证券公司违反本法第一百三十四条第一款的规定接受客户的全权委托买卖证券的,或者违反本法第一百三十五条的规定对客户的收益或者赔偿客户的损失作出承诺的,责令改正,给予警告,没收违法所得,并处以违法所得一倍以上十倍以下的罚款;没有违法所得或者违法所得不足五十万元的,处以五十万元以上五百万元以下的罚款;情节严重的,并处撤销相关业务许可。对直接负责的主管人员和其他直接责任人员给予警告,并处以二十万元以上二百万元以下的罚款。

证券公司违反本法第一百三十四条第二款的规定,允许他人以证券公司的名义直接参与证券的集中交易的,责令改正,可以并处五十万元以下的罚款。

第二百一十条 【私下接受客户委托买卖证券的法律责任】证券公司的从业人员违反本法第一百三十六条的规定,私下接受客户委托买卖证券的,责令改正,给予警告,没收违法所得,并处以违法所得一倍以上十倍以下的罚款;没有违法所得的,处以五十万元以下的罚款。

第二百一十一条 【报送信息违法的法律责任】证券公司及其主要股东、实际控制人违反本法第一百三十八条的规定,未报送、提供信息和资料,或者报送、提供的信息和资料有虚假记载、误导性陈述或者重大遗漏的,责令改正,给予警告,并处以一百万元以下的罚款;情节严重的,并处撤销相关业务许可。对直接负责的主管人员和其他直接责任人员,给予警告,并处以五十万元以下的罚款。

第二百一十二条 【擅自设立证券登记结算机构的法律责任】违反本法第一百四十五条的规定,擅自设立证券登记结算机构的,由国务院证券监督管理机构予以取缔,没收违法所得,并处以违法所得一倍以上十倍以下的罚款;没有违法所得或者违法所得不足五十万元的,处以五十万元以上五百万元以下的罚款。对直接负责的主管人员和其他直接责任人员给予警告,并处以二十万元以上二百万元以下的罚款。

第二百一十三条 【证券服务机构违法行为的法律责任】证券投资咨询机构违反本法第一百六十条第二款的规定擅自从事证券服务业务,或者从事证券服务业务有本法第一百六十一条规定行为的,责令改正,没收违法所得,并处以违法所得一倍以上十倍以下的罚款;没有违法所得或者违法所得不足五十万元的,处以五十万元以上五百万元以下的罚款。对直接负责的主管人员和其他直接责任人员,给予警告,并处以二十万元以上二百万元以下的罚款。

会计师事务所、律师事务所以及从事资产评估、资信评级、财务顾问、信息技术系统服务的机构违反本法第一百六十条第二款的规定,从事证券服务业务未报备案的,责令改正,可以处二十万元以下的罚款。

证券服务机构违反本法第一百六十三条的规定,未勤勉尽责,所制作、出具的文件有虚假记载、误导性陈述或者重大遗漏的,责令改正,没收业务收入,并处以业务收入一倍以上十倍以下的罚款,没有业务收入或者业务收入不足五十万元的,处以五十万元以上五百万元以下的罚款;情节严重的,并处暂停或者禁止从事证券服务业务。对直接负责的主管人员和其他直接责任人员给予警告,并处以二十万元以上二百万元以下的罚款。

第二百一十四条　【资料保存违法的法律责任】发行人、证券登记结算机构、证券公司、证券服务机构未按照规定保存有关文件和资料的,责令改正,给予警告,并处以十万元以上一百万元以下的罚款;泄露、隐匿、伪造、篡改或者毁损有关文件和资料的,给予警告,并处以二十万元以上二百万元以下的罚款;情节严重的,处以五十万元以上五百万元以下的罚款,并处暂停、撤销相关业务许可或者禁止从事相关业务。对直接负责的主管人员和其他直接责任人员给予警告,并处以十万元以上一百万元以下的罚款。

第二百一十五条　【证券市场诚信档案】国务院证券监督管理机构依法将有关市场主体遵守本法的情况纳入证券市场诚信档案。

第二百一十六条　【不依法履行监管职责的法律责任】国务院证券监督管理机构或者国务院授权的部门有下列情形之一的,对直接负责的主管人员和其他直接责任人员,依法给予处分:

(一)对不符合本法规定的发行证券、设立证券公司等申请予以核准、注册、批准的;

(二)违反本法规定采取现场检查、调查取证、查询、冻结或者查封等措施的;

(三)违反本法规定对有关机构和人员采取监督管理措施的;

(四)违反本法规定对有关机构和人员实施行政处罚的;

(五)其他不依法履行职责的行为。

第二百一十七条　【渎职的法律责任】国务院证券监督管理机构或者国务院授权的部门的工作人员,不履行本法规定的职责,滥用职权、玩忽职守,利用职务便利牟取不正当利益,或者泄露所知悉的有关单位和个人的商业秘密的,依法追究法律责任。

第二百一十八条　【拒绝、阻碍证券执法的法律责任】拒绝、阻碍证券监督管理机构及其工作人员依法行使监督检查、调查职权,由证券监督管理机构责令改正,处以十万元以上一百万元以下的罚款,并由公安机关依法给予治安管理处罚。

第二百一十九条　【刑事责任】违反本法规定,构成犯罪的,依法追究刑事责任。

第二百二十条　【民事赔偿优先】违反本法规定,应当承担民事赔偿责任和缴纳罚款、罚金、违法所得,违法行为人的财产不足以支付的,优先用于承担民事赔偿责任。

第二百二十一条 【证券市场禁入制度】违反法律、行政法规或者国务院证券监督管理机构的有关规定,情节严重的,国务院证券监督管理机构可以对有关责任人员采取证券市场禁入的措施。

前款所称证券市场禁入,是指在一定期限内直至终身不得从事证券业务、证券服务业务,不得担任证券发行人的董事、监事、高级管理人员,或者一定期限内不得在证券交易所、国务院批准的其他全国性证券交易场所交易证券的制度。

第二百二十二条 【罚没所得入国库】依照本法收缴的罚款和没收的违法所得,全部上缴国库。

第二百二十三条 【行政复议与诉讼】当事人对证券监督管理机构或者国务院授权的部门的处罚决定不服的,可以依法申请行政复议,或者依法直接向人民法院提起诉讼。

第十四章 附 则

第二百二十四条 【境内企业境外发行上市证券的管理】境内企业直接或者间接到境外发行证券或者将其证券在境外上市交易,应当符合国务院的有关规定。

第二百二十五条 【授权国务院规定 B 种股票】境内公司股票以外币认购和交易的,具体办法由国务院另行规定。

第二百二十六条 【施行日期】本法自 2020 年 3 月 1 日起施行。

中华人民共和国市场主体登记管理条例

(2021 年 7 月 27 日国务院令第 746 号公布
自 2022 年 3 月 1 日起施行)

第一章 总 则

第一条 为了规范市场主体登记管理行为,推进法治化市场建设,维护良好市场秩序和市场主体合法权益,优化营商环境,制定本条例。

第二条 本条例所称市场主体,是指在中华人民共和国境内以营利为目的从事经营活动的下列自然人、法人及非法人组织:

(一)公司、非公司企业法人及其分支机构;
(二)个人独资企业、合伙企业及其分支机构;
(三)农民专业合作社(联合社)及其分支机构;
(四)个体工商户;
(五)外国公司分支机构;
(六)法律、行政法规规定的其他市场主体。

第三条 市场主体应当依照本条例办理登记。未经登记,不得以市场主体名义从事经营活动。法律、行政法规规定无需办理登记的除外。

市场主体登记包括设立登记、变更登记和注销登记。

第四条 市场主体登记管理应当遵循依法合规、规范统一、公开透明、便捷高效的原则。

第五条 国务院市场监督管理部门主管全国市场主体登记管理工作。

县级以上地方人民政府市场监督管理部门主管本辖区市场主体登记管理工作,加强统筹指导和监督管理。

第六条 国务院市场监督管理部门应当加强信息化建设,制定统一的市场主体登记数据和系统建设规范。

县级以上地方人民政府承担市场主体登记工作的部门(以下称登记机关)应当优化市场主体登记办理流程,提高市场主体登记效率,推行当场办结、一次办结、限时办结等制度,实现集中办理、就近办理、网上办理、异地可办,提升市场主体登记便利化程度。

第七条 国务院市场监督管理部门和国务院有关部门应当推动市场主体登记信息与其他政府信息的共享和运用,提升政府服务效能。

第二章 登记事项

第八条 市场主体的一般登记事项包括:
(一)名称;
(二)主体类型;
(三)经营范围;
(四)住所或者主要经营场所;
(五)注册资本或者出资额;
(六)法定代表人、执行事务合伙人或者负责人姓名。

除前款规定外,还应当根据市场主体类型登记下列事项:
(一)有限责任公司股东、股份有限公司发起人、非公司企业法人出资人的姓名或者名称；

（二）个人独资企业的投资人姓名及居所；

（三）合伙企业的合伙人名称或者姓名、住所、承担责任方式；

（四）个体工商户的经营者姓名、住所、经营场所；

（五）法律、行政法规规定的其他事项。

第九条 市场主体的下列事项应当向登记机关办理备案：

（一）章程或者合伙协议；

（二）经营期限或者合伙期限；

（三）有限责任公司股东或者股份有限公司发起人认缴的出资数额，合伙企业合伙人认缴或者实际缴付的出资数额、缴付期限和出资方式；

（四）公司董事、监事、高级管理人员；

（五）农民专业合作社（联合社）成员；

（六）参加经营的个体工商户家庭成员姓名；

（七）市场主体登记联络员、外商投资企业法律文件送达接受人；

（八）公司、合伙企业等市场主体受益所有人相关信息；

（九）法律、行政法规规定的其他事项。

第十条 市场主体只能登记一个名称，经登记的市场主体名称受法律保护。

市场主体名称由申请人依法自主申报。

第十一条 市场主体只能登记一个住所或者主要经营场所。

电子商务平台内的自然人经营者可以根据国家有关规定，将电子商务平台提供的网络经营场所作为经营场所。

省、自治区、直辖市人民政府可以根据有关法律、行政法规的规定和本地区实际情况，自行或者授权下级人民政府对住所或者主要经营场所作出更加便利市场主体从事经营活动的具体规定。

第十二条 有下列情形之一的，不得担任公司、非公司企业法人的法定代表人：

（一）无民事行为能力或者限制民事行为能力；

（二）因贪污、贿赂、侵占财产、挪用财产或者破坏社会主义市场经济秩序被判处刑罚，执行期满未逾5年，或者因犯罪被剥夺政治权利，执行期满未逾5年；

（三）担任破产清算的公司、非公司企业法人的法定代表人、董事或者厂长、经理，对破产负有个人责任的，自破产清算完结之日起未逾3年；

（四）担任因违法被吊销营业执照、责令关闭的公司、非公司企业法人的法

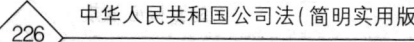

定代表人,并负有个人责任的,自被吊销营业执照之日起未逾3年;

(五)个人所负数额较大的债务到期未清偿;

(六)法律、行政法规规定的其他情形。

第十三条 除法律、行政法规或者国务院决定另有规定外,市场主体的注册资本或者出资额实行认缴登记制,以人民币表示。

出资方式应当符合法律、行政法规的规定。公司股东、非公司企业法人出资人、农民专业合作社(联合社)成员不得以劳务、信用、自然人姓名、商誉、特许经营权或者设定担保的财产等作价出资。

第十四条 市场主体的经营范围包括一般经营项目和许可经营项目。经营范围中属于在登记前依法须经批准的许可经营项目,市场主体应当在申请登记时提交有关批准文件。

市场主体应当按照登记机关公布的经营项目分类标准办理经营范围登记。

第三章 登记规范

第十五条 市场主体实行实名登记。申请人应当配合登记机关核验身份信息。

第十六条 申请办理市场主体登记,应当提交下列材料:

(一)申请书;

(二)申请人资格文件、自然人身份证明;

(三)住所或者主要经营场所相关文件;

(四)公司、非公司企业法人、农民专业合作社(联合社)章程或者合伙企业合伙协议;

(五)法律、行政法规和国务院市场监督管理部门规定提交的其他材料。

国务院市场监督管理部门应当根据市场主体类型分别制定登记材料清单和文书格式样本,通过政府网站、登记机关服务窗口等向社会公开。

登记机关能够通过政务信息共享平台获取的市场主体登记相关信息,不得要求申请人重复提供。

第十七条 申请人应当对提交材料的真实性、合法性和有效性负责。

第十八条 申请人可以委托其他自然人或者中介机构代其办理市场主体登记。受委托的自然人或者中介机构代为办理登记事宜应当遵守有关规定,不得提供虚假信息和材料。

第十九条 登记机关应当对申请材料进行形式审查。对申请材料齐全、符合法定形式的予以确认并当场登记。不能当场登记的,应当在3个工作日内予以登记;情形复杂的,经登记机关负责人批准,可以再延长3个工作日。

申请材料不齐全或者不符合法定形式的,登记机关应当一次性告知申请人需要补正的材料。

第二十条　登记申请不符合法律、行政法规规定,或者可能危害国家安全、社会公共利益的,登记机关不予登记并说明理由。

第二十一条　申请人申请市场主体设立登记,登记机关依法予以登记的,签发营业执照。营业执照签发日期为市场主体的成立日期。

法律、行政法规或者国务院决定规定设立市场主体须经批准的,应当在批准文件有效期内向登记机关申请登记。

第二十二条　营业执照分为正本和副本,具有同等法律效力。

电子营业执照与纸质营业执照具有同等法律效力。

营业执照样式、电子营业执照标准由国务院市场监督管理部门统一制定。

第二十三条　市场主体设立分支机构,应当向分支机构所在地的登记机关申请登记。

第二十四条　市场主体变更登记事项,应当自作出变更决议、决定或者法定变更事项发生之日起30日内向登记机关申请变更登记。

市场主体变更登记事项属于依法须经批准的,申请人应当在批准文件有效期内向登记机关申请变更登记。

第二十五条　公司、非公司企业法人的法定代表人在任职期间发生本条例第十二条所列情形之一的,应当向登记机关申请变更登记。

第二十六条　市场主体变更经营范围,属于依法须经批准的项目的,应当自批准之日起30日内申请变更登记。许可证或者批准文件被吊销、撤销或者有效期届满的,应当自许可证或者批准文件被吊销、撤销或者有效期届满之日起30日内向登记机关申请变更登记或者办理注销登记。

第二十七条　市场主体变更住所或者主要经营场所跨登记机关辖区的,应当在迁入新的住所或者主要经营场所前,向迁入地登记机关申请变更登记。迁出地登记机关无正当理由不得拒绝移交市场主体档案等相关材料。

第二十八条　市场主体变更登记涉及营业执照记载事项的,登记机关应当及时为市场主体换发营业执照。

第二十九条　市场主体变更本条例第九条规定的备案事项的,应当自作出变更决议、决定或者法定变更事项发生之日起30日内向登记机关办理备案。农民专业合作社(联合社)成员发生变更的,应当自本会计年度终了之日起90日内向登记机关办理备案。

第三十条　因自然灾害、事故灾难、公共卫生事件、社会安全事件等原因造成经营困难的,市场主体可以自主决定在一定时期内歇业。法律、行政法规另有规定的除外。

市场主体应当在歇业前与职工依法协商劳动关系处理等有关事项。

市场主体应当在歇业前向登记机关办理备案。登记机关通过国家企业信用信息公示系统向社会公示歇业期限、法律文书送达地址等信息。

市场主体歇业的期限最长不得超过3年。市场主体在歇业期间开展经营活动的,视为恢复营业,市场主体应当通过国家企业信用信息公示系统向社会公示。

市场主体歇业期间,可以以法律文书送达地址代替住所或者主要经营场所。

第三十一条　市场主体因解散、被宣告破产或者其他法定事由需要终止的,应当依法向登记机关申请注销登记。经登记机关注销登记,市场主体终止。

市场主体注销依法须经批准的,应当经批准后向登记机关申请注销登记。

第三十二条　市场主体注销登记前依法应当清算的,清算组应当自成立之日起10日内将清算组成员、清算组负责人名单通过国家企业信用信息公示系统公告。清算组可以通过国家企业信用信息公示系统发布债权人公告。

清算组应当自清算结束之日起30日内向登记机关申请注销登记。市场主体申请注销登记前,应当依法办理分支机构注销登记。

第三十三条　市场主体未发生债权债务或者已将债权债务清偿完结,未发生或者已结清清偿费用、职工工资、社会保险费用、法定补偿金、应缴纳税款(滞纳金、罚款),并由全体投资人书面承诺对上述情况的真实性承担法律责任的,可以按照简易程序办理注销登记。

市场主体应当将承诺书及注销登记申请通过国家企业信用信息公示系统公示,公示期为20日。在公示期内无相关部门、债权人及其他利害关系人提出异议的,市场主体可以于公示期届满之日起20日内向登记机关申请注销登记。

个体工商户按照简易程序办理注销登记的,无需公示,由登记机关将个体工商户的注销登记申请推送至税务等有关部门,有关部门在10日内没有提出异议的,可以直接办理注销登记。

市场主体注销依法须经批准的,或者市场主体被吊销营业执照、责令关闭、撤销,或者被列入经营异常名录的,不适用简易注销程序。

第三十四条　人民法院裁定强制清算或者裁定宣告破产的,有关清算组、破产管理人可以持人民法院终结强制清算程序的裁定或者终结破产程序的裁定,直接向登记机关申请办理注销登记。

第四章 监督管理

第三十五条 市场主体应当按照国家有关规定公示年度报告和登记相关信息。

第三十六条 市场主体应当将营业执照置于住所或者主要经营场所的醒目位置。从事电子商务经营的市场主体应当在其首页显著位置持续公示营业执照信息或者相关链接标识。

第三十七条 任何单位和个人不得伪造、涂改、出租、出借、转让营业执照。

营业执照遗失或者毁坏的,市场主体应当通过国家企业信用信息公示系统声明作废,申请补领。

登记机关依法作出变更登记、注销登记和撤销登记决定的,市场主体应当缴回营业执照。拒不缴回或者无法缴回营业执照的,由登记机关通过国家企业信用信息公示系统公告营业执照作废。

第三十八条 登记机关应当根据市场主体的信用风险状况实施分级分类监管。

登记机关应当采取随机抽取检查对象、随机选派执法检查人员的方式,对市场主体登记事项进行监督检查,并及时向社会公开监督检查结果。

第三十九条 登记机关对市场主体涉嫌违反本条例规定的行为进行查处,可以行使下列职权:

(一)进入市场主体的经营场所实施现场检查;

(二)查阅、复制、收集与市场主体经营活动有关的合同、票据、账簿以及其他资料;

(三)向与市场主体经营活动有关的单位和个人调查了解情况;

(四)依法责令市场主体停止相关经营活动;

(五)依法查询涉嫌违法的市场主体的银行账户;

(六)法律、行政法规规定的其他职权。

登记机关行使前款第四项、第五项规定的职权的,应当经登记机关主要负责人批准。

第四十条 提交虚假材料或者采取其他欺诈手段隐瞒重要事实取得市场主体登记的,受虚假市场主体登记影响的自然人、法人和其他组织可以向登记机关提出撤销市场主体登记的申请。

登记机关受理申请后,应当及时开展调查。经调查认定存在虚假市场主体登记情形的,登记机关应当撤销市场主体登记。相关市场主体和人员无法联系或者拒不配合的,登记机关可以将相关市场主体的登记时间、登记事项等通过国家企业信用信息公示系统向社会公示,公示期为45日。相关市场主体及其利害关系人在公示期内没有提出异议的,登记机关可以撤销市场主体登记。

因虚假市场主体登记被撤销的市场主体,其直接责任人自市场主体登记被撤销之日起3年内不得再次申请市场主体登记。登记机关应当通过国家企业信用信息公示系统予以公示。

第四十一条 有下列情形之一的,登记机关可以不予撤销市场主体登记:

(一)撤销市场主体登记可能对社会公共利益造成重大损害;

(二)撤销市场主体登记后无法恢复到登记前的状态;

(三)法律、行政法规规定的其他情形。

第四十二条 登记机关或者其上级机关认定撤销市场主体登记决定错误的,可以撤销该决定,恢复原登记状态,并通过国家企业信用信息公示系统公示。

第五章 法 律 责 任

第四十三条 未经设立登记从事经营活动的,由登记机关责令改正,没收违法所得;拒不改正的,处1万元以上10万元以下的罚款;情节严重的,依法责令关闭停业,并处10万元以上50万元以下的罚款。

第四十四条 提交虚假材料或者采取其他欺诈手段隐瞒重要事实取得市场主体登记的,由登记机关责令改正,没收违法所得,并处5万元以上20万元以下的罚款;情节严重的,处20万元以上100万元以下的罚款,吊销营业执照。

第四十五条 实行注册资本实缴登记制的市场主体虚报注册资本取得市场主体登记的,由登记机关责令改正,处虚报注册资本金额5%以上15%以下的罚款;情节严重的,吊销营业执照。

实行注册资本实缴登记制的市场主体的发起人、股东虚假出资,未交付或者未按期交付作为出资的货币或者非货币财产的,或者在市场主体成立后抽逃出资的,由登记机关责令改正,处虚假出资金额5%以上15%以下的罚款。

第四十六条 市场主体未依照本条例办理变更登记的,由登记机关责令改正;拒不改正的,处1万元以上10万元以下的罚款;情节严重的,吊销营业执照。

第四十七条 市场主体未依照本条例办理备案的,由登记机关责令改正;拒不改正的,处5万元以下的罚款。

第四十八条 市场主体未依照本条例将营业执照置于住所或者主要经营

场所醒目位置的,由登记机关责令改正;拒不改正的,处 3 万元以下的罚款。

从事电子商务经营的市场主体未在其首页显著位置持续公示营业执照信息或者相关链接标识的,由登记机关依照《中华人民共和国电子商务法》处罚。

市场主体伪造、涂改、出租、出借、转让营业执照的,由登记机关没收违法所得,处 10 万元以下的罚款;情节严重的,处 10 万元以上 50 万元以下的罚款,吊销营业执照。

第四十九条 违反本条例规定的,登记机关确定罚款金额时,应当综合考虑市场主体的类型、规模、违法情节等因素。

第五十条 登记机关及其工作人员违反本条例规定未履行职责或者履行职责不当的,对直接负责的主管人员和其他直接责任人员依法给予处分。

第五十一条 违反本条例规定,构成犯罪的,依法追究刑事责任。

第五十二条 法律、行政法规对市场主体登记管理违法行为处罚另有规定的,从其规定。

第六章 附 则

第五十三条 国务院市场监督管理部门可以依照本条例制定市场主体登记和监督管理的具体办法。

第五十四条 无固定经营场所摊贩的管理办法,由省、自治区、直辖市人民政府根据当地实际情况另行规定。

第五十五条 本条例自 2022 年 3 月 1 日起施行。《中华人民共和国公司登记管理条例》、《中华人民共和国企业法人登记管理条例》、《中华人民共和国合伙企业登记管理办法》、《农民专业合作社登记管理条例》、《企业法人法定代表人登记管理规定》同时废止。

中华人民共和国
市场主体登记管理条例实施细则

(2022 年 3 月 1 日国家市场监督管理总局令第 52 号公布施行)

第一章 总 则

第一条 根据《中华人民共和国市场主体登记管理条例》(以下简称《条

例》)等有关法律法规,制定本实施细则。

第二条 市场主体登记管理应当遵循依法合规、规范统一、公开透明、便捷高效的原则。

第三条 国家市场监督管理总局主管全国市场主体统一登记管理工作,制定市场主体登记管理的制度措施,推进登记全程电子化,规范登记行为,指导地方登记机关依法有序开展登记管理工作。

县级以上地方市场监督管理部门主管本辖区市场主体登记管理工作,加强对辖区内市场主体登记管理工作的统筹指导和监督管理,提升登记管理水平。

县级市场监督管理部门的派出机构可以依法承担个体工商户等市场主体的登记管理职责。

各级登记机关依法履行登记管理职责,执行全国统一的登记管理政策文件和规范要求,使用统一的登记材料、文书格式,以及省级统一的市场主体登记管理系统,优化登记办理流程,推行网上办理等便捷方式,健全数据安全管理制度,提供规范化、标准化登记管理服务。

第四条 省级以上人民政府或者其授权的国有资产监督管理机构履行出资人职责的公司,以及该公司投资设立并持有50%以上股权或者股份的公司的登记管理由省级登记机关负责;股份有限公司的登记管理由地市级以上地方登记机关负责。

除前款规定的情形外,省级市场监督管理部门依法对本辖区登记管辖作出统一规定;上级登记机关在特定情形下,可以依法将部分市场主体登记管理工作交由下级登记机关承担,或者承担下级登记机关的部分登记管理工作。

外商投资企业登记管理由国家市场监督管理总局或者其授权的地方市场监督管理部门负责。

第五条 国家市场监督管理总局应当加强信息化建设,统一登记管理业务规范、数据标准和平台服务接口,归集全国市场主体登记管理信息。

省级市场监督管理部门主管本辖区登记管理信息化建设,建立统一的市场主体登记管理系统,归集市场主体登记管理信息,规范市场主体登记注册流程,提升政务服务水平,强化部门间信息共享和业务协同,提升市场主体登记管理便利化程度。

第二章 登记事项

第六条 市场主体应当按照类型依法登记下列事项:
(一)公司:名称、类型、经营范围、住所、注册资本、法定代表人姓名、有限责任公司股东或者股份有限公司发起人姓名或者名称。

（二）非公司企业法人：名称、类型、经营范围、住所、出资额、法定代表人姓名、出资人（主管部门）名称。

（三）个人独资企业：名称、类型、经营范围、住所、出资额、投资人姓名及居所。

（四）合伙企业：名称、类型、经营范围、主要经营场所、出资额、执行事务合伙人名称或者姓名，合伙人名称或者姓名、住所、承担责任方式。执行事务合伙人是法人或者其他组织的，登记事项还应当包括其委派的代表姓名。

（五）农民专业合作社（联合社）：名称、类型、经营范围、住所、出资额、法定代表人姓名。

（六）分支机构：名称、类型、经营范围、经营场所、负责人姓名。

（七）个体工商户：组成形式、经营范围、经营场所，经营者姓名、住所。个体工商户使用名称的，登记事项还应当包括名称。

（八）法律、行政法规规定的其他事项。

第七条 市场主体应当按照类型依法备案下列事项：

（一）公司：章程、经营期限、有限责任公司股东或者股份有限公司发起人认缴的出资数额、董事、监事、高级管理人员、登记联络员、外商投资公司法律文件送达接受人。

（二）非公司企业法人：章程、经营期限、登记联络员。

（三）个人独资企业：登记联络员。

（四）合伙企业：合伙协议、合伙期限、合伙人认缴或者实际缴付的出资数额、缴付期限和出资方式、登记联络员、外商投资合伙企业法律文件送达接受人。

（五）农民专业合作社（联合社）：章程、成员、登记联络员。

（六）分支机构：登记联络员。

（七）个体工商户：家庭参加经营的家庭成员姓名、登记联络员。

（八）公司、合伙企业等市场主体受益所有人相关信息。

（九）法律、行政法规规定的其他事项。

上述备案事项由登记机关在设立登记时一并进行信息采集。

受益所有人信息管理制度由中国人民银行会同国家市场监督管理总局另行制定。

第八条 市场主体名称由申请人依法自主申报。

第九条 申请人应当依法申请登记下列市场主体类型：

（一）有限责任公司、股份有限公司；
（二）全民所有制企业、集体所有制企业、联营企业；
（三）个人独资企业；
（四）普通合伙(含特殊普通合伙)企业、有限合伙企业；
（五）农民专业合作社、农民专业合作社联合社；
（六）个人经营的个体工商户、家庭经营的个体工商户。

分支机构应当按所属市场主体类型注明分公司或者相应的分支机构。

第十条 申请人应当根据市场主体类型依法向其住所（主要经营场所、经营场所）所在地具有登记管辖权的登记机关办理登记。

第十一条 申请人申请登记市场主体法定代表人、执行事务合伙人（含委派代表），应当符合章程或者协议约定。

合伙协议未约定或者全体合伙人未决定委托执行事务合伙人的，除有限合伙人外，申请人应当将其他合伙人均登记为执行事务合伙人。

第十二条 申请人应当按照国家市场监督管理总局发布的经营范围规范目录，根据市场主体主要行业或者经营特征自主选择一般经营项目和许可经营项目，申请办理经营范围登记。

第十三条 申请人申请登记的市场主体注册资本（出资额）应当符合章程或者协议约定。

市场主体注册资本（出资额）以人民币表示。外商投资企业的注册资本（出资额）可以用可自由兑换的货币表示。

依法以境内公司股权或者债权出资的，应当权属清楚、权能完整，依法可以评估、转让，符合公司章程规定。

第三章 登 记 规 范

第十四条 申请人可以自行或者指定代表人、委托代理人办理市场主体登记、备案事项。

第十五条 申请人应当在申请材料上签名或者盖章。

申请人可以通过全国统一电子营业执照系统等电子签名工具和途径进行电子签名或者电子签章。符合法律规定的可靠电子签名、电子签章与手写签名或者盖章具有同等法律效力。

第十六条 在办理登记、备案事项时，申请人应当配合登记机关通过实名认证系统，采用人脸识别等方式对下列人员进行实名验证：

（一）法定代表人、执行事务合伙人(含委派代表)、负责人；

(二)有限责任公司股东、股份有限公司发起人、公司董事、监事及高级管理人员;

(三)个人独资企业投资人、合伙企业合伙人、农民专业合作社(联合社)成员、个体工商户经营者;

(四)市场主体登记联络员、外商投资企业法律文件送达接受人;

(五)指定的代表人或者委托代理人。

因特殊原因,当事人无法通过实名认证系统核验身份信息的,可以提交经依法公证的自然人身份证明文件,或者由本人持身份证件到现场办理。

第十七条 办理市场主体登记、备案事项,申请人可以到登记机关现场提交申请,也可以通过市场主体登记注册系统提出申请。

申请人对申请材料的真实性、合法性、有效性负责。

办理市场主体登记、备案事项,应当遵守法律法规,诚实守信,不得利用市场主体登记,牟取非法利益,扰乱市场秩序,危害国家安全、社会公共利益。

第十八条 申请材料齐全、符合法定形式的,登记机关予以确认,并当场登记,出具登记通知书,及时制发营业执照。

不予当场登记的,登记机关应当向申请人出具接收申请材料凭证,并在3个工作日内对申请材料进行审查;情形复杂的,经登记机关负责人批准,可以延长3个工作日,并书面告知申请人。

申请材料不齐全或者不符合法定形式的,登记机关应当将申请材料退还申请人,并一次性告知申请人需要补正的材料。申请人补正后,应当重新提交申请材料。

不属于市场主体登记范畴或者不属于本登记机关登记管辖范围的事项,登记机关应当告知申请人向有关行政机关申请。

第十九条 市场主体登记申请不符合法律、行政法规或者国务院决定规定,或者可能危害国家安全、社会公共利益的,登记机关不予登记,并出具不予登记通知书。

利害关系人就市场主体申请材料的真实性、合法性、有效性或者其他有关实体权利提起诉讼或者仲裁,对登记机关依法登记造成影响的,申请人应当在诉讼或者仲裁终结后,向登记机关申请办理登记。

第二十条 市场主体法定代表人依法受到任职资格限制的,在申请办理其他变更登记时,应当依法及时申请办理法定代表人变更登记。

市场主体因通过登记的住所(主要经营场所、经营场所)无法取得联系被列入经营异常名录的,在申请办理其他变更登记时,应当依法及时申请办理住所

(主要经营场所、经营场所)变更登记。

第二十一条 公司或者农民专业合作社(联合社)合并、分立的,可以通过国家企业信用信息公示系统公告,公告期45日,应当于公告期届满后申请办理登记。

非公司企业法人合并、分立的,应当经出资人(主管部门)批准,自批准之日起30日内申请办理登记。

市场主体设立分支机构的,应当自决定作出之日起30日内向分支机构所在地登记机关申请办理登记。

第二十二条 法律、行政法规或者国务院决定规定市场主体申请登记、备案事项前需要审批的,在办理登记、备案时,应当在有效期内提交有关批准文件或者许可证书。有关批准文件或者许可证书未规定有效期限,自批准之日起超过90日的,申请人应当报审批机关确认其效力或者另行报批。

市场主体设立后,前款规定批准文件或者许可证书内容有变化、被吊销、撤销或者有效期届满的,应当自批准文件、许可证书重新批准之日或者被吊销、撤销、有效期届满之日起30日内申请办理变更登记或者注销登记。

第二十三条 市场主体营业执照应当载明名称、法定代表人(执行事务合伙人、个人独资企业投资人、经营者或者负责人)姓名、类型(组成形式)、注册资本(出资额)、住所(主要经营场所、经营场所)、经营范围、登记机关、成立日期、统一社会信用代码。

电子营业执照与纸质营业执照具有同等法律效力,市场主体可以凭电子营业执照开展经营活动。

市场主体在办理涉及营业执照记载事项变更登记或者申请注销登记时,需要在提交申请时一并缴回纸质营业执照正、副本。对于市场主体营业执照拒不缴回或者无法缴回的,登记机关在完成变更登记或者注销登记后,通过国家企业信用信息公示系统公告营业执照作废。

第二十四条 外国投资者在中国境内设立外商投资企业,其主体资格文件或者自然人身份证明应当经所在国家公证机关公证并经中国驻该国使(领)馆认证。中国与有关国家缔结或者共同参加的国际条约对认证另有规定的除外。

香港特别行政区、澳门特别行政区和台湾地区投资者的主体资格文件或者自然人身份证明应当按照专项规定或者协议,依法提供当地公证机构的公证文件。按照国家有关规定,无需提供公证文件的除外。

第四章 设 立 登 记

第二十五条 申请办理设立登记,应当提交下列材料:

（一）申请书；

（二）申请人主体资格文件或者自然人身份证明；

（三）住所(主要经营场所、经营场所)相关文件；

（四）公司、非公司企业法人、农民专业合作社(联合社)章程或者合伙企业合伙协议。

第二十六条 申请办理公司设立登记,还应当提交法定代表人、董事、监事和高级管理人员的任职文件和自然人身份证明。

除前款规定的材料外,募集设立股份有限公司还应当提交依法设立的验资机构出具的验资证明;公开发行股票的,还应当提交国务院证券监督管理机构的核准或者注册文件。涉及发起人首次出资属于非货币财产的,还应当提交已办理财产权转移手续的证明文件。

第二十七条 申请设立非公司企业法人,还应当提交法定代表人的任职文件和自然人身份证明。

第二十八条 申请设立合伙企业,还应当提交下列材料：

（一）法律、行政法规规定设立特殊的普通合伙企业需要提交合伙人的职业资格文件的,提交相应材料；

（二）全体合伙人决定委托执行事务合伙人的,应当提交全体合伙人的委托书和执行事务合伙人的主体资格文件或者自然人身份证明。执行事务合伙人是法人或者其他组织的,还应当提交其委派代表的委托书和自然人身份证明。

第二十九条 申请设立农民专业合作社(联合社),还应当提交下列材料：

（一）全体设立人签名或者盖章的设立大会纪要；

（二）法定代表人、理事的任职文件和自然人身份证明；

（三）成员名册和出资清单,以及成员主体资格文件或者自然人身份证明。

第三十条 申请办理分支机构设立登记,还应当提交负责人的任职文件和自然人身份证明。

第五章 变更登记

第三十一条 市场主体变更登记事项,应当自作出变更决议、决定或者法定变更事项发生之日起30日内申请办理变更登记。

市场主体登记事项变更涉及分支机构登记事项变更的,应当自市场主体登记事项变更登记之日起30日内申请办理分支机构变更登记。

第三十二条 申请办理变更登记,应当提交申请书,并根据市场主体类型及具体变更事项分别提交下列材料：

（一）公司变更事项涉及章程修改的,应当提交修改后的章程或者章程修正案;需要对修改章程作出决议决定的,还应当提交相关决议决定;

（二）合伙企业应当提交全体合伙人或者合伙协议约定的人员签署的变更决定书;变更事项涉及修改合伙协议的,应当提交由全体合伙人签署或者合伙协议约定的人员签署修改或者补充的合伙协议;

（三）农民专业合作社(联合社)应当提交成员大会或者成员代表大会作出的变更决议;变更事项涉及章程修改的应当提交修改后的章程或者章程修正案。

第三十三条 市场主体更换法定代表人、执行事务合伙人(含委派代表)、负责人的变更登记申请由新任法定代表人、执行事务合伙人(含委派代表)、负责人签署。

第三十四条 市场主体变更名称,可以自主申报名称并在保留期届满前申请变更登记,也可以直接申请变更登记。

第三十五条 市场主体变更住所(主要经营场所、经营场所),应当在迁入新住所(主要经营场所、经营场所)前向迁入地登记机关申请变更登记,并提交新的住所(主要经营场所、经营场所)使用相关文件。

第三十六条 市场主体变更注册资本或者出资额的,应当办理变更登记。

公司增加注册资本,有限责任公司股东认缴新增资本的出资和股份有限公司的股东认购新股的,应当按照设立时缴纳出资和缴纳股款的规定执行。股份有限公司以公开发行新股方式或者上市公司以非公开发行新股方式增加注册资本,还应当提交国务院证券监督管理机构的核准或者注册文件。

公司减少注册资本,可以通过国家企业信用信息公示系统公告,公告期45日,应当于公告期届满后申请变更登记。法律、行政法规或者国务院决定对公司注册资本有最低限额规定的,减少后的注册资本应当不少于最低限额。

外商投资企业注册资本(出资额)币种发生变更,应当向登记机关申请变更登记。

第三十七条 公司变更类型,应当按照拟变更公司类型的设立条件,在规定的期限内申请变更登记,并提交有关材料。

非公司企业法人申请改制为公司,应当按照拟变更的公司类型设立条件,在规定期限内申请变更登记,并提交有关材料。

个体工商户申请转变为企业组织形式,应当按照拟变更的企业类型设立条件申请登记。

第三十八条 个体工商户变更经营者,应当在办理注销登记后,由新的经营者重新申请办理登记。双方经营者同时申请办理的,登记机关可以合并办理。

第三十九条 市场主体变更备案事项的,应当按照《条例》第二十九条规定办理备案。

农民专业合作社因成员发生变更,农民成员低于法定比例的,应当自事由发生之日起6个月内采取吸收新的农民成员入社等方式使农民成员达到法定比例。农民专业合作社联合社成员退社,成员数低于联合社设立法定条件的,应当自事由发生之日起6个月内采取吸收新的成员入社等方式使农民专业合作社联合社成员达到法定条件。

第六章 歇 业

第四十条 因自然灾害、事故灾难、公共卫生事件、社会安全事件等原因造成经营困难的,市场主体可以自主决定在一定时期内歇业。法律、行政法规另有规定的除外。

第四十一条 市场主体决定歇业,应当在歇业前向登记机关办理备案。登记机关通过国家企业信用信息公示系统向社会公示歇业期限、法律文书送达地址等信息。

以法律文书送达地址代替住所(主要经营场所、经营场所)的,应当提交法律文书送达地址确认书。

市场主体延长歇业期限,应当于期限届满前30日内按规定办理。

第四十二条 市场主体办理歇业备案后,自主决定开展或者已实际开展经营活动的,应当于30日内在国家企业信用信息公示系统上公示终止歇业。

市场主体恢复营业时,登记、备案事项发生变化的,应当及时办理变更登记或者备案。以法律文书送达地址代替住所(主要经营场所、经营场所)的,应当及时办理住所(主要经营场所、经营场所)变更登记。

市场主体备案的歇业期限届满,或者累计歇业满3年,视为自动恢复经营,决定不再经营的,应当及时办理注销登记。

第四十三条 歇业期间,市场主体以法律文书送达地址代替原登记的住所(主要经营场所、经营场所)的,不改变歇业市场主体的登记管辖。

第七章 注销登记

第四十四条 市场主体因解散、被宣告破产或者其他法定事由需要终止的,应当依法向登记机关申请注销登记。依法需要清算的,应当自清算结束之日起30日内申请注销登记。依法不需要清算的,应当自决定作出之日起30日内申请注销登记。市场主体申请注销后,不得从事与注销无关的生产经营活动。自登记机关予以注销登记之日起,市场主体终止。

第四十五条 市场主体注销登记前依法应当清算的,清算组应当自成立之日起10日内将清算组成员、清算组负责人名单通过国家企业信用信息公示系统公告。清算组可以通过国家企业信用信息公示系统发布债权人公告。

第四十六条 申请办理注销登记,应当提交下列材料:

(一)申请书;

(二)依法作出解散、注销的决议或者决定,或者被行政机关吊销营业执照、责令关闭、撤销的文件;

(三)清算报告、负责清理债权债务的文件或者清理债务完结的证明;

(四)税务部门出具的清税证明。

除前款规定外,人民法院指定清算人、破产管理人进行清算的,应当提交人民法院指定证明;合伙企业分支机构申请注销登记,还应当提交全体合伙人签署的注销分支机构决定书。

个体工商户申请注销登记的,无需提交第二项、第三项材料;因合并、分立而申请市场主体注销登记的,无需提交第三项材料。

第四十七条 申请办理简易注销登记,应当提交申请书和全体投资人承诺书。

第四十八条 有下列情形之一的,市场主体不得申请办理简易注销登记:

(一)在经营异常名录或者市场监督管理严重违法失信名单中的;

(二)存在股权(财产份额)被冻结、出质或者动产抵押,或者对其他市场主体存在投资的;

(三)正在被立案调查或者采取行政强制措施,正在诉讼或者仲裁程序中的;

(四)被吊销营业执照、责令关闭、撤销的;

(五)受到罚款等行政处罚尚未执行完毕的;

(六)不符合《条例》第三十三条规定的其他情形。

第四十九条 申请办理简易注销登记,市场主体应当将承诺书及注销登记申请通过国家企业信用信息公示系统公示,公示期为20日。

在公示期内无相关部门、债权人及其他利害关系人提出异议的,市场主体可以于公示期届满之日起20日内向登记机关申请注销登记。

第八章 撤销登记

第五十条 对涉嫌提交虚假材料或者采取其他欺诈手段隐瞒重要事实取得市场主体登记的行为，登记机关可以根据当事人申请或者依职权主动进行调查。

第五十一条 受虚假登记影响的自然人、法人和其他组织，可以向登记机关提出撤销市场主体登记申请。涉嫌冒用自然人身份的虚假登记，被冒用人应当配合登记机关通过线上或者线下途径核验身份信息。

涉嫌虚假登记市场主体的登记机关发生变更的，由现登记机关负责处理撤销登记，原登记机关应当协助进行调查。

第五十二条 登记机关收到申请后，应当在 3 个工作日内作出是否受理的决定，并书面通知申请人。

有下列情形之一的，登记机关可以不予受理：

（一）涉嫌冒用自然人身份的虚假登记，被冒用人未能通过身份信息核验的；

（二）涉嫌虚假登记的市场主体已注销的，申请撤销注销登记的除外；

（三）其他依法不予受理的情形。

第五十三条 登记机关受理申请后，应当于 3 个月内完成调查，并及时作出撤销或者不予撤销市场主体登记的决定。情形复杂的，经登记机关负责人批准，可以延长 3 个月。

在调查期间，相关市场主体和人员无法联系或者拒不配合的，登记机关可以将涉嫌虚假登记市场主体的登记时间、登记事项，以及登记机关联系方式等信息通过国家企业信用信息公示系统向社会公示，公示期 45 日。相关市场主体及其利害关系人在公示期内没有提出异议的，登记机关可以撤销市场主体登记。

第五十四条 有下列情形之一的，经当事人或者其他利害关系人申请，登记机关可以中止调查：

（一）有证据证明与涉嫌虚假登记相关的民事权利存在争议的；

（二）涉嫌虚假登记的市场主体正在诉讼或者仲裁程序中的；

（三）登记机关收到有关部门出具的书面意见，证明涉嫌虚假登记的市场主体或者其法定代表人、负责人存在违法案件尚未结案，或者尚未履行相关法定义务的。

第五十五条 有下列情形之一的，登记机关可以不予撤销市场主体登记：

（一）撤销市场主体登记可能对社会公共利益造成重大损害；

（二）撤销市场主体登记后无法恢复到登记前的状态；

（三）法律、行政法规规定的其他情形。

第五十六条 登记机关作出撤销登记决定后，应当通过国家企业信用信息公示系统向社会公示。

第五十七条 同一登记包含多个登记事项，其中部分登记事项被认定为虚假，撤销虚假的登记事项不影响市场主体存续的，登记机关可以仅撤销虚假的登记事项。

第五十八条 撤销市场主体备案事项的，参照本章规定执行。

第九章 档案管理

第五十九条 登记机关应当负责建立市场主体登记管理档案，对在登记、备案过程中形成的具有保存价值的文件依法分类，有序收集管理，推动档案电子化、影像化，提供市场主体登记管理档案查询服务。

第六十条 申请查询市场主体登记管理档案，应当按照下列要求提交材料：

（一）公安机关、国家安全机关、检察机关、审判机关、纪检监察机关、审计机关等国家机关进行查询，应当出具本部门公函及查询人员的有效证件；

（二）市场主体查询自身登记管理档案，应当出具授权委托书及查询人员的有效证件；

（三）律师查询与承办法律事务有关市场主体登记管理档案，应当出具执业证书、律师事务所证明以及相关承诺书。

除前款规定情形外，省级以上市场监督管理部门可以结合工作实际，依法对档案查询范围以及提交材料作出规定。

第六十一条 登记管理档案查询内容涉及国家秘密、商业秘密、个人信息的，应当按照有关法律法规规定办理。

第六十二条 市场主体发生住所（主要经营场所、经营场所）迁移的，登记机关应当于3个月内将所有登记管理档案移交迁入地登记机关管理。档案迁出、迁入应当记录备案。

第十章 监督管理

第六十三条 市场主体应当于每年1月1日至6月30日，通过国家企业信用信息公示系统报送上一年度年度报告，并向社会公示。

个体工商户可以通过纸质方式报送年度报告,并自主选择年度报告内容是否向社会公示。

歇业的市场主体应当按时公示年度报告。

第六十四条 市场主体应当将营业执照(含电子营业执照)置于住所(主要经营场所、经营场所)的醒目位置。

从事电子商务经营的市场主体应当在其首页显著位置持续公示营业执照信息或者其链接标识。

营业执照记载的信息发生变更时,市场主体应当于15日内完成对应信息的更新公示。市场主体被吊销营业执照的,登记机关应当将吊销情况标注于电子营业执照中。

第六十五条 登记机关应当对登记注册、行政许可、日常监管、行政执法中的相关信息进行归集,根据市场主体的信用风险状况实施分级分类监管,并强化信用风险分类结果的综合应用。

第六十六条 登记机关应当随机抽取检查对象、随机选派执法检查人员,对市场主体的登记备案事项、公示信息情况等进行抽查,并将抽查检查结果通过国家企业信用信息公示系统向社会公示。必要时可以委托会计师事务所、税务师事务所、律师事务所等专业机构开展审计、验资、咨询等相关工作,依法使用其他政府部门作出的检查、核查结果或者专业机构作出的专业结论。

第六十七条 市场主体被撤销设立登记、吊销营业执照、责令关闭,6个月内未办理清算组公告或者未申请注销登记的,登记机关可以在国家企业信用信息公示系统上对其作出特别标注并予以公示。

第十一章 法律责任

第六十八条 未经设立登记从事一般经营活动的,由登记机关责令改正,没收违法所得;拒不改正的,处1万元以上10万元以下的罚款;情节严重的,依法责令关闭停业,并处10万元以上50万元以下的罚款。

第六十九条 未经设立登记从事许可经营活动或者未依法取得许可从事经营活动的,由法律、法规或者国务院决定规定的部门予以查处;法律、法规或者国务院决定没有规定或者规定不明确的,由省、自治区、直辖市人民政府确定的部门予以查处。

第七十条 市场主体未按照法律、行政法规规定的期限公示或者报送年度报告的,由登记机关列入经营异常名录,可以处1万元以下的罚款。

第七十一条 提交虚假材料或者采取其他欺诈手段隐瞒重要事实取得市

场主体登记的,由登记机关依法责令改正,没收违法所得,并处5万元以上20万元以下的罚款;情节严重的,处20万元以上100万元以下的罚款,吊销营业执照。

明知或者应当知道申请人提交虚假材料或者采取其他欺诈手段隐瞒重要事实进行市场主体登记,仍接受委托代为办理,或者协助其进行虚假登记的,由登记机关没收违法所得,处10万元以下的罚款。

虚假市场主体登记的直接责任人自市场主体登记被撤销之日起3年内不得再次申请市场主体登记。登记机关应当通过国家企业信用信息公示系统予以公示。

第七十二条 市场主体未按规定办理变更登记的,由登记机关责令改正;拒不改正的,处1万元以上10万元以下的罚款;情节严重的,吊销营业执照。

第七十三条 市场主体未按规定办理备案的,由登记机关责令改正;拒不改正的,处5万元以下的罚款。

依法应当办理受益所有人信息备案的市场主体,未办理备案的,按照前款规定处理。

第七十四条 市场主体未按照本实施细则第四十二条规定公示终止歇业的,由登记机关责令改正;拒不改正的,处3万元以下的罚款。

第七十五条 市场主体未按规定将营业执照置于住所(主要经营场所、经营场所)醒目位置的,由登记机关责令改正;拒不改正的,处3万元以下的罚款。

电子商务经营者未在首页显著位置持续公示营业执照信息或者相关链接标识的,由登记机关依照《中华人民共和国电子商务法》处罚。

市场主体伪造、涂改、出租、出借、转让营业执照的,由登记机关没收违法所得,处10万元以下的罚款;情节严重的,处10万元以上50万元以下的罚款,吊销营业执照。

第七十六条 利用市场主体登记,牟取非法利益,扰乱市场秩序,危害国家安全、社会公共利益的,法律、行政法规有规定的,依照其规定;法律、行政法规没有规定的,由登记机关处10万元以下的罚款。

第七十七条 违反本实施细则规定,登记机关确定罚款幅度时,应当综合考虑市场主体的类型、规模、违法情节等因素。

情节轻微并及时改正,没有造成危害后果的,依法不予行政处罚。初次违法且危害后果轻微并及时改正的,可以不予行政处罚。当事人有证据足以证明没有主观过错的,不予行政处罚。

第十二章　附　则

第七十八条　本实施细则所指申请人,包括设立登记时的申请人、依法设立后的市场主体。

第七十九条　人民法院办理案件需要登记机关协助执行的,登记机关应当按照人民法院的生效法律文书和协助执行通知书,在法定职责范围内办理协助执行事项。

第八十条　国家市场监督管理总局根据法律、行政法规、国务院决定及本实施细则,制定登记注册前置审批目录、登记材料和文书格式。

第八十一条　法律、行政法规或者国务院决定对登记管理另有规定的,从其规定。

第八十二条　本实施细则自公布之日起施行。1988年11月3日原国家工商行政管理局令第1号公布的《中华人民共和国企业法人登记管理条例施行细则》,2000年1月13日原国家工商行政管理局令第94号公布的《个人独资企业登记管理办法》,2011年9月30日原国家工商行政管理总局令第56号公布的《个体工商户登记管理办法》,2014年2月20日原国家工商行政管理总局令第64号公布的《公司注册资本登记管理规定》,2015年8月27日原国家工商行政管理总局令第76号公布的《企业经营范围登记管理规定》同时废止。

国务院关于实施《中华人民共和国公司法》注册资本登记管理制度的规定

(2024年7月1日国务院令第784号公布施行)

第一条　为了加强公司注册资本登记管理,规范股东依法履行出资义务,维护市场交易安全,优化营商环境,根据《中华人民共和国公司法》(以下简称公司法),制定本规定。

第二条　2024年6月30日前登记设立的公司,有限责任公司剩余认缴出资期限自2027年7月1日起超过5年的,应当在2027年6月30日前将其剩余认缴出资期限调整至5年内并记载于公司章程,股东应当在调整后的认缴出资期限内足额缴纳认缴的出资额;股份有限公司的发起人应当在2027年6月30

日前按照其认购的股份全额缴纳股款。

公司生产经营涉及国家利益或者重大公共利益，国务院有关主管部门或者省级人民政府提出意见的，国务院市场监督管理部门可以同意其按原出资期限出资。

第三条 公司出资期限、注册资本明显异常的，公司登记机关可以结合公司的经营范围、经营状况以及股东的出资能力、主营项目、资产规模等进行研判，认定违背真实性、合理性原则的，可以依法要求其及时调整。

第四条 公司调整股东认缴和实缴的出资额、出资方式、出资期限，或者调整发起人认购的股份数等，应当自相关信息产生之日起20个工作日内通过国家企业信用信息公示系统向社会公示。

公司应当确保前款公示信息真实、准确、完整。

第五条 公司登记机关采取随机抽取检查对象、随机选派执法检查人员的方式，对公司公示认缴和实缴情况进行监督检查。

公司登记机关应当加强与有关部门的信息互联共享，根据公司的信用风险状况实施分类监管，强化信用风险分类结果的综合应用。

第六条 公司未按照本规定调整出资期限、注册资本的，由公司登记机关责令改正；逾期未改正的，由公司登记机关在国家企业信用信息公示系统作出特别标注并向社会公示。

第七条 公司因被吊销营业执照、责令关闭或者被撤销，或者通过其住所、经营场所无法联系被列入经营异常名录，出资期限、注册资本不符合本规定且无法调整的，公司登记机关对其另册管理，在国家企业信用信息公示系统作出特别标注并向社会公示。

第八条 公司自被吊销营业执照、责令关闭或者被撤销之日起，满3年未向公司登记机关申请注销公司登记的，公司登记机关可以通过国家企业信用信息公示系统予以公告，公告期限不少于60日。

公告期内，相关部门、债权人以及其他利害关系人向公司登记机关提出异议，注销程序终止。公告期限届满后无异议的，公司登记机关可以注销公司登记，并在国家企业信用信息公示系统作出特别标注。

第九条 公司的股东或者发起人未按照本规定缴纳认缴的出资额或者股款，或者公司未依法公示有关信息的，依照公司法、《企业信息公示暂行条例》的有关规定予以处罚。

第十条 公司登记机关应当对公司调整出资期限、注册资本加强指导，制定具体操作指南，优化办理流程，提高登记效率，提升登记便利化水平。

第十一条 国务院市场监督管理部门根据本规定,制定公司注册资本登记管理的具体实施办法。

第十二条 上市公司依照公司法和国务院规定,在公司章程中规定在董事会中设置审计委员会,并载明审计委员会的组成、职权等事项。

第十三条 本规定自公布之日起施行。

上市公司章程指引

(2025年3月28日中国证券监督管理委员会公告〔2025〕6号公布施行)

第一章 总 则

第一条 为维护公司、股东、职工和债权人的合法权益,规范公司的组织和行为,根据《中华人民共和国公司法》(以下简称《公司法》)、《中华人民共和国证券法》(以下简称《证券法》)和其他有关规定,制定本章程。

第二条 公司系依照【法规名称】和其他有关规定成立的股份有限公司(以下简称公司)。

公司【设立方式】设立;在【公司登记机关名称】注册登记,取得营业执照,统一社会信用代码【统一社会信用代码号】。

注释:依法律、行政法规规定,公司设立必须报经批准的,应当说明批准机关和批准文件名称。

第三条 公司于【批准/核准/注册日期】经【批准/核准/注册机关全称】批准/核准/注册,首次向社会公众发行人民币普通股【股份数额】股,于【上市日期】在【证券交易所全称】上市。公司于【批准/核准/注册日期】经【批准/核准/注册机关全称】批准/核准/注册,发行优先股【股份数额】股,于【上市日期】在【证券交易所全称】上市。公司向境外投资人发行的以外币认购并且在境内上市的境内上市外资股为【股份数额】,于【上市日期】在【证券交易所全称】上市。

注释:本指引所称优先股,是指依照《公司法》,在一般规定的普通种类股份之外,另行规定的其他类别股份,其股份持有人优先于普通股股东分配公司利润和剩余财产,但参与公司决策管理等权利受到限制。

没有发行(或者拟发行)优先股或者境内上市外资股的公司,无需就本条有关优先股或者境内上市外资股的内容作出说明。以下同。

第四条　公司注册名称:【中文全称】【英文全称】。

第五条　公司住所:【公司住所地址全称,邮政编码】。

第六条　公司注册资本为人民币【注册资本数额】元。

注释:公司因增加或者减少注册资本而导致注册资本总额变更的,可以在股东会通过同意增加或者减少注册资本的决议后,再就因此而需要修改公司章程的事项通过一项决议,并说明授权董事会具体办理注册资本的变更登记手续。

第七条　公司营业期限为【年数】或者【公司为永久存续的股份有限公司】。

第八条　【代表公司执行公司事务的董事或者经理】为公司的法定代表人。担任法定代表人的董事或者经理辞任的,视为同时辞去法定代表人。

法定代表人辞任的,公司将在法定代表人辞任之日起三十日内确定新的法定代表人。

注释:公司应当在章程中规定法定代表人的产生、变更办法。

第九条　法定代表人以公司名义从事的民事活动,其法律后果由公司承受。

本章程或者股东会对法定代表人职权的限制,不得对抗善意相对人。

法定代表人因为执行职务造成他人损害的,由公司承担民事责任。公司承担民事责任后,依照法律或者本章程的规定,可以向有过错的法定代表人追偿。

第十条　股东以其认购的股份为限对公司承担责任,公司以其全部财产对公司的债务承担责任。

第十一条　本章程自生效之日起,即成为规范公司的组织与行为、公司与股东、股东与股东之间权利义务关系的具有法律约束力的文件,对公司、股东、董事、高级管理人员具有法律约束力。依据本章程,股东可以起诉股东,股东可以起诉公司董事、高级管理人员,股东可以起诉公司,公司可以起诉股东、董事和高级管理人员。

第十二条　本章程所称高级管理人员是指公司的经理、副经理、财务负责人、董事会秘书和本章程规定的其他人员。

注释:公司可以根据实际情况,在章程中确定属于公司高级管理人员的其他人员。

第十三条　公司根据中国共产党章程的规定,设立共产党组织、开展党的活动。公司为党组织的活动提供必要条件。

第二章　经营宗旨和范围

第十四条　公司的经营宗旨:【宗旨内容】。

第十五条 经依法登记,公司的经营范围:【经营范围内容】。注释:公司的经营范围中属于法律、行政法规规定须经批准的项目,应当依法经过批准。

第三章 股 份

第一节 股 份 发 行

第十六条 公司的股份采取股票的形式。

第十七条 公司股份的发行,实行公开、公平、公正的原则,同类别的每一股份具有同等权利。同次发行的同类别股份,每股的发行条件和价格相同;认购人所认购的股份,每股支付相同价额。

注释:发行类别股的公司,应当在公司章程中载明每一类别股的股份数及其权利和义务、保护中小股东权益的措施:

1. 存在特别表决权股份的公司,应当在公司章程中规定特别表决权股份的持有人资格、特别表决权股份拥有的表决权数量与普通股份拥有的表决权数量的比例安排、持有人所持特别表决权股份能够参与表决的股东会事项范围、特别表决权股份限售安排及转让限制、特别表决权股份与普通股份的转换情形等事项。公司章程有关上述事项的规定,应当符合法律、行政法规、中国证券监督管理委员会(以下简称中国证监会)和证券交易所的有关规定。

2. 发行优先股的公司,应当在章程中明确以下事项:(1)优先股股息率采用固定股息率或者浮动股息率,并相应明确固定股息率水平或者浮动股息率的计算方法;(2)公司在有可分配税后利润的情况下是否必须分配利润;(3)如果公司因本会计年度可分配利润不足而未向优先股股东足额派发股息,差额部分是否累积到下一会计年度;(4)优先股股东按照约定的股息率分配股息后,是否有权同普通股股东一起参加剩余利润分配,以及参与剩余利润分配的比例、条件等事项;(5)其他涉及优先股股东参与公司利润分配的事项;(6)除利润分配和剩余财产分配外,优先股是否在其他条款上具有不同的设置;(7)优先股表决权恢复情况,每股优先股股份享有表决权的具体计算方法。

其中,向不特定对象发行优先股的,应当在公司章程中明确:

(1)采取固定股息率;(2)在有可分配税后利润的情况下必须向优先股股东分配股息;(3)未向优先股股东足额派发股息的差额部分应当累积到下一会计年度;(4)优先股股东按照约定的股息率分配股息后,不再同普通股股东一起参加剩余利润分配。商业银行发行优先股补充资本的,可就第(2)项和第(3)项事项另作规定。

第十八条 公司发行的面额股,以人民币标明面值。

第十九条 公司发行的股份,在【证券登记结算机构名称】集中存管。

第二十条 公司发起人为【各发起人姓名或者名称】、认购的股份数分别为【股份数量】、出资方式和出资时间为【具体方式和时间】,公司设立时发行的股份总数为【数额】股、面额股的每股金额为【数额】元。

注释:已成立一年或者一年以上的公司,发起人已将所持股份转让的,无需填入发起人的持股数额。

第二十一条 公司已发行的股份数为【股份数额】,公司的股本结构为:普通股【数额】股,其他类别股【数额】股。

注释:公司发行优先股等其他类别股份的,应分别列明类别、数量等。

第二十二条 公司或者公司的子公司(包括公司的附属企业)不得以赠与、垫资、担保、借款等形式,为他人取得本公司或者其母公司的股份提供财务资助,公司实施员工持股计划的除外。

为公司利益,经股东会决议,或者董事会按照本章程或者股东会的授权作出决议,公司可以为他人取得本公司或者其母公司的股份提供财务资助,但财务资助的累计总额不得超过已发行股本总额的百分之十。董事会作出决议应当经全体董事的三分之二以上通过。

注释:公司或者公司的子公司(包括公司的附属企业)有本条行为的,应当遵守法律、行政法规、中国证监会及证券交易所的规定。

第二节 股份增减和回购

第二十三条 公司根据经营和发展的需要,依照法律、法规的规定,经股东会作出决议,可以采用下列方式增加资本:

(一)向不特定对象发行股份;

(二)向特定对象发行股份;

(三)向现有股东派送红股;

(四)以公积金转增股本;

(五)法律、行政法规及中国证监会规定的其他方式。

注释:发行优先股的公司,应当在章程中对发行优先股的以下事项作出规定:公司已发行的优先股不得超过公司普通股股份总数的百分之五十,且筹资金额不得超过发行前净资产的百分之五十,已回购、转换的优先股不纳入计算。

公司不得发行可转换为普通股的优先股。但商业银行可以根据商业银行资本监管规定,向特定对象发行触发事件发生时强制转换为普通股的优先股,并遵守有关规定。

发行可转换公司债券的公司,还应当在章程中对可转换公司债券的发行、转股程序和安排以及转股所导致的公司股本变更等事项作出具体规定。

第二十四条 公司可以减少注册资本。公司减少注册资本,应当按照《公司法》以及其他有关规定和本章程规定的程序办理。

第二十五条 公司不得收购本公司股份。但是,有下列情形之一的除外:

(一)减少公司注册资本;

(二)与持有本公司股份的其他公司合并;

(三)将股份用于员工持股计划或者股权激励;

(四)股东因对股东会作出的公司合并、分立决议持异议,要求公司收购其股份;

(五)将股份用于转换公司发行的可转换为股票的公司债券;

(六)公司为维护公司价值及股东权益所必需。

注释:发行优先股的公司,还应当在公司章程中对回购优先股的选择权由发行人或者股东行使、回购的条件、价格和比例等作出具体规定。发行人按章程规定要求回购优先股的,必须完全支付所欠股息,但商业银行发行优先股补充资本的除外。

第二十六条 公司收购本公司股份,可以通过公开的集中交易方式,或者法律、行政法规和中国证监会认可的其他方式进行。

公司因本章程第二十五条第一款第(三)项、第(五)项、第(六)项规定的情形收购本公司股份的,应当通过公开的集中交易方式进行。

第二十七条 公司因本章程第二十五条第一款第(一)项、第(二)项规定的情形收购本公司股份的,应当经股东会决议;公司因本章程第二十五条第一款第(三)项、第(五)项、第(六)项规定的情形收购本公司股份的,可以依照本章程的规定或者股东会的授权,经三分之二以上董事出席的董事会会议决议。

公司依照本章程第二十五条第一款规定收购本公司股份后,属于第(一)项情形的,应当自收购之日起十日内注销;属于第(二)项、第(四)项情形的,应当在六个月内转让或者注销;属于第(三)项、第(五)项、第(六)项情形的,公司合计持有的本公司股份数不得超过本公司已发行股份总数的百分之十,并应当在三年内转让或者注销。

注释:公司按本条规定回购优先股后,应当相应减记发行在外的优先股股份总数。

第三节　股　份　转　让

第二十八条　公司的股份应当依法转让。

第二十九条　公司不接受本公司的股份作为质权的标的。

第三十条　公司公开发行股份前已发行的股份，自公司股票在证券交易所上市交易之日起一年内不得转让。

公司董事、高级管理人员应当向公司申报所持有的本公司的股份（含优先股股份）及其变动情况，在就任时确定的任职期间每年转让的股份不得超过其所持有本公司同一类别股份总数的百分之二十五；所持本公司股份自公司股票上市交易之日起一年内不得转让。上述人员离职后半年内，不得转让其所持有的本公司股份。

注释：1. 法律、行政法规或者中国证监会对股东转让其所持本公司股份另有规定的，从其规定。

2. 公司章程对公司董事、高级管理人员转让其所持有的本公司股份（含优先股股份）作出其他限制性规定的，应当进行说明。

第三十一条　公司持有百分之五以上股份的股东、董事、高级管理人员，将其持有的本公司股票或者其他具有股权性质的证券在买入后六个月内卖出，或者在卖出后六个月内又买入，由此所得收益归本公司所有，本公司董事会将收回其所得收益。但是，证券公司因购入包销售后剩余股票而持有百分之五以上股份的，以及有中国证监会规定的其他情形的除外。

前款所称董事、高级管理人员、自然人股东持有的股票或者其他具有股权性质的证券，包括其配偶、父母、子女持有的及利用他人账户持有的股票或者其他具有股权性质的证券。

公司董事会不按照本条第一款规定执行的，股东有权要求董事会在三十日内执行。公司董事会未在上述期限内执行的，股东有权为了公司的利益以自己的名义直接向人民法院提起诉讼。

公司董事会不按照本条第一款的规定执行的，负有责任的董事依法承担连带责任。

第四章　股东和股东会

第一节　股东的一般规定

第三十二条　公司依据证券登记结算机构提供的凭证建立股东名册，股东名册是证明股东持有公司股份的充分证据。股东按其所持有股份的类别享有权利,承担义务;持有同一类别股份的股东,享有同等权利,承担同种义务。

注释:公司应当与证券登记结算机构签订证券登记及服务协议,定期查询主要股东资料以及主要股东的持股变更(包括股权的出质)情况,及时掌握公司的股权结构。

第三十三条 公司召开股东会、分配股利、清算及从事其他需要确认股东身份的行为时,由董事会或者股东会召集人确定股权登记日,股权登记日收市后登记在册的股东为享有相关权益的股东。

第三十四条 公司股东享有下列权利:

(一)依照其所持有的股份份额获得股利和其他形式的利益分配;

(二)依法请求召开、召集、主持、参加或者委派股东代理人参加股东会,并行使相应的表决权;

(三)对公司的经营进行监督,提出建议或者质询;

(四)依照法律、行政法规及本章程的规定转让、赠与或者质押其所持有的股份;

(五)查阅、复制公司章程、股东名册、股东会会议记录、董事会会议决议、财务会计报告,符合规定的股东可以查阅公司的会计账簿、会计凭证;

(六)公司终止或者清算时,按其所持有的股份份额参加公司剩余财产的分配;

(七)对股东会作出的公司合并、分立决议持异议的股东,要求公司收购其股份;

(八)法律、行政法规、部门规章或者本章程规定的其他权利。

注释:发行优先股的公司,应当在章程中明确优先股股东不出席股东会会议,所持股份没有表决权,但以下情况除外:(1)修改公司章程中与优先股相关的内容;(2)一次或者累计减少公司注册资本超过百分之十;(3)公司合并、分立、解散或者变更公司形式;(4)发行优先股;(5)公司章程规定的其他可能影响优先股股东权利的情形。

发行优先股的公司,还应当在章程中明确规定:公司累计三个会计年度或者连续两个会计年度未按约定支付优先股股息的,优先股股东有权出席股东会,每股优先股股份享有公司章程规定的表决权。对于股息可以累积到下一会计年度的优先股,表决权恢复直至公司全额支付所欠股息。对于股息不可累积的优先股,表决权恢复直至公司全额支付当年股息。公司章程可以规定优先股表决权恢复的其他情形。

第三十五条 股东要求查阅、复制公司有关材料的,应当遵守《公司法》《证券法》等法律、行政法规的规定。

注释:公司可以在章程中规定股东查阅材料的情形以及申请查阅材料需提供的证明材料、应遵循的程序要求等,并且可以对《公司法》第一百一十条第二款规定的持股比例作出较低规定。

第三十六条 公司股东会、董事会决议内容违反法律、行政法规的,股东有权请求人民法院认定无效。

股东会、董事会的会议召集程序、表决方式违反法律、行政法规或者本章程,或者决议内容违反本章程的,股东有权自决议作出之日起六十日内,请求人民法院撤销。但是,股东会、董事会会议的召集程序或者表决方式仅有轻微瑕疵,对决议未产生实质影响的除外。

董事会、股东等相关方对股东会决议的效力存在争议的,应当及时向人民法院提起诉讼。在人民法院作出撤销决议等判决或者裁定前,相关方应当执行股东会决议。公司、董事和高级管理人员应当切实履行职责,确保公司正常运作。

人民法院对相关事项作出判决或者裁定的,公司应当依照法律、行政法规、中国证监会和证券交易所的规定履行信息披露义务,充分说明影响,并在判决或者裁定生效后积极配合执行。涉及更正前期事项的,将及时处理并履行相应信息披露义务。

第三十七条 有下列情形之一的,公司股东会、董事会的决议不成立:

(一)未召开股东会、董事会会议作出决议;

(二)股东会、董事会会议未对决议事项进行表决;

(三)出席会议的人数或者所持表决权数未达到《公司法》或者本章程规定的人数或者所持表决权数;

(四)同意决议事项的人数或者所持表决权数未达到《公司法》或者本章程规定的人数或者所持表决权数。

第三十八条 审计委员会成员以外的董事、高级管理人员执行公司职务时违反法律、行政法规或者本章程的规定,给公司造成损失的,连续一百八十日以上单独或者合计持有公司百分之一以上股份的股东有权书面请求审计委员会向人民法院提起诉讼;审计委员会成员执行公司职务时违反法律、行政法规或者本章程的规定,给公司造成损失的,前述股东可以书面请求董事会向人民法院提起诉讼。

审计委员会、董事会收到前款规定的股东书面请求后拒绝提起诉讼,或者自收到请求之日起三十日内未提起诉讼,或者情况紧急、不立即提起诉讼将会使公司利益受到难以弥补的损害的,前款规定的股东有权为了公司的利益以自己的名义直接向人民法院提起诉讼。

他人侵犯公司合法权益,给公司造成损失的,本条第一款规定的股东可以依照前两款的规定向人民法院提起诉讼。

公司全资子公司的董事、监事、高级管理人员执行职务违反法律、行政法规或者本章程的规定,给公司造成损失的,或者他人侵犯公司全资子公司合法权益造成损失的,连续一百八十日以上单独或者合计持有公司百分之一以上股份的股东,可以依照《公司法》第一百八十九条前三款规定书面请求全资子公司的监事会、董事会向人民法院提起诉讼或者以自己的名义直接向人民法院提起诉讼。

注释:公司全资子公司不设监事会或监事、设审计委员会的,按照本条第一款、第二款的规定执行。

第三十九条 董事、高级管理人员违反法律、行政法规或者本章程的规定,损害股东利益的,股东可以向人民法院提起诉讼。

第四十条 公司股东承担下列义务:

(一)遵守法律、行政法规和本章程;

(二)依其所认购的股份和入股方式缴纳股款;

(三)除法律、法规规定的情形外,不得抽回其股本;

(四)不得滥用股东权利损害公司或者其他股东的利益;不得滥用公司法人独立地位和股东有限责任损害公司债权人的利益;

(五)法律、行政法规及本章程规定应当承担的其他义务。

第四十一条 公司股东滥用股东权利给公司或者其他股东造成损失的,应当依法承担赔偿责任。公司股东滥用公司法人独立地位和股东有限责任,逃避债务,严重损害公司债权人利益的,应当对公司债务承担连带责任。

第二节 控股股东和实际控制人

第四十二条 公司控股股东、实际控制人应当依照法律、行政法规、中国证监会和证券交易所的规定行使权利、履行义务,维护上市公司利益。

注释:公司无控股股东及实际控制人的,应当依照法律、行政法规、中国证监会和证券交易所的有关规定,明确相关主体适用本节规定。

第四十三条 公司控股股东、实际控制人应当遵守下列规定:

(一)依法行使股东权利,不滥用控制权或者利用关联关系损害公司或者其他股东的合法权益;

（二）严格履行所作出的公开声明和各项承诺，不得擅自变更或者豁免；

（三）严格按照有关规定履行信息披露义务，积极主动配合公司做好信息披露工作，及时告知公司已发生或者拟发生的重大事件；

（四）不得以任何方式占用公司资金；

（五）不得强令、指使或者要求公司及相关人员违法违规提供担保；

（六）不得利用公司未公开重大信息谋取利益，不得以任何方式泄露与公司有关的未公开重大信息，不得从事内幕交易、短线交易、操纵市场等违法违规行为；

（七）不得通过非公允的关联交易、利润分配、资产重组、对外投资等任何方式损害公司和其他股东的合法权益；

（八）保证公司资产完整、人员独立、财务独立、机构独立和业务独立，不得以任何方式影响公司的独立性；

（九）法律、行政法规、中国证监会规定、证券交易所业务规则和本章程的其他规定。

公司的控股股东、实际控制人不担任公司董事但实际执行公司事务的，适用本章程关于董事忠实义务和勤勉义务的规定。

公司的控股股东、实际控制人指示董事、高级管理人员从事损害公司或者股东利益的行为的，与该董事、高级管理人员承担连带责任。

第四十四条 控股股东、实际控制人质押其所持有或者实际支配的公司股票的，应当维持公司控制权和生产经营稳定。

注释：公司可以在章程中对控股股东、实际控制人质押股票的比例、资金用途等作出限制性规定。

第四十五条 控股股东、实际控制人转让其所持有的本公司股份的，应当遵守法律、行政法规、中国证监会和证券交易所的规定中关于股份转让的限制性规定及其就限制股份转让作出的承诺。

第三节　股东会的一般规定

第四十六条 公司股东会由全体股东组成。股东会是公司的权力机构，依法行使下列职权：

（一）选举和更换董事，决定有关董事的报酬事项；

（二）审议批准董事会的报告；

（三）审议批准公司的利润分配方案和弥补亏损方案；

（四）对公司增加或者减少注册资本作出决议；

（五）对发行公司债券作出决议；

（六）对公司合并、分立、解散、清算或者变更公司形式作出决议；

（七）修改本章程；

（八）对公司聘用、解聘承办公司审计业务的会计师事务所作出决议；

（九）审议批准本章程第四十七条规定的担保事项；

（十）审议公司在一年内购买、出售重大资产超过公司最近一期经审计总资产百分之三十的事项；

（十一）审议批准变更募集资金用途事项；

（十二）审议股权激励计划和员工持股计划；

（十三）审议法律、行政法规、部门规章或者本章程规定应当由股东会决定的其他事项。

股东会可以授权董事会对发行公司债券作出决议。

注释：1. 公司经股东会决议，或者经本章程、股东会授权由董事会决议，可以发行股票、可转换为股票的公司债券，具体执行应当遵守法律、行政法规、中国证监会及证券交易所的规定。

2. 除法律、行政法规、中国证监会规定或证券交易所规则另有规定外，上述股东会的职权不得通过授权的形式由董事会或者其他机构和个人代为行使。

第四十七条　公司下列对外担保行为，须经股东会审议通过：

（一）本公司及本公司控股子公司的对外担保总额，超过最近一期经审计净资产的百分之五十以后提供的任何担保；

（二）公司的对外担保总额，超过最近一期经审计总资产的百分之三十以后提供的任何担保；

（三）公司在一年内向他人提供担保的金额超过公司最近一期经审计总资产百分之三十的担保；

（四）为资产负债率超过百分之七十的担保对象提供的担保；

（五）单笔担保额超过最近一期经审计净资产百分之十的担保；

（六）对股东、实际控制人及其关联方提供的担保。

注释：公司应当在章程中规定股东会、董事会审批对外担保的权限和违反审批权限、审议程序的责任追究制度。

第四十八条　股东会分为年度股东会和临时股东会。年度股东会每年召开一次，应当于上一会计年度结束后的六个月内举行。

第四十九条　有下列情形之一的，公司在事实发生之日起两个月以内召开临时股东会：

（一）董事人数不足《公司法》规定人数或者本章程所定人数的三分之二时；

（二）公司未弥补的亏损达股本总额三分之一时；

（三）单独或者合计持有公司百分之十以上股份（含表决权恢复的优先股等）的股东请求时；

（四）董事会认为必要时；

（五）审计委员会提议召开时；

（六）法律、行政法规、部门规章或者本章程规定的其他情形。

注释：公司应当在章程中确定本条第（一）项的具体人数。

第五十条 本公司召开股东会的地点为：【具体地点】。股东会将设置会场，以现场会议形式召开。公司还将提供网络投票的方式为股东提供便利。

注释：股东会除设置会场以现场形式召开外，还可以同时采用电子通信方式召开。公司章程可以规定召开股东会的地点为公司住所地或者其他明确地点。现场会议时间、地点的选择应当便于股东参加。发出股东会通知后，无正当理由，股东会现场会议召开地点不得变更。确需变更的，召集人应当在现场会议召开日前至少两个工作日公告并说明原因。

第五十一条 本公司召开股东会时将聘请律师对以下问题出具法律意见并公告：

（一）会议的召集、召开程序是否符合法律、行政法规、本章程的规定；

（二）出席会议人员的资格、召集人资格是否合法有效；

（三）会议的表决程序、表决结果是否合法有效；

（四）应本公司要求对其他有关问题出具的法律意见。

第四节 股东会的召集

第五十二条 董事会应当在规定的期限内按时召集股东会。

经全体独立董事过半数同意，独立董事有权向董事会提议召开临时股东会。对独立董事要求召开临时股东会的提议，董事会应当根据法律、行政法规和本章程的规定，在收到提议后十日内提出同意或者不同意召开临时股东会的书面反馈意见。董事会同意召开临时股东会的，在作出董事会决议后的五日内发出召开股东会的通知；董事会不同意召开临时股东会的，说明理由并公告。

第五十三条 审计委员会向董事会提议召开临时股东会，应当以书面形式向董事会提出。董事会应当根据法律、行政法规和本章程的规定，在收到提议后十日内提出同意或者不同意召开临时股东会的书面反馈意见。

董事会同意召开临时股东会的，将在作出董事会决议后的五日内发出召开股东会的通知,通知中对原提议的变更,应征得审计委员会的同意。

董事会不同意召开临时股东会,或者在收到提议后十日内未作出反馈的,视为董事会不能履行或者不履行召集股东会会议职责,审计委员会可以自行召集和主持。

第五十四条 单独或者合计持有公司百分之十以上股份(含表决权恢复的优先股等)的股东向董事会请求召开临时股东会,应当以书面形式向董事会提出。董事会应当根据法律、行政法规和本章程的规定,在收到请求后十日内提出同意或者不同意召开临时股东会的书面反馈意见。

董事会同意召开临时股东会的,应当在作出董事会决议后的五日内发出召开股东会的通知,通知中对原请求的变更,应当征得相关股东的同意。

董事会不同意召开临时股东会,或者在收到请求后十日内未作出反馈的,单独或者合计持有公司百分之十以上股份(含表决权恢复的优先股等)的股东向审计委员会提议召开临时股东会,应当以书面形式向审计委员会提出请求。

审计委员会同意召开临时股东会的,应在收到请求后五日内发出召开股东会的通知,通知中对原请求的变更,应当征得相关股东的同意。

审计委员会未在规定期限内发出股东会通知的,视为审计委员会不召集和主持股东会,连续九十日以上单独或者合计持有公司百分之十以上股份(含表决权恢复的优先股等)的股东可以自行召集和主持。

第五十五条 审计委员会或者股东决定自行召集股东会的,须书面通知董事会,同时向证券交易所备案。

审计委员会或者召集股东应在发出股东会通知及股东会决议公告时,向证券交易所提交有关证明材料。

在股东会决议公告前,召集股东持股(含表决权恢复的优先股等)比例不得低于百分之十。

第五十六条 对于审计委员会或者股东自行召集的股东会,董事会和董事会秘书将予配合。董事会将提供股权登记日的股东名册。

第五十七条 审计委员会或者股东自行召集的股东会,会议所必需的费用由本公司承担。

第五节 股东会的提案与通知

第五十八条 提案的内容应当属于股东会职权范围,有明确议题和具体决议事项,并且符合法律、行政法规和本章程的有关规定。

第五十九条 公司召开股东会,董事会、审计委员会以及单独或者合计持有公司百分之一以上股份(含表决权恢复的优先股等)的股东,有权向公司提出提案。

单独或者合计持有公司百分之一以上股份(含表决权恢复的优先股等)的股东,可以在股东会召开十日前提出临时提案并书面提交召集人。召集人应当在收到提案后两日内发出股东会补充通知,公告临时提案的内容,并将该临时提案提交股东会审议。但临时提案违反法律、行政法规或者公司章程的规定,或者不属于股东会职权范围的除外。

除前款规定的情形外,召集人在发出股东会通知公告后,不得修改股东会通知中已列明的提案或者增加新的提案。

股东会通知中未列明或者不符合本章程规定的提案,股东会不得进行表决并作出决议。

注释:公司不得提高提出临时提案股东的持股比例。

第六十条 召集人将在年度股东会召开二十日前以公告方式通知各股东,临时股东会将于会议召开十五日前以公告方式通知各股东。

注释:公司在计算起始期限时,不应当包括会议召开当日。

第六十一条 股东会的通知包括以下内容:

(一)会议的时间、地点和会议期限;

(二)提交会议审议的事项和提案;

(三)以明显的文字说明:全体普通股股东(含表决权恢复的优先股股东)、持有特别表决权股份的股东等股东均有权出席股东会,并可以书面委托代理人出席会议和参加表决,该股东代理人不必是公司的股东;

(四)有权出席股东会股东的股权登记日;

(五)会务常设联系人姓名,电话号码;

(六)网络或者其他方式的表决时间及表决程序。

注释:1.股东会通知和补充通知中应当充分、完整披露所有提案的全部具体内容。

2.股东会网络或者其他方式投票的开始时间,不得早于现场股东会召开前一日下午3:00,并不得迟于现场股东会召开当日上午9:30,其结束时间不得早于现场股东会结束当日下午3:00。

3.股权登记日与会议日期之间的间隔应当不多于七个工作日。股权登记日一旦确认,不得变更。

第六十二条 股东会拟讨论董事选举事项的,股东会通知中将充分披露董事候选人的详细资料,至少包括以下内容:

（一）教育背景、工作经历、兼职等个人情况；
（二）与公司或者公司的控股股东及实际控制人是否存在关联关系；
（三）持有公司股份数量；
（四）是否受过中国证监会及其他有关部门的处罚和证券交易所惩戒。
除采取累积投票制选举董事外，每位董事候选人应当以单项提案提出。

第六十三条 发出股东会通知后，无正当理由，股东会不应延期或者取消，股东会通知中列明的提案不应取消。一旦出现延期或者取消的情形，召集人应当在原定召开日前至少两个工作日公告并说明原因。

第六节 股东会的召开

第六十四条 本公司董事会和其他召集人将采取必要措施，保证股东会的正常秩序。对于干扰股东会、寻衅滋事和侵犯股东合法权益的行为，将采取措施加以制止并及时报告有关部门查处。

第六十五条 股权登记日登记在册的所有普通股股东(含表决权恢复的优先股股东)、持有特别表决权股份的股东等股东或者其代理人，均有权出席股东会，并依照有关法律、法规及本章程行使表决权。

股东可以亲自出席股东会，也可以委托代理人代为出席和表决。

第六十六条 个人股东亲自出席会议的，应出示本人身份证或者其他能够表明其身份的有效证件或者证明；代理他人出席会议的，应出示本人有效身份证件、股东授权委托书。

法人股东应由法定代表人或者法定代表人委托的代理人出席会议。法定代表人出席会议的，应出示本人身份证、能证明其具有法定代表人资格的有效证明；代理人出席会议的，代理人应出示本人身份证、法人股东单位的法定代表人依法出具的书面授权委托书。

第六十七条 股东出具的委托他人出席股东会的授权委托书应当载明下列内容：
（一）委托人姓名或者名称、持有公司股份的类别和数量；
（二）代理人姓名或者名称；
（三）股东的具体指示，包括对列入股东会议程的每一审议事项投赞成、反对或者弃权票的指示等；
（四）委托书签发日期和有效期限；
（五）委托人签名(或者盖章)。委托人为法人股东的，应加盖法人单位印章。

第六十八条 代理投票授权委托书由委托人授权他人签署的,授权签署的授权书或者其他授权文件应当经过公证。经公证的授权书或者其他授权文件,和投票代理委托书均需备置于公司住所或者召集会议的通知中指定的其他地方。

第六十九条 出席会议人员的会议登记册由公司负责制作。会议登记册载明参加会议人员姓名(或者单位名称)、身份证号码、持有或者代表有表决权的股份数额、被代理人姓名(或者单位名称)等事项。

第七十条 召集人和公司聘请的律师将依据证券登记结算机构提供的股东名册共同对股东资格的合法性进行验证,并登记股东姓名(或者名称)及其所持有表决权的股份数。在会议主持人宣布现场出席会议的股东和代理人人数及所持有表决权的股份总数之前,会议登记应当终止。

第七十一条 股东会要求董事、高级管理人员列席会议的,董事、高级管理人员应当列席并接受股东的质询。

第七十二条 股东会由董事长主持。董事长不能履行职务或者不履行职务时,由副董事长(公司有两位或者两位以上副董事长的,由过半数的董事共同推举的副董事长主持)主持,副董事长不能履行职务或者不履行职务时,由过半数的董事共同推举的一名董事主持。

审计委员会自行召集的股东会,由审计委员会召集人主持。审计委员会召集人不能履行职务或者不履行职务时,由过半数的审计委员会成员共同推举的一名审计委员会成员主持。

股东自行召集的股东会,由召集人或者其推举代表主持。

召开股东会时,会议主持人违反议事规则使股东会无法继续进行的,经出席股东会有表决权过半数的股东同意,股东会可推举一人担任会议主持人,继续开会。

第七十三条 公司制定股东会议事规则,详细规定股东会的召集、召开和表决程序,包括通知、登记、提案的审议、投票、计票、表决结果的宣布、会议决议的形成、会议记录及其签署、公告等内容,以及股东会对董事会的授权原则,授权内容应明确具体。

注释:股东会议事规则应列入公司章程或者作为章程的附件,由董事会拟定,股东会批准。

第七十四条 在年度股东会上,董事会应当就其过去一年的工作向股东会作出报告。每名独立董事也应作出述职报告。

第七十五条 董事、高级管理人员在股东会上就股东的质询和建议作出解释和说明。

第七十六条 会议主持人应当在表决前宣布现场出席会议的股东和代理人人数及所持有表决权的股份总数,现场出席会议的股东和代理人人数及所持有表决权的股份总数以会议登记为准。

第七十七条 股东会应有会议记录,由董事会秘书负责。会议记录记载以下内容:
(一)会议时间、地点、议程和召集人姓名或者名称;
(二)会议主持人以及列席会议的董事、高级管理人员姓名;
(三)出席会议的股东和代理人人数、所持有表决权的股份总数及占公司股份总数的比例;
(四)对每一提案的审议经过、发言要点和表决结果;
(五)股东的质询意见或者建议以及相应的答复或者说明;
(六)律师及计票人、监票人姓名;
(七)本章程规定应当载入会议记录的其他内容。

注释:发行境内上市外资股、类别股的公司,会议记录的内容还应当包括:(1)出席股东会的内资股股东和境内上市外资股股东,普通股股东(含表决权恢复的优先股股东)和类别股股东所持有表决权的股份数及占公司总股份的比例;(2)在记载表决结果时,还应当记载内资股股东和境内上市外资股股东,普通股股东(含表决权恢复的优先股股东)和类别股股东对每一决议事项的表决情况。

公司应当根据实际情况,在章程中规定股东会会议记录需要记载的其他内容。

第七十八条 召集人应当保证会议记录内容真实、准确和完整。出席或者列席会议的董事、董事会秘书、召集人或者其代表、会议主持人应当在会议记录上签名。会议记录应当与现场出席股东的签名册及代理出席的委托书、网络及其他方式表决情况的有效资料一并保存,保存期限不少于十年。

注释:公司应当根据具体情况,在章程中规定股东会会议记录的保管期限。

第七十九条 召集人应当保证股东会连续举行,直至形成最终决议。因不可抗力等特殊原因导致股东会中止或者不能作出决议的,应采取必要措施尽快恢复召开股东会或者直接终止本次股东会,并及时公告。同时,召集人应向公司所在地中国证监会派出机构及证券交易所报告。

第七节 股东会的表决和决议

第八十条 股东会决议分为普通决议和特别决议。

股东会作出普通决议,应当由出席股东会的股东所持表决权的过半数通过。

股东会作出特别决议,应当由出席股东会的股东所持表决权的三分之二以上通过。

注释:本条所称股东,包括委托代理人出席股东会会议的股东。

第八十一条 下列事项由股东会以普通决议通过:

(一)董事会的工作报告;

(二)董事会拟定的利润分配方案和弥补亏损方案;

(三)董事会成员的任免及其报酬和支付方法;

(四)除法律、行政法规规定或者本章程规定应当以特别决议通过以外的其他事项。

第八十二条 下列事项由股东会以特别决议通过:

(一)公司增加或者减少注册资本;

(二)公司的分立、分拆、合并、解散和清算;

(三)本章程的修改;

(四)公司在一年内购买、出售重大资产或者向他人提供担保的金额超过公司最近一期经审计总资产百分之三十的;

(五)股权激励计划;

(六)法律、行政法规或者本章程规定的,以及股东会以普通决议认定会对公司产生重大影响的、需要以特别决议通过的其他事项。

注释:1.发行类别股的公司,有《公司法》第一百一十六条第三款及中国证监会规定的事项等可能影响持有类别股股份的股东权利的,除应当经股东会特别决议外,还应当经出席类别股股东会议的股东所持表决权的三分之二以上通过。公司章程可以对需经类别股股东会议决议的其他事项作出规定。

2.类别股股东的决议事项及表决权数等应当符合法律、行政法规、中国证监会以及公司章程的规定。

第八十三条 股东以其所代表的有表决权的股份数额行使表决权,每一股份享有一票表决权,类别股股东除外。

股东会审议影响中小投资者利益的重大事项时,对中小投资者表决应当单独计票。单独计票结果应当及时公开披露。

公司持有的本公司股份没有表决权,且该部分股份不计入出席股东会有表决权的股份总数。

股东买入公司有表决权的股份违反《证券法》第六十三条第一款、第二款规定的,该超过规定比例部分的股份在买入后的三十六个月内不得行使表决权,且不计入出席股东会有表决权的股份总数。

公司董事会、独立董事、持有百分之一以上有表决权股份的股东或者依照法律、行政法规或者中国证监会的规定设立的投资者保护机构可以公开征集股东投票权。征集股东投票权应当向被征集人充分披露具体投票意向等信息。禁止以有偿或者变相有偿的方式征集股东投票权。除法定条件外,公司不得对征集投票权提出最低持股比例限制。

注释:本条第一款所称股东,包括委托代理人出席股东会会议的股东。

第八十四条 股东会审议有关关联交易事项时,关联股东不应当参与投票表决,其所代表的有表决权的股份数不计入有效表决总数;股东会决议的公告应当充分披露非关联股东的表决情况。

注释:公司应当根据具体情况,在章程中制定有关联关系股东的回避和表决程序。

第八十五条 除公司处于危机等特殊情况外,非经股东会以特别决议批准,公司将不与董事、高级管理人员以外的人订立将公司全部或者重要业务的管理交予该人负责的合同。

第八十六条 董事候选人名单以提案的方式提请股东会表决。

股东会就选举董事进行表决时,根据本章程的规定或者股东会的决议,可以实行累积投票制。

股东会选举两名以上独立董事时,应当实行累积投票制。

注释:1.公司应当在章程中规定董事提名的方式和程序,以及累积投票制的相关事宜。

2.单一股东及其一致行动人拥有权益的股份比例在百分之三十及以上的公司,应当采用累积投票制,并在公司章程中规定实施细则。

第八十七条 除累积投票制外,股东会将对所有提案进行逐项表决,对同一事项有不同提案的,将按提案提出的时间顺序进行表决。除因不可抗力等特殊原因导致股东会中止或者不能作出决议外,股东会将不会对提案进行搁置或者不予表决。

第八十八条 股东会审议提案时,不会对提案进行修改,若变更,则应当被视为一个新的提案,不能在本次股东会上进行表决。

第八十九条 同一表决权只能选择现场、网络或者其他表决方式中的一种。同一表决权出现重复表决的以第一次投票结果为准。

第九十条 股东会采取记名方式投票表决。

第九十一条 股东会对提案进行表决前,应当推举两名股东代表参加计票和监票。审议事项与股东有关联关系的,相关股东及代理人不得参加计票、监票。

股东会对提案进行表决时,应当由律师、股东代表共同负责计票、监票,并当场公布表决结果,决议的表决结果载入会议记录。

通过网络或者其他方式投票的公司股东或者其代理人,有权通过相应的投票系统查验自己的投票结果。

第九十二条 股东会现场结束时间不得早于网络或者其他方式,会议主持人应当宣布每一提案的表决情况和结果,并根据表决结果宣布提案是否通过。

在正式公布表决结果前,股东会现场、网络及其他表决方式中所涉及的公司、计票人、监票人、股东、网络服务方等相关各方对表决情况均负有保密义务。

第九十三条 出席股东会的股东,应当对提交表决的提案发表以下意见之一:同意、反对或者弃权。证券登记结算机构作为内地与香港股票市场交易互联互通机制股票的名义持有人,按照实际持有人意思表示进行申报的除外。

未填、错填、字迹无法辨认的表决票、未投的表决票均视为投票人放弃表决权利,其所持股份数的表决结果应计为"弃权"。

第九十四条 会议主持人如果对提交表决的决议结果有任何怀疑,可以对所投票数组织点票;如果会议主持人未进行点票,出席会议的股东或者股东代理人对会议主持人宣布结果有异议的,有权在宣布表决结果后立即要求点票,会议主持人应当立即组织点票。

第九十五条 股东会决议应当及时公告,公告中应列明出席会议的股东和代理人人数、所持有表决权的股份总数及占公司有表决权股份总数的比例、表决方式、每项提案的表决结果和通过的各项决议的详细内容。

注释:发行境内上市外资股、类别股的公司,应当对内资股股东和外资股股东、普通股股东(含表决权恢复的优先股股东)和类别股股东出席会议及表决情况分别统计并公告。

第九十六条 提案未获通过,或者本次股东会变更前次股东会决议的,应当在股东会决议公告中作特别提示。

第九十七条 股东会通过有关董事选举提案的,新任董事就任时间在【就任时间】。

注释:新任董事就任时间确认方式应在公司章程中予以明确。

第九十八条 股东会通过有关派现、送股或者资本公积转增股本提案的,公司将在股东会结束后两个月内实施具体方案。

第五章　董事和董事会

第一节　董事的一般规定

第九十九条　公司董事为自然人,有下列情形之一的,不能担任公司的董事:

(一)无民事行为能力或者限制民事行为能力;

(二)因贪污、贿赂、侵占财产、挪用财产或者破坏社会主义市场经济秩序,被判处刑罚,或者因犯罪被剥夺政治权利,执行期满未逾五年,被宣告缓刑的,自缓刑考验期满之日起未逾二年;

(三)担任破产清算的公司、企业的董事或者厂长、经理,对该公司、企业的破产负有个人责任的,自该公司、企业破产清算完结之日起未逾三年;

(四)担任因违法被吊销营业执照、责令关闭的公司、企业的法定代表人,并负有个人责任的,自该公司、企业被吊销营业执照、责令关闭之日起未逾三年;

(五)个人所负数额较大的债务到期未清偿被人民法院列为失信被执行人;

(六)被中国证监会采取证券市场禁入措施,期限未满的;

(七)被证券交易所公开认定为不适合担任上市公司董事、高级管理人员等,期限未满的;

(八)法律、行政法规或者部门规章规定的其他内容。

违反本条规定选举、委派董事的,该选举、委派或者聘任无效。董事在任职期间出现本条情形的,公司将解除其职务,停止其履职。

第一百条　董事由股东会选举或者更换,并可在任期届满前由股东会解除其职务。董事任期【年数】,任期届满可连选连任。

董事任期从就任之日起计算,至本届董事会任期届满时为止。董事任期届满未及时改选,在改选出的董事就任前,原董事仍应当依照法律、行政法规、部门规章和本章程的规定,履行董事职务。

董事可以由高级管理人员兼任,但兼任高级管理人员职务的董事以及由职工代表担任的董事,总计不得超过公司董事总数的二分之一。

注释:公司章程应规定规范、透明的董事选聘程序。职工人数三百人以上的公司,董事会成员中应当有公司职工代表。董事会中的职工代表由公司职工通过职工代表大会、职工大会或者其他形式民主选举产生,无需提交股东会审议。公司章程应明确本公司董事会中职工代表担任董事的名额。

第一百零一条　董事应当遵守法律、行政法规和本章程的规定,对公司负有忠实义务,应当采取措施避免自身利益与公司利益冲突,不得利用职权牟取不正当利益。

董事对公司负有下列忠实义务：

（一）不得侵占公司财产、挪用公司资金；

（二）不得将公司资金以其个人名义或者其他个人名义开立账户存储；

（三）不得利用职权贿赂或者收受其他非法收入；

（四）未向董事会或者股东会报告，并按照本章程的规定经董事会或者股东会决议通过，不得直接或者间接与本公司订立合同或者进行交易；

（五）不得利用职务便利，为自己或者他人谋取属于公司的商业机会，但向董事会或者股东会报告并经股东会决议通过，或者公司根据法律、行政法规或者本章程的规定，不能利用该商业机会的除外；

（六）未向董事会或者股东会报告，并经股东会决议通过，不得自营或者为他人经营与本公司同类的业务；

（七）不得接受他人与公司交易的佣金归己有；

（八）不得擅自披露公司秘密；

（九）不得利用其关联关系损害公司利益；

（十）法律、行政法规、部门规章及本章程规定的其他忠实义务。

董事违反本条规定所得的收入，应当归公司所有；给公司造成损失的，应当承担赔偿责任。

董事、高级管理人员的近亲属，董事、高级管理人员或者其近亲属直接或者间接控制的企业，以及与董事、高级管理人员有其他关联关系的关联人，与公司订立合同或者进行交易，适用本条第二款第（四）项规定。

注释：除以上各项义务要求外，公司可以根据具体情况，在章程中增加对本公司董事其他义务的要求。

第一百零二条 董事应当遵守法律、行政法规和本章程的规定，对公司负有勤勉义务，执行职务应当为公司的最大利益尽到管理者通常应有的合理注意。

董事对公司负有下列勤勉义务：

（一）应谨慎、认真、勤勉地行使公司赋予的权利，以保证公司的商业行为符合国家法律、行政法规以及国家各项经济政策的要求，商业活动不超过营业执照规定的业务范围；

（二）应公平对待所有股东；

（三）及时了解公司业务经营管理状况；

（四）应当对公司定期报告签署书面确认意见，保证公司所披露的信息真

实、准确、完整;

（五）应当如实向审计委员会提供有关情况和资料,不得妨碍审计委员会行使职权;

（六）法律、行政法规、部门规章及本章程规定的其他勤勉义务。

注释:公司可以根据具体情况,在章程中增加对本公司董事勤勉义务的要求。

第一百零三条 董事连续两次未能亲自出席,也不委托其他董事出席董事会会议,视为不能履行职责,董事会应当建议股东会予以撤换。

第一百零四条 董事可以在任期届满以前辞任。董事辞任应当向公司提交书面辞职报告,公司收到辞职报告之日辞任生效,公司将在两个交易日内披露有关情况。如因董事的辞任导致公司董事会成员低于法定最低人数,在改选出的董事就任前,原董事仍应当依照法律、行政法规、部门规章和本章程规定,履行董事职务。

第一百零五条 公司建立董事离职管理制度,明确对未履行完毕的公开承诺以及其他未尽事宜追责追偿的保障措施。董事辞任生效或者任期届满,应向董事会办妥所有移交手续,其对公司和股东承担的忠实义务,在任期结束后并不当然解除,在本章程规定的合理期限内仍然有效。董事在任职期间因执行职务而应承担的责任,不因离任而免除或者终止。

注释:公司章程应规定董事辞任生效或者任期届满后承担忠实义务的具体期限。

第一百零六条 股东会可以决议解任董事,决议作出之日解任生效。

无正当理由,在任期届满前解任董事的,董事可以要求公司予以赔偿。

第一百零七条 未经本章程规定或者董事会的合法授权,任何董事不得以个人名义代表公司或者董事会行事。董事以其个人名义行事时,在第三方会合理地认为该董事在代表公司或者董事会行事的情况下,该董事应当事先声明其立场和身份。

第一百零八条 董事执行公司职务,给他人造成损害的,公司将承担赔偿责任;董事存在故意或者重大过失的,也应当承担赔偿责任。

董事执行公司职务时违反法律、行政法规、部门规章或者本章程的规定,给公司造成损失的,应当承担赔偿责任。

第二节 董 事 会

第一百零九条 公司设董事会,董事会由【人数】名董事组成,设董事长一人,副董事长【人数】人。董事长和副董事长由董事会以全体董事的过半数选举产生。

注释:公司应当在章程中确定董事会人数。董事会设董事长一人,可以设副董事长。

第一百一十条 董事会行使下列职权:

(一)召集股东会,并向股东会报告工作;

(二)执行股东会的决议;

(三)决定公司的经营计划和投资方案;

(四)制订公司的利润分配方案和弥补亏损方案;

(五)制订公司增加或者减少注册资本、发行债券或者其他证券及上市方案;

(六)拟订公司重大收购、收购本公司股票或者合并、分立、解散及变更公司形式的方案;

(七)在股东会授权范围内,决定公司对外投资、收购出售资产、资产抵押、对外担保事项、委托理财、关联交易、对外捐赠等事项;

(八)决定公司内部管理机构的设置;

(九)决定聘任或者解聘公司经理、董事会秘书及其他高级管理人员,并决定其报酬事项和奖惩事项;根据经理的提名,决定聘任或者解聘公司副经理、财务负责人等高级管理人员,并决定其报酬事项和奖惩事项;

(十)制定公司的基本管理制度;

(十一)制订本章程的修改方案;

(十二)管理公司信息披露事项;

(十三)向股东会提请聘请或者更换为公司审计的会计师事务所;

(十四)听取公司经理的工作汇报并检查经理的工作;

(十五)法律、行政法规、部门规章、本章程或者股东会授予的其他职权。

注释:公司股东会可以授权公司董事会按照公司章程的约定向优先股股东支付股息。

超过股东会授权范围的事项,应当提交股东会审议。

第一百一十一条 公司董事会应当就注册会计师对公司财务报告出具的非标准审计意见向股东会作出说明。

第一百一十二条 董事会制定董事会议事规则,以确保董事会落实股东会决议,提高工作效率,保证科学决策。

注释:该规则规定董事会的召开和表决程序,董事会议事规则应列入公司章程或者作为公司章程的附件,由董事会拟定,股东会批准。

第一百一十三条 董事会应当确定对外投资、收购出售资产、资产抵押、对外担保事项、委托理财、关联交易、对外捐赠等权限,建立严格的审查和决策程序;重大投资项目应当组织有关专家、专业人员进行评审,并报股东会批准。

注释:公司董事会应当根据相关的法律、法规及公司实际情况,在公司章程中确定符合公司具体要求的权限范围,以及涉及资金占公司资产的具体比例。

第一百一十四条 董事长行使下列职权:

(一)主持股东会和召集、主持董事会会议;

(二)督促、检查董事会决议的执行;

(三)董事会授予的其他职权。

注释:董事会应谨慎授予董事长职权,例行或者长期授权须在公司章程中明确规定,不得将法定由董事会行使的职权授予董事长、经理等行使。

第一百一十五条 公司副董事长协助董事长工作,董事长不能履行职务或者不履行职务的,由副董事长履行职务(公司有两位或者两位以上副董事长的,由过半数的董事共同推举的副董事长履行职务);副董事长不能履行职务或者不履行职务的,由过半数的董事共同推举一名董事履行职务。

第一百一十六条 董事会每年至少召开两次会议,由董事长召集,于会议召开十日以前书面通知全体董事。

第一百一十七条 代表十分之一以上表决权的股东、三分之一以上董事或者审计委员会,可以提议召开董事会临时会议。董事长应当自接到提议后十日内,召集和主持董事会会议。

第一百一十八条 董事会召开临时董事会会议的通知方式为:【具体通知方式】;通知时限为:【具体通知时限】。

第一百一十九条 董事会会议通知包括以下内容:

(一)会议日期和地点;

(二)会议期限;

(三)事由及议题;

(四)发出通知的日期。

第一百二十条 董事会会议应有过半数的董事出席方可举行。董事会作出决议,必须经全体董事的过半数通过。

董事会决议的表决,实行一人一票。

第一百二十一条 董事与董事会会议决议事项所涉及的企业或者个人有关联关系的,该董事应当及时向董事会书面报告。有关联关系的董事不得对该项决议行使表决权,也不得代理其他董事行使表决权。该董事会会议由过半数的无关联关系董事出席即可举行,董事会会议所作决议须经无关联关系董事过半数通过。出席董事会会议的无关联关系董事人数不足三人的,应当将该事项提交股东会审议。

第一百二十二条 董事会召开会议和表决采用【具体方式】方式。

注释:公司董事会召开和表决可以采用电子通信方式,也可以在公司章程中规定其他召开、表决方式。

第一百二十三条 董事会会议,应由董事本人出席;董事因故不能出席,可以书面委托其他董事代为出席,委托书中应载明代理人的姓名,代理事项、授权范围和有效期限,并由委托人签名或者盖章。代为出席会议的董事应当在授权范围内行使董事的权利。董事未出席董事会会议,亦未委托代表出席的,视为放弃在该次会议上的投票权。

第一百二十四条 董事会应当对会议所议事项的决定做成会议记录,出席会议的董事应当在会议记录上签名。

董事会会议记录作为公司档案保存,保存期限不少于十年。

注释:公司应当根据具体情况,在章程中规定会议记录的保管期限。

第一百二十五条 董事会会议记录包括以下内容:

(一)会议召开的日期、地点和召集人姓名;

(二)出席董事的姓名以及受他人委托出席董事会的董事(代理人)姓名;

(三)会议议程;

(四)董事发言要点;

(五)每一决议事项的表决方式和结果(表决结果应载明赞成、反对或者弃权的票数)。

第三节 独立董事

第一百二十六条 独立董事应按照法律、行政法规、中国证监会、证券交易所和本章程的规定,认真履行职责,在董事会中发挥参与决策、监督制衡、专业咨询作用,维护公司整体利益,保护中小股东合法权益。

第一百二十七条 独立董事必须保持独立性。下列人员不得担任独立董事:

(一)在公司或者其附属企业任职的人员及其配偶、父母、子女、主要社会关系;

(二)直接或者间接持有公司已发行股份百分之一以上或者是公司前十名

股东中的自然人股东及其配偶、父母、子女；

（三）在直接或者间接持有公司已发行股份百分之五以上的股东或者在公司前五名股东任职的人员及其配偶、父母、子女；

（四）在公司控股股东、实际控制人的附属企业任职的人员及其配偶、父母、子女；

（五）与公司及其控股股东、实际控制人或者其各自的附属企业有重大业务往来的人员，或者在有重大业务往来的单位及其控股股东、实际控制人任职的人员；

（六）为公司及其控股股东、实际控制人或者其各自附属企业提供财务、法律、咨询、保荐等服务的人员，包括但不限于提供服务的中介机构的项目组全体人员、各级复核人员、在报告上签字的人员、合伙人、董事、高级管理人员及主要负责人；

（七）最近十二个月内曾经具有第一项至第六项所列举情形的人员；

（八）法律、行政法规、中国证监会规定、证券交易所业务规则和本章程规定的不具备独立性的其他人员。

前款第四项至第六项中的公司控股股东、实际控制人的附属企业，不包括与公司受同一国有资产管理机构控制且按照相关规定未与公司构成关联关系的企业。

独立董事应当每年对独立性情况进行自查，并将自查情况提交董事会。董事会应当每年对在任独立董事独立性情况进行评估并出具专项意见，与年度报告同时披露。

第一百二十八条 担任公司独立董事应当符合下列条件：

（一）根据法律、行政法规和其他有关规定，具备担任上市公司董事的资格；

（二）符合本章程规定的独立性要求；

（三）具备上市公司运作的基本知识，熟悉相关法律法规和规则；

（四）具有五年以上履行独立董事职责所必需的法律、会计或者经济等工作经验；

（五）具有良好的个人品德，不存在重大失信等不良记录；

（六）法律、行政法规、中国证监会规定、证券交易所业务规则和本章程规定的其他条件。

第一百二十九条 独立董事作为董事会的成员，对公司及全体股东负有忠实义务、勤勉义务，审慎履行下列职责：

（一）参与董事会决策并对所议事项发表明确意见；

（二）对公司与控股股东、实际控制人、董事、高级管理人员之间的潜在重大利益冲突事项进行监督，保护中小股东合法权益；

（三）对公司经营发展提供专业、客观的建议，促进提升董事会决策水平；

（四）法律、行政法规、中国证监会规定和本章程规定的其他职责。

第一百三十条 独立董事行使下列特别职权：

（一）独立聘请中介机构，对公司具体事项进行审计、咨询或者核查；

（二）向董事会提议召开临时股东会；

（三）提议召开董事会会议；

（四）依法公开向股东征集股东权利；

（五）对可能损害公司或者中小股东权益的事项发表独立意见；

（六）法律、行政法规、中国证监会规定和本章程规定的其他职权。

独立董事行使前款第一项至第三项所列职权的，应当经全体独立董事过半数同意。

独立董事行使第一款所列职权的，公司将及时披露。上述职权不能正常行使的，公司将披露具体情况和理由。

第一百三十一条 下列事项应当经公司全体独立董事过半数同意后，提交董事会审议：

（一）应当披露的关联交易；

（二）公司及相关方变更或者豁免承诺的方案；

（三）被收购上市公司董事会针对收购所作出的决策及采取的措施；

（四）法律、行政法规、中国证监会规定和本章程规定的其他事项。

第一百三十二条 公司建立全部由独立董事参加的专门会议机制。董事会审议关联交易等事项的，由独立董事专门会议事先认可。

公司定期或者不定期召开独立董事专门会议。本章程第一百三十条第一款第（一）项至第（三）项、第一百三十一条所列事项，应当经独立董事专门会议审议。

独立董事专门会议可以根据需要研究讨论公司其他事项。

独立董事专门会议由过半数独立董事共同推举一名独立董事召集和主持；召集人不履职或者不能履职时，两名以上独立董事可以自行召集并推举一名代表主持。

独立董事专门会议应当按规定制作会议记录，独立董事的意见应当在会议记录中载明。独立董事应当对会议记录签字确认。

公司为独立董事专门会议的召开提供便利和支持。

第四节　董事会专门委员会

第一百三十三条　公司董事会设置审计委员会,行使《公司法》规定的监事会的职权。

第一百三十四条　审计委员会成员为【人数】名,为不在公司担任高级管理人员的董事,其中独立董事【人数】名,由独立董事中会计专业人士担任召集人。

注释:审计委员会成员应为三名以上,其中独立董事应过半数。董事会成员中的职工代表可以成为审计委员会成员。

第一百三十五条　审计委员会负责审核公司财务信息及其披露、监督及评估内外部审计工作和内部控制,下列事项应当经审计委员会全体成员过半数同意后,提交董事会审议:

（一）披露财务会计报告及定期报告中的财务信息、内部控制评价报告;

（二）聘用或者解聘承办上市公司审计业务的会计师事务所;

（三）聘任或者解聘上市公司财务负责人;

（四）因会计准则变更以外的原因作出会计政策、会计估计变更或者重大会计差错更正;

（五）法律、行政法规、中国证监会规定和本章程规定的其他事项。

第一百三十六条　审计委员会每季度至少召开一次会议。两名及以上成员提议,或者召集人认为有必要时,可以召开临时会议。审计委员会会议须有三分之二以上成员出席方可举行。

审计委员会作出决议,应当经审计委员会成员的过半数通过。

审计委员会决议的表决,应当一人一票。

审计委员会决议应当按规定制作会议记录,出席会议的审计委员会成员应当在会议记录上签名。

审计委员会工作规程由董事会负责制定。

注释:除上述规定外,公司可以在章程中就审计委员会的议事方式和表决程序作出其他规定。

第一百三十七条　公司董事会设置【战略】、【提名】、【薪酬与考核】等其他专门委员会,依照本章程和董事会授权履行职责,专门委员会的提案应当提交董事会审议决定。专门委员会工作规程由董事会负责制定。

注释:1.公司可以根据需要设立战略、提名、薪酬与考核等相关专门委员会。公司应当在章程中明确董事会专门委员会的组成和职权。

2.提名委员会、薪酬与考核委员会中独立董事应当过半数,并由独立董事担任召集人。但是国务院有关主管部门对专门委员会的召集人另有规定的,从其规定。

第一百三十八条 提名委员会负责拟定董事、高级管理人员的选择标准和程序,对董事、高级管理人员人选及其任职资格进行遴选、审核,并就下列事项向董事会提出建议:

(一)提名或者任免董事;

(二)聘任或者解聘高级管理人员;

(三)法律、行政法规、中国证监会规定和本章程规定的其他事项。

董事会对提名委员会的建议未采纳或者未完全采纳的,应当在董事会决议中记载提名委员会的意见及未采纳的具体理由,并进行披露。

注释:公司未在董事会中设置提名委员会的,由独立董事专门会议履行本章程规定的相关职责。

第一百三十九条 薪酬与考核委员会负责制定董事、高级管理人员的考核标准并进行考核,制定、审查董事、高级管理人员的薪酬决定机制、决策流程、支付与止付追索安排等薪酬政策与方案,并就下列事项向董事会提出建议:

(一)董事、高级管理人员的薪酬;

(二)制定或者变更股权激励计划、员工持股计划,激励对象获授权益、行使权益条件的成就;

(三)董事、高级管理人员在拟分拆所属子公司安排持股计划;

(四)法律、行政法规、中国证监会规定和本章程规定的其他事项。

董事会对薪酬与考核委员会的建议未采纳或者未完全采纳的,应当在董事会决议中记载薪酬与考核委员会的意见及未采纳的具体理由,并进行披露。

注释:1. 公司依照法律、行政法规和国家有关部门的规定,制定董事、高级管理人员薪酬管理制度,保障职工与股东的合法权益。

2. 公司未在董事会中设置薪酬与考核委员会的,由独立董事专门会议履行本章程规定的相关职责。

第六章 高级管理人员

第一百四十条 公司设经理一名,由董事会决定聘任或者解聘。

公司设副经理,由董事会决定聘任或者解聘。

第一百四十一条 本章程关于不得担任董事的情形、离职管理制度的规定,同时适用于高级管理人员。

本章程关于董事的忠实义务和勤勉义务的规定,同时适用于高级管理人员。

第一百四十二条　在公司控股股东单位担任除董事、监事以外其他行政职务的人员，不得担任公司的高级管理人员。

公司高级管理人员仅在公司领薪，不由控股股东代发薪水。

第一百四十三条　经理每届任期【年数】年，经理连聘可以连任。

第一百四十四条　经理对董事会负责，行使下列职权：

（一）主持公司的生产经营管理工作，组织实施董事会决议，并向董事会报告工作；

（二）组织实施公司年度经营计划和投资方案；

（三）拟订公司内部管理机构设置方案；

（四）拟订公司的基本管理制度；

（五）制定公司的具体规章；

（六）提请董事会聘任或者解聘公司副经理、财务负责人；

（七）决定聘任或者解聘除应由董事会决定聘任或者解聘以外的管理人员；

（八）本章程或者董事会授予的其他职权。经理列席董事会会议。

注释：公司应当根据自身情况，在章程中制定符合公司实际要求的经理的职权及其具体实施办法。

第一百四十五条　经理应制订经理工作细则，报董事会批准后实施。

第一百四十六条　经理工作细则包括下列内容：

（一）经理会议召开的条件、程序和参加的人员；

（二）经理及其他高级管理人员各自具体的职责及其分工；

（三）公司资金、资产运用，签订重大合同的权限，以及向董事会的报告制度；

（四）董事会认为必要的其他事项。

第一百四十七条　经理可以在任期届满以前提出辞职。有关经理辞职的具体程序和办法由经理与公司之间的劳动合同规定。

第一百四十八条　公司根据自身情况，在章程中应当规定副经理的任免程序、副经理与经理的关系，并可以规定副经理的职权。

第一百四十九条　公司设董事会秘书，负责公司股东会和董事会会议的筹备、文件保管以及公司股东资料管理，办理信息披露事务等事宜。

董事会秘书应遵守法律、行政法规、部门规章及本章程的有关规定。

第一百五十条　高级管理人员执行公司职务，给他人造成损害的，公司将承担赔偿责任；高级管理人员存在故意或者重大过失的，也应当承担赔偿责任。

高级管理人员执行公司职务时违反法律、行政法规、部门规章或者本章程的规定,给公司造成损失的,应当承担赔偿责任。

第一百五十一条 公司高级管理人员应当忠实履行职务,维护公司和全体股东的最大利益。

公司高级管理人员因未能忠实履行职务或者违背诚信义务,给公司和社会公众股股东的利益造成损害的,应当依法承担赔偿责任。

第七章 财务会计制度、利润分配和审计

第一节 财务会计制度

第一百五十二条 公司依照法律、行政法规和国家有关部门的规定,制定公司的财务会计制度。

第一百五十三条 公司在每一会计年度结束之日起四个月内向中国证监会派出机构和证券交易所报送并披露年度报告,在每一会计年度上半年结束之日起两个月内向中国证监会派出机构和证券交易所报送并披露中期报告。

上述年度报告、中期报告按照有关法律、行政法规、中国证监会及证券交易所的规定进行编制。

第一百五十四条 公司除法定的会计账簿外,不另立会计账簿。公司的资金,不以任何个人名义开立账户存储。

第一百五十五条 公司分配当年税后利润时,应当提取利润的百分之十列入公司法定公积金。公司法定公积金累计额为公司注册资本的百分之五十以上的,可以不再提取。

公司的法定公积金不足以弥补以前年度亏损的,在依照前款规定提取法定公积金之前,应当先用当年利润弥补亏损。

公司从税后利润中提取法定公积金后,经股东会决议,还可以从税后利润中提取任意公积金。

公司弥补亏损和提取公积金后所余税后利润,按照股东持有的股份比例分配,但本章程规定不按持股比例分配的除外。

股东会违反《公司法》向股东分配利润的,股东应当将违反规定分配的利润退还公司;给公司造成损失的,股东及负有责任的董事、高级管理人员应当承担赔偿责任。

公司持有的本公司股份不参与分配利润。

注释:1.公司在公司章程中明确现金分红相对于股票股利在利润分配方式中的优先顺序,并载明以下内容:

（一）公司董事会、股东会对利润分配尤其是现金分红事项的决策程序和机制，对既定利润分配政策尤其是现金分红政策作出调整的具体条件、决策程序和机制，以及为充分听取中小股东意见所采取的措施。

（二）公司的利润分配政策尤其是现金分红政策的具体内容，利润分配的形式，利润分配尤其是现金分红的具体条件，发放股票股利的条件，年度、中期现金分红最低金额或者比例（如有）等。

2.公司应当以现金的形式向优先股股东支付股息，在完全支付约定的股息之前，不得向普通股股东分配利润。鼓励上市公司在符合利润分配的条件下增加现金分红频次，稳定投资者分红预期。

第一百五十六条　公司现金股利政策目标为【稳定增长股利/固定股利支付率/固定股利/剩余股利/低正常股利加额外股利/其他】。

当公司【最近一年审计报告为非无保留意见或带与持续经营相关的重大不确定性段落的无保留意见/资产负债率高于一定具体比例/经营性现金流低于一定具体水平/其他】的，可以不进行利润分配。

注释：发行境内上市外资股的公司应当按照《境内上市外资股规定实施细则》中的有关规定补充本节的内容。

第一百五十七条　公司股东会对利润分配方案作出决议后，或者公司董事会根据年度股东会审议通过的下一年中期分红条件和上限制定具体方案后，须在两个月内完成股利（或者股份）的派发事项。

第一百五十八条　公司的公积金用于弥补公司的亏损、扩大公司生产经营或者转为增加公司注册资本。

公积金弥补公司亏损，先使用任意公积金和法定公积金；仍不能弥补的，可以按照规定使用资本公积金。

法定公积金转为增加注册资本时，所留存的该项公积金将不少于转增前公司注册资本的百分之二十五。

第二节　内部审计

第一百五十九条　公司实行内部审计制度，明确内部审计工作的领导体制、职责权限、人员配备、经费保障、审计结果运用和责任追究等。

公司内部审计制度经董事会批准后实施，并对外披露。

第一百六十条　公司内部审计机构对公司业务活动、风险管理、内部控制、财务信息等事项进行监督检查。

注释：内部审计机构应当保持独立性，配备专职审计人员，不得置于财务部门的领导之下,或者与财务部门合署办公。

第一百六十一条 内部审计机构向董事会负责。

内部审计机构在对公司业务活动、风险管理、内部控制、财务信息监督检查过程中,应当接受审计委员会的监督指导。内部审计机构发现相关重大问题或者线索,应当立即向审计委员会直接报告。

第一百六十二条 公司内部控制评价的具体组织实施工作由内部审计机构负责。公司根据内部审计机构出具、审计委员会审议后的评价报告及相关资料,出具年度内部控制评价报告。

第一百六十三条 审计委员会与会计师事务所、国家审计机构等外部审计单位进行沟通时,内部审计机构应积极配合,提供必要的支持和协作。

第一百六十四条 审计委员会参与对内部审计负责人的考核。

第三节 会计师事务所的聘任

第一百六十五条 公司聘用符合《证券法》规定的会计师事务所进行会计报表审计、净资产验证及其他相关的咨询服务等业务,聘期一年,可以续聘。

第一百六十六条 公司聘用、解聘会计师事务所,由股东会决定。董事会不得在股东会决定前委任会计师事务所。

第一百六十七条 公司保证向聘用的会计师事务所提供真实、完整的会计凭证、会计账簿、财务会计报告及其他会计资料,不得拒绝、隐匿、谎报。

第一百六十八条 会计师事务所的审计费用由股东会决定。

第一百六十九条 公司解聘或者不再续聘会计师事务所时,提前【天数】天事先通知会计师事务所,公司股东会就解聘会计师事务所进行表决时,允许会计师事务所陈述意见。

会计师事务所提出辞聘的,应当向股东会说明公司有无不当情形。

第八章 通知和公告

第一节 通 知

第一百七十条 公司的通知以下列形式发出:

(一)以专人送出;

(二)以邮件方式送出;

(三)以公告方式进行;

(四)本章程规定的其他形式。

第一百七十一条 公司发出的通知,以公告方式进行的,一经公告,视为所有相关人员收到通知。

第一百七十二条 公司召开股东会的会议通知,以公告进行。

第一百七十三条 公司召开董事会的会议通知,以【具体通知方式】进行。

第一百七十四条 公司通知以专人送出的,由被送达人在送达回执上签名(或者盖章),被送达人签收日期为送达日期;公司通知以邮件送出的,自交付邮局之日起第【天数】个工作日为送达日期;公司通知以公告方式送出的,第一次公告刊登日为送达日期。

第一百七十五条 因意外遗漏未向某有权得到通知的人送出会议通知或者该等人没有收到会议通知,会议及会议作出的决议并不仅因此无效。

第二节 公 告

第一百七十六条 公司指定【媒体名称】为刊登公司公告和其他需要披露信息的媒体。

注释:公司应当在符合中国证监会规定条件的媒体范围内确定公司披露信息的媒体。

第九章 合并、分立、增资、减资、解散和清算

第一节 合并、分立、增资和减资

第一百七十七条 公司合并可以采取吸收合并或者新设合并。

一个公司吸收其他公司为吸收合并,被吸收的公司解散。两个以上公司合并设立一个新的公司为新设合并,合并各方解散。

第一百七十八条 公司合并支付的价款不超过本公司净资产百分之十的,可以不经股东会决议,但本章程另有规定的除外。

公司依照前款规定合并不经股东会决议的,应当经董事会决议。

第一百七十九条 公司合并,应当由合并各方签订合并协议,并编制资产负债表及财产清单。公司自作出合并决议之日起十日内通知债权人,并于三十日内在【报纸名称】上或者国家企业信用信息公示系统公告。

债权人自接到通知之日起三十日内,未接到通知的自公告之日起四十五日内,可以要求公司清偿债务或者提供相应的担保。

第一百八十条 公司合并时,合并各方的债权、债务,应当由合并后存续的公司或者新设的公司承继。

第一百八十一条 公司分立,其财产作相应的分割。

公司分立，应当编制资产负债表及财产清单。公司自作出分立决议之日起十日内通知债权人，并于三十日内在【报纸名称】上或者国家企业信用信息公示系统公告。

第一百八十二条 公司分立前的债务由分立后的公司承担连带责任。但是，公司在分立前与债权人就债务清偿达成的书面协议另有约定的除外。

第一百八十三条 公司减少注册资本，将编制资产负债表及财产清单。

公司自股东会作出减少注册资本决议之日起十日内通知债权人，并于三十日内在【报纸名称】上或者国家企业信用信息公示系统公告。债权人自接到通知之日起三十日内，未接到通知的自公告之日起四十五日内，有权要求公司清偿债务或者提供相应的担保。

公司减少注册资本，应当按照股东持有股份的比例相应减少出资额或者股份，法律或者本章程另有规定的除外。

第一百八十四条 公司依照本章程第一百五十八条第二款的规定弥补亏损后，仍有亏损的，可以减少注册资本弥补亏损。减少注册资本弥补亏损的，公司不得向股东分配，也不得免除股东缴纳出资或者股款的义务。

依照前款规定减少注册资本的，不适用本章程第一百八十三条第二款的规定，但应当自股东会作出减少注册资本决议之日起三十日内在【报纸名称】上或者国家企业信用信息公示系统公告。

公司依照前两款的规定减少注册资本后，在法定公积金和任意公积金累计额达到公司注册资本百分之五十前，不得分配利润。

第一百八十五条 违反《公司法》及其他相关规定减少注册资本的，股东应当退还其收到的资金，减免股东出资的应恢复原状；给公司造成损失的，股东及负有责任的董事、高级管理人员应当承担赔偿责任。

第一百八十六条 公司为增加注册资本发行新股时，股东不享有优先认购权，本章程另有规定或者股东会决议决定股东享有优先认购权的除外。

第一百八十七条 公司合并或者分立，登记事项发生变更的，应当依法向公司登记机关办理变更登记；公司解散的，应当依法办理公司注销登记；设立新公司的，应当依法办理公司设立登记。

公司增加或者减少注册资本，应当依法向公司登记机关办理变更登记。

第二节　解散和清算

第一百八十八条 公司因下列原因解散：

（一）本章程规定的营业期限届满或者本章程规定的其他解散事由出现；

（二）股东会决议解散；

（三）因公司合并或者分立需要解散；

（四）依法被吊销营业执照、责令关闭或者被撤销；

（五）公司经营管理发生严重困难，继续存续会使股东利益受到重大损失，通过其他途径不能解决的，持有公司百分之十以上表决权的股东，可以请求人民法院解散公司。

公司出现前款规定的解散事由，应当在十日内将解散事由通过国家企业信用信息公示系统予以公示。

第一百八十九条 公司有本章程第一百八十八条第（一）项、第（二）项情形，且尚未向股东分配财产的，可以通过修改本章程或者经股东会决议而存续。

依照前款规定修改本章程或者股东会作出决议的，须经出席股东会会议的股东所持表决权的三分之二以上通过。

第一百九十条 公司因本章程第一百八十八条第（一）项、第（二）项、第（四）项、第（五）项规定而解散的，应当清算。董事为公司清算义务人，应当在解散事由出现之日起十五日内组成清算组进行清算。

清算组由董事组成，但是本章程另有规定或者股东会决议另选他人的除外。

清算义务人未及时履行清算义务，给公司或者债权人造成损失的，应当承担赔偿责任。

注释：公司可以在章程中规定清算组的其他组成方式。

第一百九十一条 清算组在清算期间行使下列职权：

（一）清理公司财产，分别编制资产负债表和财产清单；

（二）通知、公告债权人；

（三）处理与清算有关的公司未了结的业务；

（四）清缴所欠税款以及清算过程中产生的税款；

（五）清理债权、债务；

（六）分配公司清偿债务后的剩余财产；

（七）代表公司参与民事诉讼活动。

第一百九十二条 清算组应当自成立之日起十日内通知债权人，并于六十日内在【报纸名称】上或者国家企业信用信息公示系统公告。债权人应当自接到通知之日起三十日内，未接到通知的自公告之日起四十五日内，向清算组申报其债权。

债权人申报债权，应当说明债权的有关事项，并提供证明材料。清算组应当对债权进行登记。

在申报债权期间,清算组不得对债权人进行清偿。

第一百九十三条 清算组在清理公司财产、编制资产负债表和财产清单后,应当制订清算方案,并报股东会或者人民法院确认。

公司财产在分别支付清算费用、职工的工资、社会保险费用和法定补偿金,缴纳所欠税款,清偿公司债务后的剩余财产,公司按照股东持有的股份比例分配。

清算期间,公司存续,但不得开展与清算无关的经营活动。公司财产在未按前款规定清偿前,将不会分配给股东。

注释:已发行优先股的公司因解散、破产等原因进行清算时,公司财产在按照公司法和破产法有关规定进行清偿后的剩余财产,应当优先向优先股股东支付未派发的股息和公司章程约定的清算金额,不足以全额支付的,按照优先股股东持股比例分配。

第一百九十四条 清算组在清理公司财产、编制资产负债表和财产清单后,发现公司财产不足清偿债务的,应当依法向人民法院申请破产清算。

人民法院受理破产申请后,清算组应当将清算事务移交给人民法院指定的破产管理人。

第一百九十五条 公司清算结束后,清算组应当制作清算报告,报股东会或者人民法院确认,并报送公司登记机关,申请注销公司登记。

第一百九十六条 清算组成员履行清算职责,负有忠实义务和勤勉义务。

清算组成员怠于履行清算职责,给公司造成损失的,应当承担赔偿责任;因故意或者重大过失给债权人造成损失的,应当承担赔偿责任。

第一百九十七条 公司被依法宣告破产的,依照有关企业破产的法律实施破产清算。

第十章 修改章程

第一百九十八条 有下列情形之一的,公司将修改章程:

(一)《公司法》或者有关法律、行政法规修改后,章程规定的事项与修改后的法律、行政法规的规定相抵触的;

(二)公司的情况发生变化,与章程记载的事项不一致的;

(三)股东会决定修改章程的。

第一百九十九条 股东会决议通过的章程修改事项应经主管机关审批的,须报主管机关批准;涉及公司登记事项的,依法办理变更登记。

第二百条 董事会依照股东会修改章程的决议和有关主管机关的审批意见修改本章程。

第二百零一条 章程修改事项属于法律、法规要求披露的信息,按规定予以公告。

第十一章 附 则

第二百零二条 释义:

(一)控股股东,是指其持有的股份占股份有限公司股本总额超过百分之五十的股东;或者持有股份的比例虽然未超过百分之五十,但其持有的股份所享有的表决权已足以对股东会的决议产生重大影响的股东。

(二)实际控制人,是指通过投资关系、协议或者其他安排,能够实际支配公司行为的自然人、法人或者其他组织。

(三)关联关系,是指公司控股股东、实际控制人、董事、高级管理人员与其直接或者间接控制的企业之间的关系,以及可能导致公司利益转移的其他关系。但是,国家控股的企业之间不仅因为同受国家控股而具有关联关系。

第二百零三条 董事会可依照章程的规定,制定章程细则。

章程细则不得与章程的规定相抵触。

第二百零四条 本章程以中文书写,其他任何语种或者不同版本的章程与本章程有歧义时,以在【公司登记机关全称】最近一次核准登记后的中文版章程为准。

第二百零五条 本章程所称"以上"、"以内"都含本数;"过"、"以外"、"低于"、"多于"不含本数。

第二百零六条 本章程由公司董事会负责解释。

注释:上市公司章程违反法律、行政法规、中国证监会规定的,中国证监会根据相关行为的性质、情节轻重依法予以处理。

第二百零七条 本章程附件包括股东会议事规则和董事会议事规则。

注释:公司也可将股东会议事规则和董事会议事规则列入公司章程。

第二百零八条 国家对优先股另有规定的,从其规定。

第二百零九条 本章程指引自公布之日起施行。2023 年 12 月 15 日施行的《上市公司章程指引》(证监会公告〔2023〕62 号)同时废止。

证券发行与承销管理办法

（2013年12月13日中国证券监督管理委员会令第95号公布 根据2014年3月21日中国证券监督委员会令第98号《关于修改〈证券发行与承销管理办法〉的决定》第一次修正 根据2015年12月30日中国证券监督管理委员会令第121号《关于修改〈证券发行与承销管理办法〉的决定》第二次修正 根据2017年9月7日中国证券监督管理委员会令第135号《关于修改〈证券发行与承销管理办法〉的决定》第三次修正 根据2018年6月15日中国证券监督管理委员会令第144号《关于修改〈证券发行与承销管理办法〉的决定》第四次修正 2023年2月17日中国证券监督管理委员会令第208号修订 根据2025年3月27日中国证券监督管理委员会令第228号《关于修改〈证券发行与承销管理办法〉的决定》第五次修正）

第一章 总 则

第一条 为规范证券发行与承销行为，保护投资者合法权益，根据《中华人民共和国证券法》（以下简称《证券法》）和《中华人民共和国公司法》，制定本办法。

第二条 发行人在境内发行股票、存托凭证或者可转换公司债券（以下统称证券），证券公司在境内承销证券以及投资者认购境内发行的证券，首次公开发行证券时公司股东向投资者公开发售其所持股份（以下简称老股转让），适用本办法。中国证券监督管理委员会（以下简称中国证监会）另有规定的，从其规定。

存托凭证境外基础证券发行人应当履行本办法中发行人的义务，承担相应的法律责任。

第三条 中国证监会依法对证券发行与承销行为进行监督管理。证券交易所、证券登记结算机构和中国证券业协会应当制定相关业务规则，规范证券发行与承销行为。

中国证监会依法批准证券交易所制定的发行承销制度规则，建立对证券交易所发行承销过程监管的监督机制，持续关注证券交易所发行承销过程监管情况。

证券交易所对证券发行承销过程实施监管,对发行人及其控股股东、实际控制人、董事、监事、高级管理人员、承销商、证券服务机构、投资者等进行自律管理。

中国证券业协会负责对承销商、网下投资者进行自律管理。

第四条 证券公司承销证券,应当依据本办法以及中国证监会有关风险控制和内部控制等相关规定,制定严格的风险管理制度和内部控制制度,加强定价和配售过程管理,落实承销责任。

为证券发行出具相关文件的证券服务机构和人员,应当按照本行业公认的业务标准和道德规范,严格履行法定职责,对其所出具文件的真实性、准确性和完整性承担责任。

第二章 定价与配售

第五条 首次公开发行证券,可以通过询价的方式确定证券发行价格,也可以通过发行人与主承销商自主协商直接定价等其他合法可行的方式确定发行价格。发行人和主承销商应当在招股意向书(或招股说明书,下同)和发行公告中披露本次发行证券的定价方式。

首次公开发行证券通过询价方式确定发行价格的,可以初步询价后确定发行价格,也可以在初步询价确定发行价格区间后,通过累计投标询价确定发行价格。

第六条 首次公开发行证券发行数量二千万股(份)以下且无老股转让计划的,发行人和主承销商可以通过直接定价的方式确定发行价格。发行人尚未盈利的,应当通过向网下投资者询价方式确定发行价格,不得直接定价。

通过直接定价方式确定的发行价格对应市盈率不得超过同行业上市公司二级市场平均市盈率;已经或者同时境外发行的,通过直接定价方式确定的发行价格还不得超过发行人境外市场价格。

首次公开发行证券采用直接定价方式的,除本办法第二十三条第三款规定的情形外全部向网上投资者发行,不进行网下询价和配售。

第七条 首次公开发行证券采用询价方式的,应当向证券公司、基金管理公司、期货公司、信托公司、保险公司、财务公司、合格境外投资者和私募基金管理人等专业机构投资者,以及经中国证监会批准的证券交易所规则规定的其他投资者询价。上述询价对象统称网下投资者。

网下投资者应当具备丰富的投资经验、良好的定价能力和风险承受能力,向中国证券业协会注册,接受中国证券业协会的自律管理,遵守中国证券业协会的自律规则。

发行人和主承销商可以在符合中国证监会相关规定和证券交易所、中国证券业协会自律规则前提下,协商设置网下投资者的具体条件,并在发行公告中预先披露。主承销商应当对网下投资者是否符合预先披露的条件进行核查,对不符合条件的投资者,应当拒绝或剔除其报价。

第八条 首次公开发行证券采用询价方式的,主承销商应当遵守中国证券业协会关于投资价值研究报告的规定,向网下投资者提供投资价值研究报告。

第九条 首次公开发行证券采用询价方式的,符合条件的网下投资者可以自主决定是否报价。符合条件的网下投资者报价的,主承销商无正当理由不得拒绝。网下投资者应当遵循独立、客观、诚信的原则合理报价,不得协商报价或者故意压低、抬高价格。

网下投资者参与报价时,应当按照中国证券业协会的规定持有一定金额的非限售股份或存托凭证。

参与询价的网下投资者可以为其管理的不同配售对象分别报价,具体适用证券交易所规定。首次公开发行证券发行价格或价格区间确定后,提供有效报价的投资者方可参与申购。

第十条 首次公开发行证券采用询价方式的,网下投资者报价后,发行人和主承销商应当剔除拟申购总量中报价最高的部分,然后根据剩余报价及拟申购数量协商确定发行价格。剔除部分的配售对象不得参与网下申购。最高报价剔除的具体要求适用证券交易所相关规定。

公开发行证券数量在四亿股(份)以下的,有效报价投资者的数量不少于十家;公开发行证券数量超过四亿股(份)的,有效报价投资者的数量不少于二十家。剔除最高报价部分后有效报价投资者数量不足的,应当中止发行。

第十一条 首次公开发行证券时,发行人和主承销商可以自主协商确定有效报价条件、配售原则和配售方式,并按照事先确定的配售原则在有效申购的网下投资者中选择配售证券的对象。

第十二条 首次公开发行证券采用询价方式在主板上市的,公开发行后总股本在四亿股(份)以下的,网下初始发行比例不低于本次公开发行证券数量的百分之六十;公开发行后总股本超过四亿股(份)或者发行人尚未盈利的,网下初始发行比例不低于本次公开发行证券数量的百分之七十。首次公开发行证券采用询价方式在科创板、创业板上市的,公开发行后总股本在四亿股(份)以下的,网下初始发行比例不低于本次公开发行证券数量的百分之七十;公开发行后总股本超过四亿股（份）或者发行人尚未盈利的，网下初始发行比例不低于本次公开发行证券数量的百分之八十。

发行人和主承销商应当安排不低于本次网下发行证券数量的一定比例的证券优先向公募基金、社保基金、养老金、年金基金、银行理财产品、保险资金、保险资产管理产品和合格境外投资者资金，以及经中国证监会批准的证券交易所规则规定的其他资金等配售，网下优先配售比例下限遵守证券交易所相关规定。前述资金有效申购不足安排数量的，发行人和主承销商可以向其他符合条件的网下投资者配售剩余部分。

对网下投资者进行分类配售的，同类投资者获得配售的比例应当相同。前款规定的优先配售资金的配售比例应当不低于其他投资者。分类配售的具体要求适用证券交易所相关规定。

安排战略配售的，应当扣除战略配售部分后确定网下网上发行比例。

第十三条 首次公开发行证券，网下投资者应当结合行业监管要求、资产规模等合理确定申购金额，不得超资产规模申购，承销商应当认定超资产规模的申购为无效申购。

第十四条 首次公开发行证券采用询价方式的，发行人和主承销商可以安排一定比例的网下发行证券设置一定期限的限售期，具体安排适用证券交易所规定。

第十五条 首次公开发行证券采用询价方式的，网上投资者有效申购数量超过网上初始发行数量一定倍数的，应当从网下向网上回拨一定数量的证券。有效申购倍数、回拨比例及回拨后无限售期网下发行证券占本次公开发行证券数量比例由证券交易所规定。

网上投资者申购数量不足网上初始发行数量的，发行人和主承销商可以将网上发行部分向网下回拨。

网下投资者申购数量不足网下初始发行数量的，发行人和主承销商不得将网下发行部分向网上回拨，应当中止发行。

第十六条 首次公开发行证券，网上投资者应当持有一定数量非限售股份或存托凭证，并自主表达申购意向，不得概括委托证券公司进行证券申购。采用其他方式进行网上申购和配售的，应当符合中国证监会的有关规定。

第十七条 首次公开发行证券的网下发行应当和网上发行同时进行，网下和网上投资者在申购时无需缴付申购资金。

网上申购时仅公告发行价格区间、未确定发行价格的，主承销商应当安排投资者按价格区间上限申购。

投资者应当自行选择参与网下或网上发行,不得同时参与。

第十八条 首次公开发行证券,市场发生重大变化的,发行人和主承销商可以要求网下投资者缴纳保证金,保证金占拟申购金额比例上限由证券交易所规定。

第十九条 网下和网上投资者申购证券获得配售后,应当按时足额缴付认购资金。网上投资者在一定期限内多次未足额缴款的,由中国证券业协会会同证券交易所进行自律管理。

除本办法规定的中止发行情形外,发行人和主承销商还可以在符合中国证监会和证券交易所相关规定前提下约定中止发行的其他具体情形并预先披露。中止发行后,在注册文件有效期内,经向证券交易所报备,可以重新启动发行。

第二十条 首次公开发行证券,市场发生重大变化,投资者弃购数量占本次公开发行证券数量的比例较大的,发行人和主承销商可以就投资者弃购部分向网下投资者进行二次配售,具体要求适用证券交易所规定。

第二十一条 首次公开发行证券,可以实施战略配售。

参与战略配售的投资者不得参与本次公开发行证券网上发行与网下发行,但证券投资基金管理人管理的未参与战略配售的公募基金、社保基金、养老金、年金基金除外。参与战略配售的投资者应当按照最终确定的发行价格认购其承诺认购数量的证券,并承诺获得本次配售的证券持有期限不少于十二个月,持有期限自本次公开发行的证券上市之日起计算。

参与战略配售的投资者应当使用自有资金认购,不得接受他人委托或者委托他人参与配售,但依法设立并符合特定投资目的的证券投资基金等除外。

第二十二条 首次公开发行证券实施战略配售的,参与战略配售的投资者的数量应当不超过三十五名,战略配售证券数量占本次公开发行证券数量的比例应当不超过百分之五十。

发行人和主承销商应当根据本次公开发行证券数量、证券限售安排等情况,合理确定参与战略配售的投资者数量和配售比例,保障证券上市后必要的流动性。

发行人应当与参与战略配售的投资者事先签署配售协议。主承销商应当对参与战略配售的投资者的选取标准、配售资格等进行核查,要求发行人、参与战略配售的投资者就核查事项出具承诺函,并聘请律师事务所出具法律意见书。

发行人和主承销商应当在发行公告中披露参与战略配售的投资者的选择标准、向参与战略配售的投资者配售的证券数量、占本次公开发行证券数量的比例以及持有期限等。

第二十三条 发行人的高级管理人员与核心员工可以通过设立资产管理计划参与战略配售。前述资产管理计划获配的证券数量不得超过本次公开发行证券数量的百分之十。

发行人的高级管理人员与核心员工按照前款规定参与战略配售的，应当经发行人董事会审议通过，并在招股说明书中披露参与人员的姓名、担任职务、参与比例等事项。

保荐人的相关子公司或者保荐人所属证券公司的相关子公司参与发行人证券配售的具体规则由证券交易所另行规定。

第二十四条 首次公开发行证券，发行人和主承销商可以在发行方案中采用超额配售选择权。采用超额配售选择权发行证券的数量不得超过首次公开发行证券数量的百分之十五。超额配售选择权的实施应当遵守证券交易所、证券登记结算机构和中国证券业协会的规定。

第二十五条 首次公开发行证券时公司股东公开发售股份的，公司股东应当遵循平等自愿的原则协商确定首次公开发行时公司股东之间各自公开发售股份的数量。公司股东公开发售股份的发行价格应当与公司发行股份的价格相同。

首次公开发行证券时公司股东公开发售的股份，公司股东已持有时间应当在三十六个月以上。

公司股东公开发售股份的，股份发售后，公司的股权结构不得发生重大变化，实际控制人不得发生变更。

公司股东公开发售股份的具体办法由证券交易所规定。

第二十六条 首次公开发行证券网下配售时，发行人和主承销商不得向下列对象配售证券：

（一）发行人及其股东、实际控制人、董事、监事、高级管理人员和其他员工；发行人及其股东、实际控制人、董事、监事、高级管理人员能够直接或间接实施控制、共同控制或施加重大影响的公司，以及该公司控股股东、控股子公司和控股股东控制的其他子公司；

（二）主承销商及其持股比例百分之五以上的股东，主承销商的董事、监事、高级管理人员和其他员工；主承销商及其持股比例百分之五以上的股东、董事、监事、高级管理人员能够直接或间接实施控制、共同控制或施加重大影响的公司，以及该公司控股股东、控股子公司和控股股东控制的其他子公司；

（三）承销商及其控股股东、董事、监事、高级管理人员和其他员工；

（四）本条第（一）、（二）、（三）项所述人士的关系密切的家庭成员，包括配偶、子女及其配偶、父母及配偶的父母、兄弟姐妹及其配偶、配偶的兄弟姐妹、子女配偶的父母；

（五）过去六个月内与主承销商存在保荐、承销业务关系的公司及其持股百分之五以上的股东、实际控制人、董事、监事、高级管理人员，或已与主承销商签署保荐、承销业务合同或达成相关意向的公司及其持股百分之五以上的股东、实际控制人、董事、监事、高级管理人员；

（六）通过配售可能导致不当行为或不正当利益的其他自然人、法人和组织。

本条第（二）（三）项规定的禁止配售对象管理的公募基金、社保基金、养老金、年金基金不受前款规定的限制，但应当符合中国证监会和国务院其他主管部门的有关规定。

第二十七条 发行人和承销商及相关人员不得有下列行为：

（一）泄露询价和定价信息；

（二）劝诱网下投资者抬高报价，干扰网下投资者正常报价和申购；

（三）以提供透支、回扣或者中国证监会认定的其他不正当手段诱使他人申购证券；

（四）以代持、信托持股等方式谋取不正当利益或向其他相关利益主体输送利益；

（五）以直接或通过其利益相关方向参与认购的投资者提供财务资助或补偿等方式损害公司利益；

（六）以自有资金或者变相以自有资金参与网下配售；

（七）与网下投资者互相串通，协商报价和配售；

（八）收取网下投资者回扣或其他相关利益；

（九）以任何方式操纵发行定价。

第三章 证券承销

第二十八条 证券公司承销证券，应当依照《证券法》第二十六条的规定采用包销或者代销方式。

发行人和主承销商应当签订承销协议，在承销协议中界定双方的权利义务关系，约定明确的承销基数。采用包销方式的，应当明确包销责任；采用代销方式的，应当约定发行失败后的处理措施。

证券发行由承销团承销的，组成承销团的承销商应当签订承销团协议，由主承销商负责组织承销工作。证券发行由两家以上证券公司联合主承销的,所有担任主承销商的证券公司应当共同承担主承销责任,履行相关义务。承销团由三家以上承销商组成的,可以设副主承销商,协助主承销商组织承销活动。

证券公司不得以不正当竞争手段招揽承销业务。承销团成员应当按照承销团协议及承销协议的规定进行承销活动,不得进行虚假承销。

第二十九条 证券发行采用代销方式的,应当在发行公告或者认购邀请书中披露发行失败后的处理措施。证券发行失败后,主承销商应当协助发行人按照发行价并加算银行同期存款利息返还证券认购人。

第三十条 证券公司实施承销前,应当向证券交易所报送发行与承销方案。

第三十一条 投资者申购缴款结束后,发行人和主承销商应当聘请符合《证券法》规定的会计师事务所对申购和募集资金进行验证,并出具验资报告;应当聘请符合《证券法》规定的律师事务所对网下发行过程、配售行为、参与定价和配售的投资者资质条件及其与发行人和承销商的关联关系、资金划拨等事项进行见证,并出具专项法律意见书。

首次公开发行证券和上市公司向不特定对象发行证券在证券上市之日起十个工作日内,上市公司向特定对象发行证券在验资完成之日起十个工作日内,主承销商应当将验资报告、专项法律意见书、承销总结报告等文件一并通过证券交易所向中国证监会备案。

第四章 上市公司证券发行与承销的特别规定

第三十二条 上市公司向特定对象发行证券未采用自行销售方式或者上市公司向原股东配售股份(以下简称配股)的,应当采用代销方式。

上市公司向特定对象发行证券采用自行销售方式的,应当遵守中国证监会和证券交易所的相关规定。

第三十三条 上市公司发行证券,存在利润分配方案、公积金转增股本方案尚未提交股东会表决或者虽经股东会表决通过但未实施的,应当在方案实施后发行。相关方案实施前,主承销商不得承销上市公司发行的证券。

利润分配方案实施完毕时间为股息、红利发放日,公积金转增股本方案实施完毕时间为除权日。

第三十四条 上市公司配股的,应当向股权登记日登记在册的股东配售,且配售比例应当相同。

上市公司向不特定对象募集股份(以下简称增发)或者向不特定对象发行

可转换公司债券的,可以全部或者部分向原股东优先配售,优先配售比例应当在发行公告中披露。

网上投资者在申购可转换公司债券时无需缴付申购资金。

第三十五条 上市公司增发或者向不特定对象发行可转换公司债券的,经审慎评估,主承销商可以对参与网下配售的机构投资者进行分类,对不同类别的机构投资者设定不同的配售比例,对同一类别的机构投资者应当按相同的比例进行配售。主承销商应当在发行公告中明确机构投资者的分类标准。

主承销商未对机构投资者进行分类的,应当在网下配售和网上发行之间建立回拨机制,回拨后两者的获配比例应当一致。

第三十六条 上市公司和主承销商可以在增发发行方案中采用超额配售选择权,具体比照本办法第二十四条执行。

第三十七条 上市公司向不特定对象发行证券的,应当比照本办法第十三条关于首次公开发行证券网下投资者不得超资产规模申购、第二十条关于首次公开发行证券二次配售的规定执行。

第三十八条 上市公司向特定对象发行证券的,上市公司及其控股股东、实际控制人、主要股东不得通过向发行对象做出保底保收益或者变相保底保收益承诺、直接或者通过利益相关方向发行对象提供财务资助或者其他补偿等方式损害公司利益。

第三十九条 上市公司向特定对象发行证券采用竞价方式的,认购邀请书内容、认购邀请书发送对象范围、发行价格及发行对象的确定原则等应当符合中国证监会及证券交易所相关规定,上市公司和主承销商的控股股东、实际控制人、董事、监事、高级管理人员及其控制或者施加重大影响的关联方不得参与竞价。

第四十条 上市公司发行证券期间相关证券的停复牌安排,应当遵守证券交易所的相关业务规则。

第五章　信息披露

第四十一条 发行人和主承销商在发行过程中,应当按照中国证监会规定的要求编制信息披露文件,履行信息披露义务。发行人和承销商在发行过程中披露的信息,应当真实、准确、完整、及时,不得有虚假记载、误导性陈述或者重大遗漏。

第四十二条 首次公开发行证券申请文件受理后至发行人发行申请经中国证监会注册、依法刊登招股意向书前,发行人及与本次发行有关的当事人不得采取任何公开方式或变相公开方式进行与证券发行相关的推介活动,也不得通过其他利益关联方或委托他人等方式进行相关活动。

第四十三条 首次公开发行证券招股意向书刊登后,发行人和主承销商可以向网下投资者进行推介和询价,并通过互联网等方式向公众投资者进行推介。

发行人和主承销商向公众投资者进行推介时,向公众投资者提供的发行人信息的内容及完整性应当与向网下投资者提供的信息保持一致。

第四十四条 发行人和主承销商在推介过程中不得夸大宣传,或者以虚假广告等不正当手段诱导、误导投资者,不得披露除招股意向书等公开信息以外的发行人其他信息。

承销商应当保留推介、定价、配售等承销过程中的相关资料至少三年并存档备查,包括推介宣传材料、路演现场录音等,如实、全面反映询价、定价和配售过程。

第四十五条 发行人和主承销商在发行过程中公告的信息,应当在证券交易所网站和符合中国证监会规定条件的媒体发布,同时将其置备于公司住所、证券交易所,供社会公众查阅。

第四十六条 发行人披露的招股意向书除不含发行价格、筹资金额以外,其内容与格式应当与招股说明书一致,并与招股说明书具有同等法律效力。

第四十七条 首次公开发行证券的发行人和主承销商应当在发行和承销过程中公开披露以下信息,并遵守证券交易所的相关规定:

(一)招股意向书刊登首日,应当在发行公告中披露发行定价方式、定价程序、参与网下询价投资者条件、证券配售原则、配售方式、有效报价的确定方式、中止发行安排、发行时间安排和路演推介相关安排等信息;发行人股东进行老股转让的,还应当披露预计老股转让的数量上限,老股转让股东名称及各自转让老股数量,并明确新股发行与老股转让数量的调整机制;

(二)网上申购前,应当披露每位网下投资者的详细报价情况,包括投资者名称、申购价格及对应的拟申购数量;剔除最高报价有关情况;剔除最高报价后网下投资者报价的中位数和加权平均数以及公募基金、社保基金、养老金、年金基金、保险资金和合格境外投资者资金报价的中位数和加权平均数;有效报价和发行价格或者价格区间的确定过程;发行价格或者价格区间及对应的市盈率;按照发行价格计算的募集资金情况,所筹资金不能满足使用需求的,还应当披露相关投资风险;网下网上的发行方式和发行数量;回拨机制;中止发行安排;申购缴款要求等。已公告老股转让方案的,还应当披露老股转让和新股发

行的确定数量、老股转让股东名称及各自转让老股数量,并提示投资者关注,发行人将不会获得老股转让部分所得资金;

(三)采用询价方式且存在以下情形之一的,应当在网上申购前发布投资风险特别公告,详细说明定价合理性,提示投资者注意投资风险:发行价格对应市盈率超过同行业上市公司二级市场平均市盈率的;发行价格超过剔除最高报价后网下投资者报价的中位数和加权平均数,以及剔除最高报价后公募基金、社保基金、养老金、年金基金、保险资金和合格境外投资者资金报价中位数和加权平均数的孰低值的;发行价格超过境外市场价格的;发行人尚未盈利的;

(四)在发行结果公告中披露获配投资者名称以及每个获配投资者的报价、申购数量和获配数量等,并明确说明自主配售的结果是否符合事先公布的配售原则;对于提供有效报价但未参与申购,或实际申购数量明显少于报价时拟申购量的投资者应当列表公示并着重说明;披露网上、网下投资者获配未缴款金额以及主承销商的包销比例,列表公示获得配售但未足额缴款的网下投资者;披露保荐费用、承销费用、其他中介费用等发行费用信息;

(五)实施战略配售的,应当在网下配售结果公告中披露参与战略配售的投资者的名称、认购数量及持有期限等情况。

第四十八条 发行人和主承销商在披露发行市盈率时,应当同时披露发行市盈率的计算方式。在进行市盈率比较分析时,应当合理确定发行人行业归属,并分析说明行业归属的依据。存在多个市盈率口径时,应当充分列示可供选择的比较基准,并按照审慎、充分提示风险的原则选取和披露行业平均市盈率。发行人还可以同时披露市净率等反映发行人所在行业特点的估值指标。

发行人尚未盈利的,可以不披露发行市盈率及与同行业市盈率比较的相关信息,但应当披露市销率、市净率等反映发行人所在行业特点的估值指标。

第六章 监督管理和法律责任

第四十九条 证券交易所应当建立内部防火墙制度,发行承销监管部门与其他部门隔离运行。

证券交易所应当建立定期报告制度,及时总结发行承销监管的工作情况,并向中国证监会报告。

发行承销涉嫌违法违规或者存在异常情形的,证券交易所应当及时调查处理。发现违法违规情形的,可以按照自律监管规则对有关单位和责任人员采取一定期限内不接受与证券承销业务相关的文件、认定为不适当人选等自律监管措施或纪律处分。

证券交易所在发行承销监管过程中,发现重大敏感事项、重大无先例情况、重大舆情、重大违法线索的,应当及时向中国证监会请示报告。

第五十条 中国证券业协会应当建立对承销商询价、定价、配售行为和网下投资者报价、申购行为的日常监管制度,加强相关行为的监督检查,发现违法违规情形的,可以按照自律监管规则对有关单位和责任人员采取认定不适合从事相关业务等自律监管措施或者纪律处分。

中国证券业协会应当建立对网下投资者和承销商的跟踪分析和评价体系,并根据评价结果采取奖惩措施。

第五十一条 证券公司承销擅自公开发行或者变相公开发行的证券的,中国证监会可以采取本办法第五十五条规定的措施。依法应予行政处罚的,依照《证券法》第一百八十三条的规定处罚。

第五十二条 证券公司及其直接负责的主管人员和其他直接责任人员在承销证券过程中,有下列行为之一的,中国证监会可以采取本办法第五十五条规定的监管措施;依法应予行政处罚的,依照《证券法》第一百八十四条的规定予以处罚:

(一)进行虚假的或者误导投资者的广告宣传或者其他宣传推介活动;

(二)以不正当竞争手段招揽承销业务;

(三)从事本办法第二十七条规定禁止的行为;

(四)向不符合本办法第七条规定的网下投资者配售证券,或向本办法第二十六条规定禁止配售的对象配售证券;

(五)未按本办法要求披露有关文件;

(六)未按照事先披露的原则和方式配售证券,或其他未依照披露文件实施的行为;

(七)向投资者提供除招股意向书等公开信息以外的发行人其他信息;

(八)未按本办法要求保留推介、定价、配售等承销过程中相关资料;

(九)其他违反证券承销业务规定的行为。

第五十三条 发行人及其直接负责的主管人员和其他直接责任人员有下列行为之一的,中国证监会可以采取本办法第五十五条规定的监管措施;违反《证券法》相关规定的,依法进行行政处罚:

(一)从事本办法第二十七条规定禁止的行为;

(二)夸大宣传,或者以虚假广告等不正当手段诱导、误导投资者;

(三)向投资者提供除招股意向书等公开信息以外的发行人信息。

第五十四条 公司股东公开发售股份违反本办法第二十五条规定的,中国证监会可以采取本办法第五十五条规定的监管措施；违反法律、行政法规、中国证监会其他规定和证券交易所规则规定的，依法进行查处；涉嫌犯罪的，依法移送司法机关，追究刑事责任。

第五十五条 发行人及其控股股东和实际控制人、证券公司、证券服务机构、投资者及其直接负责的主管人员和其他直接责任人员有失诚信，存在其他违反法律、行政法规或者本办法规定的行为的，中国证监会可以视情节轻重采取责令改正、监管谈话、出具警示函、责令公开说明等监管措施；情节严重的，可以对有关责任人员采取证券市场禁入措施；依法应予行政处罚的，依照有关规定进行处罚；涉嫌犯罪的，依法移送司法机关，追究其刑事责任。

第五十六条 中国证监会发现发行承销涉嫌违法违规或者存在异常情形的，可以要求证券交易所对相关事项进行调查处理，或者直接责令发行人和承销商暂停或者中止发行。

第五十七条 中国证监会发现证券交易所自律监管措施或者纪律处分失当的，可以责令证券交易所改正。

中国证监会对证券交易所发行承销过程监管工作进行年度例行检查，定期或者不定期按一定比例对证券交易所发行承销过程监管等相关工作进行抽查。

对于中国证监会在检查和抽查过程中发现的问题，证券交易所应当整改。

证券交易所发现重大敏感事项、重大无先例情况、重大舆情、重大违法线索未向中国证监会请示报告或者请示报告不及时，不配合中国证监会对发行承销监管工作的检查、抽查或者不按中国证监会的整改要求进行整改的，由中国证监会责令改正；情节严重的，追究直接责任人员相关责任。

第五十八条 中国证监会将遵守本办法的情况记入证券市场诚信档案，会同有关部门加强信息共享，依法实施守信激励与失信惩戒。

第七章 附 则

第五十九条 北京证券交易所的证券发行与承销适用中国证监会其他相关规定。

上市公司向不特定对象发行优先股的发行程序参照本办法关于上市公司增发的相关规定执行，向特定对象发行优先股的发行程序参照本办法关于上市公司向特定对象发行证券的相关规定执行，《优先股试点管理办法》或者中国证监会另有规定的，从其规定。

第六十条 本办法所称"公募基金"是指通过公开募集方式设立的证券投资基金；"社保基金"是指全国社会保障基金；"养老金"是指基本养老保险基金；

"年金基金"是指企业年金基金和职业年金基金；"保险资金"是指符合《保险资金运用管理办法》等规定的保险资金。

本办法所称"同行业上市公司二级市场平均市盈率"按以下原则确定：

（一）中证指数有限公司发布的同行业最近一个月静态平均市盈率；

（二）中证指数有限公司未发布本款第（一）项市盈率的，可以由主承销商计算不少于三家同行业可比上市公司的二级市场最近一个月静态平均市盈率得出。

本办法所称"以上""以下""不少于""不超过""低于"均含本数，所称"超过""不足"均不含本数。

第六十一条 公司依法不设监事会的，不适用本办法有关监事的规定。

第六十二条 本办法自公布之日起施行。

上市公司股东减持股份管理暂行办法

（2024 年 5 月 24 日中国证券监督管理委员会令第 224 号公布 根据 2025 年 3 月 27 日中国证券监督管理委员会令第 227 号《关于修改部分证券期货规章的决定》修正）

第一条 为了规范上市公司股东减持股份行为，保护投资者的合法权益，维护证券市场秩序，促进证券市场长期稳定健康发展，根据《中华人民共和国公司法》（以下简称《公司法》）、《中华人民共和国证券法》（以下简称《证券法》）等法律、行政法规的规定，制定本办法。

第二条 上市公司持有百分之五以上股份的股东、实际控制人（以下统称大股东）、董事、高级管理人员减持股份，以及其他股东减持其持有的公司首次公开发行前发行的股份，适用本办法。

大股东减持其通过证券交易所集中竞价交易买入的上市公司股份，仅适用本办法第四条至第八条、第十八条、第二十八条至第三十条的规定。

大股东减持其参与首次公开发行、上市公司向不特定对象或者特定对象公开发行股份而取得的上市公司股份，仅适用本办法第四条至第八条、第十条、第十一条、第十八条、第二十八条至第三十条的规定。

第三条 上市公司股东可以通过证券交易所的证券交易、协议转让及法律、行政法规允许的其他方式减持股份。

第四条 上市公司股东应当遵守《公司法》《证券法》和有关法律、行政法规，中国证券监督管理委员会（以下简称中国证监会）规章、规范性文件以及证券交易所规则中关于股份转让的限制性规定。

上市公司股东就限制股份转让作出承诺的，应当严格遵守。

第五条 上市公司股东减持股份，应当按照法律、行政法规和本办法，以及证券交易所规则履行信息披露义务，保证披露的信息真实、准确、完整。

第六条 大股东减持股份应当规范、理性、有序，充分关注上市公司及中小股东的利益。

上市公司应当及时了解股东减持本公司股份的情况，主动做好规则提示。上市公司董事会秘书应当每季度检查大股东减持本公司股份的情况。发现违法违规的，应当及时向中国证监会、证券交易所报告。

第七条 存在下列情形之一的，大股东不得减持本公司股份：

（一）该股东因涉嫌与本上市公司有关的证券期货违法犯罪，被中国证监会立案调查或者被司法机关立案侦查，或者被行政处罚、判处刑罚未满六个月的；

（二）该股东因涉及与本上市公司有关的违法违规，被证券交易所公开谴责未满三个月的；

（三）该股东因涉及证券期货违法，被中国证监会行政处罚，尚未足额缴纳罚没款的，但法律、行政法规另有规定，或者减持资金用于缴纳罚没款的除外；

（四）中国证监会规定的其他情形。

第八条 存在下列情形之一的，上市公司控股股东、实际控制人不得减持本公司股份：

（一）上市公司因涉嫌证券期货违法犯罪，被中国证监会立案调查或者被司法机关立案侦查，或者被行政处罚、判处刑罚未满六个月的；

（二）上市公司被证券交易所公开谴责未满三个月的；

（三）上市公司可能触及重大违法强制退市情形，在证券交易所规定的限制转让期限内的；

（四）中国证监会规定的其他情形。

第九条 大股东计划通过证券交易所集中竞价交易或者大宗交易方式减持股份的，应当在首次卖出前十五个交易日向证券交易所报告并披露减持计划。

减持计划应当包括下列内容：

（一）拟减持股份的数量、来源；

（二）减持的时间区间、价格区间、方式和原因。减持时间区间应当符合证券交易所的规定；

（三）不存在本办法第七条、第八条、第十条、第十一条规定情形的说明；

（四）证券交易所规定的其他内容。

减持计划实施完毕的，大股东应当在二个交易日内向证券交易所报告，并予公告；在预先披露的减持时间区间内，未实施减持或者减持计划未实施完毕的，应当在减持时间区间届满后的二个交易日内向证券交易所报告，并予公告。

第十条 存在下列情形之一的，控股股东、实际控制人不得通过证券交易所集中竞价交易或者大宗交易方式减持股份，但已经按照本办法第九条规定披露减持计划，或者中国证监会另有规定的除外：

（一）最近三个已披露经审计的年度报告的会计年度未实施现金分红或者累计现金分红金额低于同期年均归属于上市公司股东净利润的百分之三十的，但其中净利润为负的会计年度不纳入计算；

（二）最近二十个交易日中，任一日股票收盘价（向后复权）低于最近一个会计年度或者最近一期财务报告期末每股归属于上市公司股东的净资产的。

第十一条 最近二十个交易日中，任一日股票收盘价（向后复权）低于首次公开发行时的股票发行价格的，上市公司首次公开发行时的控股股东、实际控制人及其一致行动人不得通过证券交易所集中竞价交易或者大宗交易方式减持股份，但已经按照本办法第九条规定披露减持计划，或者中国证监会另有规定的除外。

上市公司在首次公开发行时披露无控股股东、实际控制人的，首次公开发行时持股百分之五以上的第一大股东及其一致行动人应当遵守前款规定。

前两款规定的主体不具有相关身份后，应当继续遵守本条前两款规定。

第十二条 大股东通过证券交易所集中竞价交易减持股份，或者其他股东通过证券交易所集中竞价交易减持其持有的公司首次公开发行前发行的股份的，三个月内减持股份的总数不得超过公司股份总数的百分之一。

第十三条 大股东通过协议转让方式减持股份，或者其他股东通过协议转让方式减持其持有的公司首次公开发行前发行的股份的，股份出让方、受让方应当遵守证券交易所有关协议转让的规定，股份受让方在受让后六个月内不得减持其所受让的股份。

大股东通过协议转让方式减持股份，导致其不再具有大股东身份的，应当在减持后六个月内继续遵守本办法第九条、第十二条、第十四条的规定。控股股东、实际控制人通过协议转让方式减持股份导致其不再具有控股股东、实际控制人身份的，还应当在减持后六个月内继续遵守本办法第十条的规定。

第十四条　大股东通过大宗交易方式减持股份,或者其他股东通过大宗交易方式减持其持有的公司首次公开发行前发行的股份的,三个月内减持股份的总数不得超过公司股份总数的百分之二;股份受让方在受让后六个月内不得减持其所受让的股份。

第十五条　股东因司法强制执行或者股票质押、融资融券、约定购回式证券交易违约处置等减持股份的,应当根据具体减持方式分别适用本办法的相关规定,并遵守证券交易所的相关规则。

大股东所持股份被人民法院通过证券交易所集中竞价交易或者大宗交易方式强制执行的,应当在收到相关执行通知后二个交易日内披露,不适用本办法第九条第一款、第二款的规定。披露内容应当包括拟处置股份数量、来源、减持方式、时间区间等。

第十六条　因离婚、法人或者非法人组织终止、公司分立等导致上市公司大股东减持股份的,股份过出方、过入方应当在股票过户后持续共同遵守本办法关于大股东减持股份的规定;上市公司大股东为控股股东、实际控制人的,股份过出方、过入方还应当在股票过户后持续共同遵守本办法关于控股股东、实际控制人减持股份的规定。法律、行政法规、中国证监会另有规定的除外。

第十七条　因赠与、可交换公司债券换股、认购或者申购ETF等导致上市公司股东减持股份的,股份过出方、过入方应当遵守证券交易所的规定。

第十八条　大股东不得融券卖出本公司股份,不得开展以本公司股票为合约标的物的衍生品交易。

持有的股份在法律、行政法规、中国证监会规章、规范性文件、证券交易所规则规定的限制转让期限内或者存在其他不得减持情形的,上市公司股东不得通过转融通出借该部分股份,不得融券卖出本公司股份。上市公司股东在获得具有限制转让期限的股份前,存在尚未了结的该上市公司股份融券合约的,应当在获得相关股份前了结融券合约。

第十九条　上市公司股东通过询价转让、配售等方式减持首次公开发行前发行的股份的,应当遵守证券交易所关于减持方式、程序、价格、比例及后续转让事项的规定。

第二十条　大股东与其一致行动人应当共同遵守本办法关于大股东减持股份的规定。控股股东、实际控制人与其一致行动人应当共同遵守本办法关于控股股东、实际控制人减持股份的规定。

本办法规定的一致行动人按照《上市公司收购管理办法》认定。

第二十一条　大股东与其一致行动人解除一致行动关系的,相关方应当在六个月内继续共同遵守本办法关于大股东减持股份的规定。大股东为控股股东、实际控制人的,相关方还应当在六个月内继续共同遵守本办法第八条、第十条的规定。

第二十二条　计算上市公司股东持股比例时,应当将其通过普通证券账户、信用证券账户以及利用他人账户所持同一家上市公司的股份,以及通过转融通出借但尚未归还或者通过约定购回式证券交易卖出但尚未购回的股份合并计算。

第二十三条　上市公司披露无控股股东、实际控制人的,第一大股东应当遵守本办法关于控股股东、实际控制人的规定,但是持有上市公司股份低于百分之五的除外。

第二十四条　上市公司董事、高级管理人员以及核心技术人员或者核心业务人员等减持本公司股份的,还应当遵守《上市公司董事和高级管理人员所持本公司股份及其变动管理规则》等中国证监会其他规定以及证券交易所规则。

第二十五条　存托凭证持有人减持境外发行人在境内发行的存托凭证的,参照适用本办法。

第二十六条　中国证监会、证券交易所对创业投资基金、私募股权投资基金等减持股份另有规定的,从其规定。

第二十七条　中国证监会对北京证券交易所上市公司股东减持股份另有规定的,从其规定。

第二十八条　上市公司股东、实际控制人不得通过任何方式或者安排规避本办法、中国证监会其他规定以及证券交易所的规则。

第二十九条　上市公司股东减持股份违反本办法、中国证监会其他规定的,为防范市场风险,维护市场秩序,中国证监会可以采取责令购回违规减持股份并向上市公司上缴价差、监管谈话、出具警示函等监管措施。

上市公司股东按照前款规定购回违规减持的股份的,不适用《证券法》第四十四条的规定。

第三十条　上市公司股东存在下列情形之一的,中国证监会依照《证券法》第一百八十六条处罚;情节严重的,中国证监会可以对有关责任人员采取证券市场禁入的措施:

(一)违反本办法第七条、第八条、第十条、第十一条、第十三条、第十四条规定,在不得减持的期限内减持股份的;

(二)违反本办法第九条规定,未预先披露减持计划,或者披露的减持计划不符合规定减持股份的;

（三）违反本办法第十二条、第十四条规定，超出规定的比例减持股份的；

（四）违反本办法第十五条、第十六条、第十八条、第二十条、第二十一条规定减持股份的；

（五）其他违反法律、行政法规和中国证监会规定减持股份的情形。

第三十一条 本办法自公布之日起施行。《上市公司股东、董监高减持股份的若干规定》（证监会公告〔2017〕9号）同时废止。

公司债券发行与交易管理办法

（2023年10月20日中国证券监督管理委员会令第222号公布施行）

第一章 总 则

第一条 为了规范公司债券（含企业债券）的发行、交易或转让行为，保护投资者的合法权益和社会公共利益，根据《证券法》《公司法》和其他相关法律法规，制定本办法。

第二条 在中华人民共和国境内，公开发行公司债券并在证券交易所、全国中小企业股份转让系统交易，非公开发行公司债券并在证券交易所、全国中小企业股份转让系统、证券公司柜台转让的，适用本办法。法律法规和中国证券监督管理委员会（以下简称中国证监会）另有规定的，从其规定。本办法所称公司债券，是指公司依照法定程序发行、约定在一定期限还本付息的有价证券。

第三条 公司债券可以公开发行，也可以非公开发行。

第四条 发行人及其他信息披露义务人应当及时、公平地履行披露义务，所披露或者报送的信息必须真实、准确、完整，简明清晰，通俗易懂，不得有虚假记载、误导性陈述或者重大遗漏。

第五条 发行人及其控股股东、实际控制人、董事、监事、高级管理人员应当诚实守信、勤勉尽责，维护债券持有人享有的法定权利和债券募集说明书约定的权利。

发行人及其控股股东、实际控制人、董事、监事、高级管理人员不得怠于履行偿债义务或者通过财产转移、关联交易等方式逃废债务，故意损害债券持有人权益。

第六条 为公司债券发行提供服务的承销机构、受托管理人，以及资信评级机构、会计师事务所、资产评估机构、律师事务所等专业机构和人员应当勤勉尽责,严格遵守执业规范和监管规则,按规定和约定履行义务。

发行人及其控股股东、实际控制人应当全面配合承销机构、受托管理人、证券服务机构的相关工作,及时提供资料,并确保内容真实、准确、完整。

第七条 发行人、承销机构及其相关工作人员在发行定价和配售过程中,不得有违反公平竞争、进行利益输送、直接或间接谋取不正当利益以及其他破坏市场秩序的行为。

第八条 中国证监会对公司债券发行的注册,证券交易所对公司债券发行出具的审核意见,或者中国证券业协会按照本办法对公司债券发行的报备,不表明其对发行人的经营风险、偿债风险、诉讼风险以及公司债券的投资风险或收益等作出判断或者保证。公司债券的投资风险,由投资者自行承担。

第九条 中国证监会依法对公司债券的发行及其交易或转让活动进行监督管理。证券自律组织依照相关规定对公司债券的发行、上市交易或挂牌转让、登记结算、承销、尽职调查、信用评级、受托管理及增信等进行自律管理。

证券自律组织应当制定相关业务规则,明确公司债券发行、承销、报备、上市交易或挂牌转让、信息披露、登记结算、投资者适当性管理、持有人会议及受托管理等具体规定,报中国证监会批准或备案。

第二章　发行和交易转让的一般规定

第十条 发行公司债券,发行人应当依照《公司法》或者公司章程相关规定对以下事项作出决议:

(一)发行债券的金额;

(二)发行方式;

(三)债券期限;

(四)募集资金的用途;

(五)其他按照法律法规及公司章程规定需要明确的事项。发行公司债券,如果对增信机制、偿债保障措施作出安排的,也应当在决议事项中载明。

第十一条 发行公司债券,可以附认股权、可转换成相关股票等条款。上市公司、股票公开转让的非上市公众公司股东可以发行附可交换成上市公司或非上市公众公司股票条款的公司债券。商业银行等金融机构可以按照有关规定发行公司债券补充资本。上市公司发行附认股权、可转换成股票条款的公司债券,应当符合上市公司证券发行管理的相关规定。股票公开转让的非上市公众公司发行附认股权、可转换成股票条款的公司债券,由中国证监会另行规定。

第十二条 根据财产状况、金融资产状况、投资知识和经验、专业能力等因素，公司债券投资者可以分为普通投资者和专业投资者。专业投资者的标准按照中国证监会的相关规定执行。

证券自律组织可以在中国证监会相关规定的基础上，设定更为严格的投资者适当性要求。

发行人的董事、监事、高级管理人员及持股比例超过百分之五的股东，可视同专业投资者参与发行人相关公司债券的认购或交易、转让。

第十三条 公开发行公司债券筹集的资金，必须按照公司债券募集说明书所列资金用途使用；改变资金用途，必须经债券持有人会议作出决议。非公开发行公司债券，募集资金应当用于约定的用途；改变资金用途，应当履行募集说明书约定的程序。

鼓励公开发行公司债券的募集资金投向符合国家宏观调控政策和产业政策的项目建设。

公开发行公司债券筹集的资金，不得用于弥补亏损和非生产性支出。发行人应当指定专项账户，用于公司债券募集资金的接收、存储、划转。

第三章 公开发行及交易

第一节 注册规定

第十四条 公开发行公司债券，应当符合下列条件：
（一）具备健全且运行良好的组织机构；
（二）最近三年平均可分配利润足以支付公司债券一年的利息；
（三）具有合理的资产负债结构和正常的现金流量；
（四）国务院规定的其他条件。

公开发行公司债券，由证券交易所负责受理、审核，并报中国证监会注册。

第十五条 存在下列情形之一的，不得再次公开发行公司债券：
（一）对已公开发行的公司债券或者其他债务有违约或者延迟支付本息的事实，仍处于继续状态；
（二）违反《证券法》规定，改变公开发行公司债券所募资金用途。

第十六条 资信状况符合以下标准的公开发行公司债券，专业投资者和普通投资者可以参与认购：
（一）发行人最近三年无债务违约或者延迟支付本息的事实；
（二）发行人最近三年平均可分配利润不少于债券一年利息的1.5倍；
（三）发行人最近一期末净资产规模不少于250亿元；

（四）发行人最近36个月内累计公开发行债券不少于3期，发行规模不少于100亿元；

（五）中国证监会根据投资者保护的需要规定的其他条件。未达到前款规定标准的公开发行公司债券，仅限于专业投资者参与认购。

第二节 注册程序

第十七条 发行人公开发行公司债券，应当按照中国证监会有关规定制作注册申请文件，由发行人向证券交易所申报。

证券交易所收到注册申请文件后，在五个工作日内作出是否受理的决定。

第十八条 自注册申请文件受理之日起，发行人及其控股股东、实际控制人、董事、监事、高级管理人员，以及与本次债券公开发行并上市相关的主承销商、证券服务机构及相关责任人员，即承担相应法律责任。

第十九条 注册申请文件受理后，未经中国证监会或者证券交易所同意，不得改动。

发生重大事项的，发行人、主承销商、证券服务机构应当及时向证券交易所报告，并按要求更新注册申请文件和信息披露资料。

第二十条 证券交易所负责审核发行人公开发行公司债券并上市申请。

证券交易所主要通过向发行人提出审核问询、发行人回答问题方式开展审核工作，判断发行人是否符合发行条件、上市条件和信息披露要求。

第二十一条 证券交易所按照规定的条件和程序，提出审核意见。认为发行人符合发行条件和信息披露要求的，将审核意见、注册申请文件及相关审核资料报送中国证监会履行发行注册程序。认为发行人不符合发行条件或信息披露要求的，作出终止发行上市审核决定。

第二十二条 证券交易所应当建立健全审核机制，强化质量控制，提高审核工作透明度，公开审核工作相关事项，接受社会监督。

证券交易所在审核中发现申报文件涉嫌虚假记载、误导性陈述或者重大遗漏的，可以对发行人进行现场检查，对相关主承销商、证券服务机构执业质量开展延伸检查。

第二十三条 中国证监会收到证券交易所报送的审核意见、发行人注册申请文件及相关审核资料后，履行发行注册程序。中国证监会认为存在需要进一步说明或者落实事项的，可以问询或要求证券交易所进一步问询。

中国证监会认为证券交易所的审核意见依据不充分的，可以退回证券交易所补充审核。

第二十四条 证券交易所应当自受理注册申请文件之日起二个月内出具审核意见，中国证监会应当自证券交易所受理注册申请文件之日起三个月内作出同意注册或者不予注册的决定。发行人根据中国证监会、证券交易所要求补充、修改注册申请文件的时间不计算在内。

第二十五条 公开发行公司债券，可以申请一次注册，分期发行。中国证监会同意注册的决定自作出之日起两年内有效，发行人应当在注册决定有效期内发行公司债券，并自主选择发行时点。

公开发行公司债券的募集说明书自最后签署之日起六个月内有效。发行人应当及时更新债券募集说明书等公司债券发行文件，并在每期发行前报证券交易所备案。

第二十六条 中国证监会作出注册决定后，主承销商及证券服务机构应当持续履行尽职调查职责；发生重大事项的，发行人、主承销商、证券服务机构应当及时向证券交易所报告。证券交易所应当对上述事项及时处理，发现发行人存在重大事项影响发行条件、上市条件的，应当出具明确意见并及时向中国证监会报告。

第二十七条 中国证监会作出注册决定后、发行人公司债券上市前，发现可能影响本次发行的重大事项的，中国证监会可以要求发行人暂缓或者暂停发行、上市；相关重大事项导致发行人不符合发行条件的，可以撤销注册。

中国证监会撤销注册后，公司债券尚未发行的，发行人应当停止发行；公司债券已经发行尚未上市的，发行人应当按照发行价并加算银行同期存款利息返还债券持有人。

第二十八条 中国证监会应当按规定公开公司债券发行注册行政许可事项相关的监管信息。

第二十九条 存在下列情形之一的，发行人、主承销商、证券服务机构应当及时书面报告证券交易所或者中国证监会，证券交易所或者中国证监会应当中止相应发行上市审核程序或者发行注册程序：

（一）发行人因涉嫌违法违规被行政机关调查，或者被司法机关侦查，尚未结案，对其公开发行公司债券行政许可影响重大的；

（二）发行人的主承销商，以及律师事务所、会计师事务所、资信评级机构等证券服务机构被中国证监会依法采取限制业务活动、责令停业整顿、指定其他机构托管、接管等监管措施，或者被证券交易所实施一定期限内不接受其出具的相关文件的纪律处分，尚未解除的；

（三）发行人的主承销商，以及律师事务所、会计师事务所、资信评级机构等证券服务机构签字人员被中国证监会依法采取限制从事证券服务业务等监管措施或者证券市场禁入的措施，或者被证券交易所实施一定期限内不接受其出具的相关文件的纪律处分，尚未解除；

（四）发行人或主承销商主动要求中止发行上市审核程序或者发行注册程序，理由正当且经证券交易所或者中国证监会批准；

（五）中国证监会或证券交易所规定的其他情形。

中国证监会、证券交易所根据发行人、主承销商申请，决定中止审核的，待相关情形消失后，发行人、主承销商可以向中国证监会、证券交易所申请恢复审核。中国证监会、证券交易所依据相关规定中止审核的，待相关情形消失后，中国证监会、证券交易所按规定恢复审核。

第三十条 存在下列情形之一的，证券交易所或者中国证监会应当终止相应发行上市审核程序或者发行注册程序，并向发行人说明理由：

（一）发行人主动要求撤回申请或主承销商申请撤回所出具的核查意见；

（二）发行人未在要求的期限内对注册申请文件作出解释说明或者补充、修改；

（三）注册申请文件存在虚假记载、误导性陈述或重大遗漏；

（四）发行人阻碍或者拒绝中国证监会、证券交易所依法对发行人实施检查、核查；

（五）发行人及其关联方以不正当手段严重干扰发行上市审核或者发行注册工作；

（六）发行人法人资格终止；

（七）发行人注册申请文件内容存在重大缺陷，严重影响投资者理解和发行上市审核或者发行注册工作；

（八）发行人中止发行上市审核程序超过证券交易所规定的时限或者中止发行注册程序超过六个月仍未恢复；

（九）证券交易所认为发行人不符合发行条件或信息披露要求；

（十）中国证监会或证券交易所规定的其他情形。

第三节 交 易

第三十一条 公开发行的公司债券，应当在证券交易场所交易。

公开发行公司债券并在证券交易场所交易的，应当符合证券交易场所规定的上市、挂牌条件。

第三十二条 证券交易场所应当对公开发行公司债券的上市交易实施分

类管理,实行差异化的交易机制,建立相应的投资者适当性管理制度,健全风险控制机制。证券交易场所应当根据债券资信状况的变化及时调整交易机制和投资者适当性安排。

　　第三十三条　公开发行公司债券申请上市交易的,应当在发行前根据证券交易场所的相关规则,明确交易机制和交易环节投资者适当性安排。发行环节和交易环节的投资者适当性要求应当保持一致。

第四章　非公开发行及转让

　　第三十四条　非公开发行的公司债券应当向专业投资者发行,不得采用广告、公开劝诱和变相公开方式,每次发行对象不得超过二百人。

　　第三十五条　承销机构应当按照中国证监会、证券自律组织规定的投资者适当性制度,了解和评估投资者对非公开发行公司债券的风险识别和承担能力,确认参与非公开发行公司债券认购的投资者为专业投资者,并充分揭示风险。

　　第三十六条　非公开发行公司债券,承销机构或依照本办法第三十九条规定自行销售的发行人应当在每次发行完成后五个工作日内向中国证券业协会报备。

　　中国证券业协会在材料齐备时应当及时予以报备。报备不代表中国证券业协会实行合规性审查,不构成市场准入,也不豁免相关主体的违规责任。

　　第三十七条　非公开发行公司债券,可以申请在证券交易场所、证券公司柜台转让。

　　非公开发行公司债券并在证券交易场所转让的,应当遵守证券交易场所制定的业务规则,并经证券交易场所同意。

　　非公开发行公司债券并在证券公司柜台转让的,应当符合中国证监会的相关规定。

　　第三十八条　非公开发行的公司债券仅限于专业投资者范围内转让。转让后,持有同次发行债券的投资者合计不得超过二百人。

第五章　发行与承销管理

　　第三十九条　发行公司债券应当依法由具有证券承销业务资格的证券公司承销。

　　取得证券承销业务资格的证券公司、中国证券金融股份有限公司非公开发行公司债券可以自行销售。

第四十条　承销机构承销公司债券,应当依据本办法以及中国证监会、中国证券业协会有关风险管理和内部控制等相关规定,制定严格的风险管理和内部控制制度,明确操作规程,保证人员配备,加强定价和配售等过程管理,有效控制业务风险。

承销机构应当建立健全内部问责机制,相关业务人员因违反公司债券相关规定被采取自律监管措施、自律处分、行政监管措施、市场禁入措施、行政处罚、刑事处罚等的,承销机构应当进行内部问责。

承销机构应当制定合理的薪酬考核体系,不得以业务包干等承包方式开展公司债券承销业务,或者以其他形式实施过度激励。

承销机构应当综合评估项目执行成本与风险责任,合理确定报价,不得以明显低于行业定价水平等不正当竞争方式招揽业务。

第四十一条　主承销商应当遵守业务规则和行业规范,诚实守信、勤勉尽责、保持合理怀疑,按照合理性、必要性和重要性原则,对公司债券发行文件的真实性、准确性和完整性进行审慎核查,并有合理谨慎的理由确信发行文件披露的信息不存在虚假记载、误导性陈述或者重大遗漏。

主承销商对公司债券发行文件中证券服务机构出具专业意见的重要内容存在合理怀疑的,应当履行审慎核查和必要的调查、复核工作,排除合理怀疑。证券服务机构应当配合主承销商的相关核查工作。

第四十二条　承销机构承销公司债券,应当依照《证券法》相关规定采用包销或者代销方式。

第四十三条　发行人和主承销商应当签订承销协议,在承销协议中界定双方的权利义务关系,约定明确的承销基数。采用包销方式的,应当明确包销责任。组成承销团的承销机构应当签订承销团协议,由主承销商负责组织承销工作。公司债券发行由两家以上承销机构联合主承销的,所有担任主承销商的承销机构应当共同承担主承销责任,履行相关义务。承销团由三家以上承销机构组成的,可以设副主承销商,协助主承销商组织承销活动。承销团成员应当按照承销团协议及承销协议的约定进行承销活动,不得进行虚假承销。

第四十四条　公司债券公开发行的价格或利率以询价或公开招标等市场化方式确定。发行人和主承销商应当协商确定公开发行的定价与配售方案并予公告,明确价格或利率确定原则、发行定价流程和配售规则等内容。

第四十五条　发行人及其控股股东、实际控制人、董事、监事、高级管理人员和承销机构不得操纵发行定价、暗箱操作;不得以代持、信托等方式谋取不正当利益或向其他相关利益主体输送利益;不得直接或通过其利益相关方向参与认购的投资者提供财务资助；不得有其他违反公平竞争、破坏市场秩序等行为。

发行人不得在发行环节直接或间接认购其发行的公司债券。发行人的董事、监事、高级管理人员、持股比例超过百分之五的股东及其他关联方认购或交易、转让其发行的公司债券的，应当披露相关情况。

第四十六条 公开发行公司债券的，发行人和主承销商应当聘请律师事务所对发行过程、配售行为、参与认购的投资者资质条件、资金划拨等事项进行见证，并出具专项法律意见书。公开发行的公司债券上市后十个工作日内，主承销商应当将专项法律意见、承销总结报告等文件一并报证券交易场所。

第四十七条 发行人和承销机构在推介过程中不得夸大宣传，或以虚假广告等不正当手段诱导、误导投资者，不得披露除债券募集说明书等信息以外的发行人其他信息。承销机构应当保留推介、定价、配售等承销过程中的相关资料，并按相关法律法规规定存档备查，包括推介宣传材料、路演现场录音等，如实、全面反映询价、定价和配售过程。相关推介、定价、配售等的备查资料应当按中国证券业协会的规定制作并妥善保管。

第四十八条 中国证券业协会应当制定非公开发行公司债券承销业务的风险控制管理规定，根据市场风险状况对承销业务范围进行限制并动态调整。

第四十九条 债券募集说明书及其他信息披露文件所引用的审计报告、法律意见书、评级报告及资产评估报告等，应当由符合《证券法》规定的证券服务机构出具。

证券服务机构应当严格遵守法律法规、中国证监会制定的监管规则、执业准则、职业道德守则、证券交易场所制定的业务规则及其他相关规定，建立并保持有效的质量控制体系、独立性管理和投资者保护机制，审慎履行职责，作出专业判断与认定，并对募集说明书或者其他信息披露文件中与其专业职责有关的内容及其出具的文件的真实性、准确性、完整性负责。证券服务机构及其相关执业人员应当对与本专业相关的业务事项履行特别注意义务，对其他业务事项履行普通注意义务，并承担相应法律责任。

证券服务机构及其执业人员从事证券服务业务应当配合中国证监会的监督管理，在规定的期限内提供、报送或披露相关资料、信息，并保证其提供、报送或披露的资料、信息真实、准确、完整，不得有虚假记载、误导性陈述或者重大遗漏。

证券服务机构应当妥善保存客户委托文件、核查和验证资料、工作底稿以及与质量控制、内部管理、业务经营有关的信息和资料。

第六章 信息披露

第五十条 发行人及其他信息披露义务人应当按照中国证监会及证券自律组织的相关规定履行信息披露义务。

第五十一条 公司债券上市交易的发行人应当按照中国证监会、证券交易所的规定及时披露债券募集说明书,并在债券存续期内披露中期报告和经符合《证券法》规定的会计师事务所审计的年度报告。非公开发行公司债券的发行人信息披露的时点、内容,应当按照募集说明书的约定及证券交易场所的规定履行。

发行人及其控股股东、实际控制人、董事、监事、高级管理人员等作出公开承诺的,应当在募集说明书等文件中披露。

第五十二条 公司债券募集资金的用途应当在债券募集说明书中披露。发行人应当在定期报告中披露公开发行公司债券募集资金的使用情况、募投项目进展情况(如涉及)。非公开发行公司债券的,应当在债券募集说明书中约定募集资金使用情况的披露事宜。

第五十三条 发行人的董事、高级管理人员应当对公司债券发行文件和定期报告签署书面确认意见。

发行人的监事会应当对董事会编制的公司债券发行文件和定期报告进行审核并提出书面审核意见。监事应当签署书面确认意见。

发行人的董事、监事和高级管理人员应当保证发行人及时、公平地披露信息,所披露的信息真实、准确、完整。

董事、监事和高级管理人员无法保证公司债券发行文件和定期报告内容的真实性、准确性、完整性或者有异议的,应当在书面确认意见中发表意见并陈述理由,发行人应当披露。发行人不予披露的,董事、监事和高级管理人员可以直接申请披露。

第五十四条 发生可能对上市交易公司债券的交易价格产生较大影响的重大事件,投资者尚未得知时,发行人应当立即将有关该重大事件的情况向中国证监会、证券交易场所报送临时报告,并予公告,说明事件的起因、目前的状态和可能产生的法律后果。

前款所称重大事件包括:

(一)公司股权结构或者生产经营状况发生重大变化;

(二)公司债券信用评级发生变化;

(三)公司重大资产抵押、质押、出售、转让、报废;

（四）公司发生未能清偿到期债务的情况；
（五）公司新增借款或者对外提供担保超过上年末净资产的百分之二十；
（六）公司放弃债权或者财产超过上年末净资产的百分之十；
（七）公司发生超过上年末净资产百分之十的重大损失；
（八）公司分配股利，作出减资、合并、分立、解散及申请破产的决定，或者依法进入破产程序、被责令关闭；
（九）涉及公司的重大诉讼、仲裁；
（十）公司涉嫌犯罪被依法立案调查，公司的控股股东、实际控制人、董事、监事、高级管理人员涉嫌犯罪被依法采取强制措施；
（十一）募投项目情况发生重大变化，可能影响募集资金投入和使用计划，或者导致项目预期运营收益实现存在较大不确定性；
（十二）中国证监会规定的其他事项。
发行人的控股股东或者实际控制人对重大事件的发生、进展产生较大影响的，应当及时将其知悉的有关情况书面告知发行人，并配合发行人履行信息披露义务。

第五十五条 资信评级机构为公开发行公司债券进行信用评级的，应当符合以下规定或约定：
（一）将评级信息告知发行人，并及时向市场公布首次评级报告、定期和不定期跟踪评级报告；
（二）公司债券的期限为一年以上的，在债券有效存续期间，应当每年至少向市场公布一次定期跟踪评级报告；
（三）应充分关注可能影响评级对象信用等级的所有重大因素，及时向市场公布信用等级调整及其他与评级相关的信息变动情况，并向证券交易场所报告。

第五十六条 公开发行公司债券的发行人及其他信息披露义务人应当将披露的信息刊登在其证券交易场所的互联网网站和符合中国证监会规定条件的媒体，同时将其置备于公司住所、证券交易场所，供社会公众查阅。

第七章　债券持有人权益保护

第五十七条 公开发行公司债券的，发行人应当为债券持有人聘请债券受托管理人，并订立债券受托管理协议；非公开发行公司债券的，发行人应当在募集说明书中约定债券受托管理事项。在债券存续期限内，由债券受托管理人按照规定或协议的约定维护债券持有人的利益。

发行人应当在债券募集说明书中约定，投资者认购或持有本期公司债券视作同意债券受托管理协议、债券持有人会议规则及债券募集说明书中其他有关发行人、债券持有人权利义务的相关约定。

第五十八条 债券受托管理人由本次发行的承销机构或其他经中国证监会认可的机构担任。债券受托管理人应当为中国证券业协会会员。为本次发行提供担保的机构不得担任本次债券发行的受托管理人。债券受托管理人应当勤勉尽责，公正履行受托管理职责，不得损害债券持有人利益。对于债券受托管理人在履行受托管理职责时可能存在的利益冲突情形及相关风险防范、解决机制，发行人应当在债券募集说明书及债券存续期间的信息披露文件中予以充分披露，并同时在债券受托管理协议中载明。

第五十九条 公开发行公司债券的受托管理人应当按规定或约定履行下列职责：

（一）持续关注发行人和保证人的资信状况、担保物状况、增信措施及偿债保障措施的实施情况，出现可能影响债券持有人重大权益的事项时，召集债券持有人会议；

（二）在债券存续期内监督发行人募集资金的使用情况；

（三）对发行人的偿债能力和增信措施的有效性进行全面调查和持续关注，并至少每年向市场公告一次受托管理事务报告；

（四）在债券存续期内持续督导发行人履行信息披露义务；

（五）预计发行人不能偿还债务时，要求发行人追加担保，并可以依法申请法定机关采取财产保全措施；

（六）在债券存续期内勤勉处理债券持有人与发行人之间的谈判或者诉讼事务；

（七）发行人为债券设定担保的，债券受托管理人应在债券发行前或债券募集说明书约定的时间内取得担保的权利证明或其他有关文件，并在增信措施有效期内妥善保管；

（八）发行人不能按期兑付债券本息或出现募集说明书约定的其他违约事件的，可以接受全部或部分债券持有人的委托，以自己名义代表债券持有人提起、参加民事诉讼或者破产等法律程序，或者代表债券持有人申请处置抵质押物。

第六十条 非公开发行公司债券的，债券受托管理人应当按照债券受托管理协议的约定履行职责。

第六十一条 受托管理人为履行受托管理职责，有权代表债券持有人查询债券持有人名册及相关登记信息、专项账户中募集资金的存储与划转情况。证券登记结算机构应当予以配合。

第六十二条 发行公司债券,应当在债券募集说明书中约定债券持有人会议规则。

债券持有人会议规则应当公平、合理。债券持有人会议规则应当明确债券持有人通过债券持有人会议行使权利的范围,债券持有人会议的召集、通知、决策生效条件与决策程序、决策效力范围和其他重要事项。债券持有人会议按照本办法的规定及会议规则的程序要求所形成的决议对全体债券持有人有约束力,债券持有人会议规则另有约定的除外。

第六十三条 存在下列情形的,债券受托管理人应当按规定或约定召集债券持有人会议:

(一)拟变更债券募集说明书的约定;

(二)拟修改债券持有人会议规则;

(三)拟变更债券受托管理人或受托管理协议的主要内容;

(四)发行人不能按期支付本息;

(五)发行人减资、合并等可能导致偿债能力发生重大不利变化,需要决定或者授权采取相应措施;

(六)发行人分立、被托管、解散、申请破产或者依法进入破产程序;

(七)保证人、担保物或者其他偿债保障措施发生重大变化;

(八)发行人、单独或合计持有本期债券总额百分之十以上的债券持有人书面提议召开;

(九)发行人管理层不能正常履行职责,导致发行人债务清偿能力面临严重不确定性;

(十)发行人提出债务重组方案的;

(十一)发生其他对债券持有人权益有重大影响的事项。在债券受托管理人应当召集而未召集债券持有人会议时,单独或合计持有本期债券总额百分之十以上的债券持有人有权自行召集债券持有人会议。

第六十四条 发行人可采取内外部增信机制、偿债保障措施,提高偿债能力,控制公司债券风险。内外部增信机制、偿债保障措施包括但不限于下列方式:

(一)第三方担保;

(二)商业保险;

(三)资产抵押、质押担保;

(四)限制发行人债务及对外担保规模;

（五）限制发行人对外投资规模；

（六）限制发行人向第三方出售或抵押主要资产；

（七）设置债券回售条款。

公司债券增信机构可以成为中国证券业协会会员。

第六十五条 发行人应当在债券募集说明书中约定构成债券违约的情形、违约责任及其承担方式以及公司债券发生违约后的诉讼、仲裁或其他争议解决机制。

第八章　监督管理和法律责任

第六十六条 中国证监会建立对证券交易场所公司债券业务监管工作的监督机制，持续关注证券交易场所发行审核、发行承销过程及其他公司债券业务监管情况，并开展定期或不定期检查。中国证监会在检查和抽查过程中发现问题的，证券交易场所应当整改。

证券交易场所应当建立定期报告制度，及时总结公司债券发行审核、发行承销过程及其他公司债券业务监管工作情况，并报告中国证监会。

第六十七条 证券交易场所公司债券发行上市审核工作违反本办法规定，有下列情形之一的，由中国证监会责令改正；情节严重的，追究直接责任人员相关责任：

（一）未按审核标准开展公司债券发行上市审核工作；

（二）未按程序开展公司债券发行上市审核工作；

（三）不配合中国证监会对发行上市审核工作、发行承销过程及其他公司债券业务监管工作的检查、抽查，或者不按中国证监会的整改要求进行整改。

第六十八条 中国证监会及其派出机构可以依法对发行人以及相关主承销商、受托管理人、证券服务机构等开展检查，检查对象及其工作人员应当配合，保证提供的有关文件和资料真实、准确、完整、及时，不得拒绝、阻碍和隐瞒。

第六十九条 违反法律法规及本办法等规定的，中国证监会可以对相关机构和人员采取责令改正、监管谈话、出具警示函、责令公开说明、责令定期报告等相关监管措施；依法应予行政处罚的，依照《证券法》《行政处罚法》等法律法规和中国证监会的有关规定进行处罚；涉嫌犯罪的，依法移送司法机关，追究其刑事责任。

第七十条 非公开发行公司债券，发行人及其他信息披露义务人披露的信息存在虚假记载、误导性陈述或者重大遗漏的，中国证监会可以对发行人、其他信息披露义务人及其直接负责的主管人员和其他直接责任人员采取本办法第六十九条规定的相关监管措施；情节严重的，依照《证券法》第一百九十七条予以处罚。

第七十一条 非公开发行公司债券,发行人违反本办法第十三条规定的,中国证监会可以对发行人及其直接负责的主管人员和其他直接责任人员采取本办法第六十九条规定的相关监管措施;情节严重的,处以警告、罚款。

第七十二条 除中国证监会另有规定外,承销或自行销售非公开发行公司债券未按规定进行报备的,中国证监会可以对承销机构及其直接负责的主管人员和其他直接责任人员采取本办法第六十九条规定的相关监管措施;情节严重的,处以警告、罚款。

第七十三条 承销机构在承销公司债券过程中,有下列行为之一的,中国证监会依照《证券法》第一百八十四条予以处罚。

(一)未勤勉尽责,违反本办法第四十一条规定的行为;

(二)以不正当竞争手段招揽承销业务;

(三)从事本办法第四十五条规定禁止的行为;

(四)从事本办法第四十七条规定禁止的行为;

(五)未按本办法及相关规定要求披露有关文件;

(六)未按照事先披露的原则和方式配售公司债券,或其他未依照披露文件实施的行为;

(七)未按照本办法及相关规定要求保留推介、定价、配售等承销过程中相关资料;

(八)其他违反承销业务规定的行为。

第七十四条 发行人及其控股股东、实际控制人、债券受托管理人等违反本办法规定,损害债券持有人权益的,中国证监会可以对发行人、发行人的控股股东和实际控制人、受托管理人及其直接负责的主管人员和其他直接责任人员采取本办法第六十九条规定的相关监管措施;情节严重的,处以警告、罚款。

第七十五条 发行人及其控股股东、实际控制人、董事、监事、高级管理人员违反本办法第五条第二款的规定,严重损害债券持有人权益的,中国证监会可以依法限制其市场融资等活动,并将其有关信息纳入证券期货市场诚信档案数据库。

第九章 附 则

第七十六条 发行公司债券并在证券交易场所交易或转让的,应当由中国证券登记结算有限责任公司依法集中统一办理登记结算业务。非公开发行公司债券并在证券公司柜台转让的,可以由中国证券登记结算有限责任公司或者其他依法从事证券登记、结算业务的机构办理。

第七十七条 发行公司债券,应当符合地方政府性债务管理的相关规定,不得新增政府债务。

第七十八条 证券公司和其他金融机构次级债券的发行、交易或转让,适用本办法。境外注册公司在中国证监会监管的证券交易场所的债券发行、交易或转让,参照适用本办法。

第七十九条 本办法所称证券自律组织包括证券交易所、全国中小企业股份转让系统、中国证券登记结算有限责任公司、中国证券业协会以及中国证监会认定的其他自律组织。

本办法所称证券交易场所包括证券交易所、全国中小企业股份转让系统。

第八十条 本办法自公布之日起施行。2021年2月26日发布的《公司债券发行与交易管理办法》(证监会令第180号)同时废止。

上市公司股东会规则

(2025年3月28日中国证券监督管理委员会公告〔2025〕7号公布施行)

第一章 总 则

第一条 为规范上市公司行为,保证股东会依法行使职权,根据《中华人民共和国公司法》(以下简称《公司法》)、《中华人民共和国证券法》(以下简称《证券法》)的规定,制定本规则。

第二条 上市公司股东会的召集、提案、通知、召开等事项适用本规则。

第三条 上市公司应当严格按照法律、行政法规、本规则及公司章程的相关规定召开股东会,保证股东能够依法行使权利。

公司董事会应当切实履行职责,认真、按时组织股东会。公司全体董事应当勤勉尽责,确保股东会正常召开和依法行使职权。

第四条 股东会应当在《公司法》和公司章程规定的范围内行使职权。

第五条 股东会分为年度股东会和临时股东会。年度股东会每年召开一次,应当于上一会计年度结束后的六个月内举行。临时股东会不定期召开,出现《公司法》第一百一十三条规定的应当召开临时股东会的情形时,临时股东会应当在两个月内召开。

公司在上述期限内不能召开股东会的,应当报告公司所在地中国证券监督管理委员会(以下简称中国证监会)派出机构和公司股票挂牌交易的证券交易所(以下简称证券交易所),说明原因并公告。

第六条 公司召开股东会,应当聘请律师对以下问题出具法律意见并公告:

(一)会议的召集、召开程序是否符合法律、行政法规、本规则和公司章程的规定;

(二)出席会议人员的资格、召集人资格是否合法有效;

(三)会议的表决程序、表决结果是否合法有效;

(四)应公司要求对其他有关问题出具的法律意见。

第二章 股东会的召集

第七条 董事会应当在本规则第五条规定的期限内按时召集股东会。

第八条 经全体独立董事过半数同意,独立董事有权向董事会提议召开临时股东会。对独立董事要求召开临时股东会的提议,董事会应当根据法律、行政法规和公司章程的规定,在收到提议后十日内提出同意或者不同意召开临时股东会的书面反馈意见。

董事会同意召开临时股东会的,应当在作出董事会决议后的五日内发出召开股东会的通知;董事会不同意召开临时股东会的,应当说明理由并公告。

第九条 审计委员会向董事会提议召开临时股东会,应当以书面形式向董事会提出。董事会应当根据法律、行政法规和公司章程的规定,在收到提议后十日内提出同意或者不同意召开临时股东会的书面反馈意见。

董事会同意召开临时股东会的,应当在作出董事会决议后的五日内发出召开股东会的通知,通知中对原提议的变更,应当征得审计委员会的同意。

董事会不同意召开临时股东会,或者在收到提议后十日内未作出书面反馈的,视为董事会不能履行或者不履行召集股东会会议职责,审计委员会可以自行召集和主持。

第十条 单独或者合计持有公司百分之十以上股份(含表决权恢复的优先股等)的股东向董事会请求召开临时股东会,应当以书面形式向董事会提出。

董事会应当根据法律、行政法规和公司章程的规定,在收到请求后十日内提出同意或者不同意召开临时股东会的书面反馈意见。

董事会同意召开临时股东会的,应当在作出董事会决议后的五日内发出召开股东会的通知,通知中对原请求的变更,应当征得相关股东的同意。董事会不同意召开临时股东会,或者在收到请求后十日内未作出反馈的,单独或者合计持有公司百分之十以上股份(含表决权恢复的优先股等)的股东向审计委员会提议召开临时股东会，应当以书面形式向审计委员会提出请求。

审计委员会同意召开临时股东会的，应在收到请求五日内发出召开股东会的通知，通知中对原请求的变更，应当征得相关股东的同意。

审计委员会未在规定期限内发出股东会通知的，视为审计委员会不召集和主持股东会，连续九十日以上单独或者合计持有公司百分之十以上股份（含表决权恢复的优先股等）的股东可以自行召集和主持。

第十一条 审计委员会或者股东决定自行召集股东会的，应当书面通知董事会，同时向证券交易所备案。

审计委员会或者召集股东应在发出股东会通知及发布股东会决议公告时，向证券交易所提交有关证明材料。

在股东会决议公告前，召集股东持股（含表决权恢复的优先股等）比例不得低于百分之十。

第十二条 对于审计委员会或者股东自行召集的股东会，董事会和董事会秘书应予配合。

董事会应当提供股权登记日的股东名册。董事会未提供股东名册的，召集人可以持召集股东会通知的相关公告，向证券登记结算机构申请获取。召集人所获取的股东名册不得用于除召开股东会以外的其他用途。

第十三条 审计委员会或者股东自行召集的股东会，会议所必需的费用由公司承担。

第三章 股东会的提案与通知

第十四条 提案的内容应当属于股东会职权范围，有明确议题和具体决议事项，并且符合法律、行政法规和公司章程的有关规定。

第十五条 单独或者合计持有公司百分之一以上股份（含表决权恢复的优先股等）的股东，可以在股东会召开十日前提出临时提案并书面提交召集人。召集人应当在收到提案后两日内发出股东会补充通知，公告临时提案的内容，并将该临时提案提交股东会审议。但临时提案违反法律、行政法规或者公司章程的规定，或者不属于股东会职权范围的除外。公司不得提高提出临时提案股东的持股比例。

除前款规定外，召集人在发出股东会通知后，不得修改股东会通知中已列明的提案或者增加新的提案。

股东会通知中未列明或者不符合第十四条规定的提案，股东会不得进行表决并作出决议。

第十六条 召集人应当在年度股东会召开二十日前以公告方式通知各股东,临时股东会应当于会议召开十五日前以公告方式通知各股东。

第十七条 股东会通知和补充通知中应当充分、完整披露所有提案的具体内容,以及为使股东对拟讨论的事项作出合理判断所需的全部资料或者解释。

第十八条 股东会拟讨论董事选举事项的,股东会通知中应当充分披露董事候选人的详细资料,至少包括以下内容:
(一)教育背景、工作经历、兼职等个人情况;
(二)与公司或者其控股股东及实际控制人是否存在关联关系;
(三)持有上市公司股份数量;
(四)是否受过中国证监会及其他有关部门的处罚和证券交易所惩戒。
除采取累积投票制选举董事外,每位董事候选人应当以单项提案提出。

第十九条 股东会通知中应当列明会议时间、地点,并确定股权登记日。股权登记日与会议日期之间的间隔应当不多于七个工作日。股权登记日一旦确认,不得变更。

第二十条 发出股东会通知后,无正当理由,股东会不得延期或者取消,股东会通知中列明的提案不得取消。一旦出现延期或者取消的情形,召集人应当在原定召开日前至少两个工作日公告并说明原因。

第四章 股东会的召开

第二十一条 公司应当在公司住所地或者公司章程规定的地点召开股东会。

股东会应当设置会场,以现场会议形式召开,并应当按照法律、行政法规、中国证监会或者公司章程的规定,采用安全、经济、便捷的网络和其他方式为股东提供便利。

股东可以亲自出席股东会并行使表决权,也可以委托他人代为出席和在授权范围内行使表决权。

第二十二条 公司应当在股东会通知中明确载明网络或者其他方式的表决时间以及表决程序。

股东会网络或者其他方式投票的开始时间,不得早于现场股东会召开前一日下午3:00,并不得迟于现场股东会召开当日上午9:30,其结束时间不得早于现场股东会结束当日下午3:00。

第二十三条 董事会和其他召集人应当采取必要措施,保证股东会的正常秩序。对于干扰股东会、寻衅滋事和侵犯股东合法权益的行为,应当采取措施加以制止并及时报告有关部门查处。

第二十四条 股权登记日登记在册的所有股东或者其代理人,均有权出席股东会,公司和召集人不得以任何理由拒绝。股东出席股东会会议,所持每一股份有一表决权,类别股股东除外。公司持有的本公司股份没有表决权。

发行类别股的公司,有《公司法》第一百一十六条第三款及中国证监会规定的可能影响类别股股东权利的事项,除应当经股东会特别决议外,还应当经出席类别股股东会议的股东所持表决权的三分之二以上通过。

类别股股东的决议事项及表决权数等应当符合法律、行政法规、中国证监会以及公司章程的规定。

第二十五条 股东应当持身份证或者其他能够表明其身份的有效证件或者证明出席股东会。代理人还应当提交股东授权委托书和个人有效身份证件。

第二十六条 召集人和律师应当依据证券登记结算机构提供的股东名册共同对股东资格的合法性进行验证,并登记股东姓名或者名称及其所持有表决权的股份数。在会议主持人宣布现场出席会议的股东和代理人人数及所持有表决权的股份总数之前,会议登记应当终止。

第二十七条 股东会要求董事、高级管理人员列席会议的,董事、高级管理人员应当列席并接受股东的质询。

第二十八条 股东会由董事长主持。董事长不能履行职务或者不履行职务时,由副董事长主持;副董事长不能履行职务或者不履行职务时,由过半数的董事共同推举的一名董事主持。

审计委员会自行召集的股东会,由审计委员会召集人主持。审计委员会召集人不能履行职务或者不履行职务时,由过半数的审计委员会成员共同推举的一名审计委员会成员主持。

股东自行召集的股东会,由召集人或者其推举代表主持。

公司应当制定股东会议事规则。召开股东会时,会议主持人违反议事规则使股东会无法继续进行的,经出席股东会有表决权过半数的股东同意,股东会可推举一人担任会议主持人,继续开会。

第二十九条 在年度股东会上,董事会应当就其过去一年的工作向股东会作出报告,每名独立董事也应作出述职报告。

第三十条 董事、高级管理人员在股东会上应就股东的质询作出解释和说明。

第三十一条 会议主持人应当在表决前宣布现场出席会议的股东和代理人人数及所持有表决权的股份总数,现场出席会议的股东和代理人人数及所持有表决权的股份总数以会议登记为准。

第三十二条 股东与股东会拟审议事项有关联关系时,应当回避表决,其所持有表决权的股份不计入出席股东会有表决权的股份总数。

股东会审议影响中小投资者利益的重大事项时,对中小投资者的表决应当单独计票。单独计票结果应当及时公开披露。

公司持有自己的股份没有表决权,且该部分股份不计入出席股东会有表决权的股份总数。

股东买入公司有表决权的股份违反《证券法》第六十三条第一款、第二款规定的,该超过规定比例部分的股份在买入后的三十六个月内不得行使表决权,且不计入出席股东会有表决权的股份总数。

公司董事会、独立董事、持有百分之一以上有表决权股份的股东或者依照法律、行政法规或者中国证监会的规定设立的投资者保护机构可以公开征集股东投票权。征集股东投票权应当向被征集人充分披露具体投票意向等信息。禁止以有偿或者变相有偿的方式征集股东投票权。除法定条件外,公司不得对征集投票权提出最低持股比例限制。

第三十三条 股东会就选举董事进行表决时,根据公司章程的规定或者股东会的决议,可以实行累积投票制。上市公司单一股东及其一致行动人拥有权益的股份比例在百分之三十以上的,或者股东会选举两名以上独立董事的,应当采用累积投票制。

第三十四条 除累积投票制外,股东会对所有提案应当逐项表决。对同一事项有不同提案的,应当按提案提出的时间顺序进行表决。除因不可抗力等特殊原因导致股东会中止或者不能作出决议外,股东会不得对提案进行搁置或者不予表决。

股东会就发行优先股进行审议,应当就下列事项逐项进行表决:

(一)本次发行优先股的种类和数量;

(二)发行方式、发行对象及向原股东配售的安排;

(三)票面金额、发行价格或者定价区间及其确定原则;

(四)优先股股东参与分配利润的方式,包括:股息率及其确定原则、股息发放的条件、股息支付方式、股息是否累积、是否可以参与剩余利润分配等;

(五)回购条款,包括回购的条件、期间、价格及其确定原则、回购选择权的行使主体等(如有);

(六)募集资金用途;

(七)公司与相应发行对象签订的附条件生效的股份认购合同;

（八）决议的有效期；

（九）公司章程关于利润分配政策相关条款的修订方案；

（十）对董事会办理本次发行具体事宜的授权；

（十一）其他事项。

第三十五条 股东会审议提案时，不得对提案进行修改，若变更，则应当被视为一个新的提案，不得在本次股东会上进行表决。

第三十六条 同一表决权只能选择现场、网络或者其他表决方式中的一种。同一表决权出现重复表决的以第一次投票结果为准。

第三十七条 出席股东会的股东，应当对提交表决的提案发表以下意见之一：同意、反对或者弃权。证券登记结算机构作为内地与香港股票市场交易互联互通机制股票的名义持有人，按照实际持有人意思表示进行申报的除外。

未填、错填、字迹无法辨认的表决票或者未投的表决票均视为投票人放弃表决权利，其所持股份数的表决结果应计为"弃权"。

第三十八条 股东会对提案进行表决前，应当推举两名股东代表参加计票和监票。审议事项与股东有关联关系的，相关股东及代理人不得参加计票、监票。

股东会对提案进行表决时，应当由律师、股东代表共同负责计票、监票，并当场公布表决结果。

通过网络或者其他方式投票的公司股东或者其代理人，有权通过相应的投票系统查验自己的投票结果。

第三十九条 股东会会议现场结束时间不得早于网络或者其他方式，会议主持人应当在会议现场宣布每一提案的表决情况和结果，并根据表决结果宣布提案是否通过。

在正式公布表决结果前，股东会现场、网络及其他表决方式中所涉及的公司、计票人、监票人、股东、网络服务方等相关各方对表决情况均负有保密义务。

第四十条 股东会决议应当及时公告，公告中应列明出席会议的股东和代理人人数、所持有表决权的股份总数及占公司有表决权股份总数的比例、表决方式、每项提案的表决结果和通过的各项决议的详细内容。

发行境内上市外资股、类别股的公司，应当对内资股股东和外资股股东，普通股股东（含表决权恢复的优先股股东）和类别股股东出席会议及表决情况分别统计并公告。

第四十一条 提案未获通过，或者本次股东会变更前次股东会决议的，应当在股东会决议公告中作特别提示。

第四十二条 股东会会议记录由董事会秘书负责，会议记录应记载以下内容：

（一）会议时间、地点、议程和召集人姓名或者名称；

（二）会议主持人以及列席会议的董事、高级管理人员姓名；

（三）出席会议的股东和代理人人数、所持有表决权的股份总数及占公司股份总数的比例；

（四）对每一提案的审议经过、发言要点和表决结果；

（五）股东的质询意见或者建议以及相应的答复或者说明；

（六）律师及计票人、监票人姓名；

（七）公司章程规定应当载入会议记录的其他内容。

出席或者列席会议的董事、董事会秘书、召集人或者其代表、会议主持人应当在会议记录上签名，并保证会议记录内容真实、准确和完整。会议记录应当与现场出席股东的签名册及代理出席的委托书、网络及其他方式表决情况的有效资料一并保存，保存期限不少于十年。

第四十三条 召集人应当保证股东会连续举行，直至形成最终决议。因不可抗力等特殊原因导致股东会中止或者不能作出决议的，应采取必要措施尽快恢复召开股东会或者直接终止本次股东会，并及时公告。同时，召集人应向公司所在地中国证监会派出机构及证券交易所报告。

第四十四条 股东会通过有关董事选举提案的，新任董事按公司章程的规定就任。

第四十五条 股东会通过有关派现、送股或者资本公积转增股本提案的，公司应当在股东会结束后两个月内实施具体方案。

第四十六条 公司以减少注册资本为目的回购普通股向不特定对象发行优先股，以及以向特定对象发行优先股为支付手段向公司特定股东回购普通股的，股东会就回购普通股作出决议，应当经出席会议的股东所持表决权的三分之二以上通过。

公司应当在股东会作出回购普通股决议后的次日公告该决议。

第四十七条 公司股东会决议内容违反法律、行政法规的无效。

公司控股股东、实际控制人不得限制或者阻挠中小投资者依法行使投票权，不得损害公司和中小投资者的合法权益。

股东会的会议召集程序、表决方式违反法律、行政法规或者公司章程，或者决议内容违反公司章程的，股东可以自决议作出之日起六十日内，请求人民法院撤销；但是，股东会的会议召集程序或者表决方式仅有轻微瑕疵，对决议未产生实质影响的除外。

董事会、股东等相关方对召集人资格、召集程序、提案内容的合法性、股东会决议效力等事项存在争议的,应当及时向人民法院提起诉讼。在人民法院作出撤销决议等判决或者裁定前,相关方应当执行股东会决议。公司、董事和高级管理人员应当切实履行职责,及时执行股东会决议,确保公司正常运作。

人民法院对相关事项作出判决或者裁定的,上市公司应当依照法律、行政法规、中国证监会和证券交易所的规定履行信息披露义务,充分说明影响,并在判决或者裁定生效后积极配合执行。涉及更正前期事项的,应当及时处理并履行相应信息披露义务。

第五章 监督管理

第四十八条 在本规则规定期限内,上市公司无正当理由不召开股东会的,证券交易所可以按照业务规则对该公司挂牌交易的股票及衍生品种予以停牌,并要求董事会作出解释并公告。

第四十九条 股东会的召集、召开和相关信息披露不符合法律、行政法规、本规则和公司章程要求的,中国证监会依法责令公司或者相关责任人限期改正,证券交易所可以按照业务规则采取相关自律监管措施或者予以纪律处分。

第五十条 董事或者董事会秘书违反法律、行政法规、本规则和公司章程的规定,不切实履行职责的,中国证监会依法责令其改正,证券交易所可以按照业务规则采取相关自律监管措施或者予以纪律处分;情节严重的,中国证监会可对相关人员实施证券市场禁入。

第六章 附 则

第五十一条 上市公司制定或者修改章程应依照本规则列明股东会有关条款。

第五十二条 对发行外资股的公司的股东会,相关法律、行政法规或者文件另有规定的,从其规定。

第五十三条 本规则所称公告、通知或者股东会补充通知,是指在符合中国证监会规定条件的媒体和证券交易所网站上公布有关信息披露内容。

第五十四条 本规则所称"以上"、"内",含本数;"过"、"低于"、"多于",不含本数。

第五十五条 本规则自公布之日起施行。2022年1月5日施行的《上市公司股东大会规则(2022年修订)》(证监会公告〔2022〕13号)同时废止。